BOOK IN BOOK
HARETABI
TOKYO
COMPLETE
MAP
【東京街歩きMAP】
取り外せて
持ち運びに便利！
JN037474

南船橋駅、市川塩浜駅
大宮駅
東川口駅
武蔵野線
赤羽
西高島平
新高島平
高島平
西台
蓮根
志村三丁目
志村坂上
本蓮沼
板橋本町
板橋区役所前
東十条
赤羽岩淵
志茂
王子神谷
都営三田線
宇都宮線・高崎線
十条
新板橋
川越駅
志木
北朝霞
東武東上線
和光市
成増
下赤塚
東武練馬
上板橋
ときわ台
中板橋
大山
下板橋
北池袋
板橋
朝霞台
朝霞
地下鉄成増
地下鉄赤塚
平和台
氷川台
小竹向原
千川
光が丘
西巣鴨
西ヶ原
府中本町駅
ひばりヶ丘
保谷
大泉学園
石神井公園
練馬高野台
練馬春日町
副都心線
豊島園
新桜台
桜台
江古田
東長崎
椎名町
要町
埼京線
大塚
巣鴨
駒込
池袋
千石
所沢駅
西武池袋線
富士見台
都立家政
中村橋
練馬
新井薬師前
新江古田
落合南長崎
中井
下落合
東池袋
新大塚
白山
目白
雑司が谷
武蔵関
上石神井
上井草
井荻
下井草
鷺ノ宮
野方
沼袋
早稲田
護国寺
茗荷
西武新宿線
落合
高田馬場
西早稲田
早稲田
江戸川橋
三鷹
西荻窪
阿佐ケ谷
高円寺
東中野
大久保
新大久保
東新宿
若松河田
神楽坂
吉祥寺
荻窪
中野
中央線
立川駅
井の頭公園
三鷹台
新中野
中野坂上
新宿西口
西武新宿
新宿御苑前
牛込柳町
牛込神楽坂
飯田
久我山
富士見ヶ丘
南阿佐ケ谷
新高円寺
東高円寺
西新宿
都庁前
新宿
新宿三丁目
曙橋
高井戸
浜田山
西永福
永福町
明大前
方南町
中野富士見町
中野新橋
西新宿五丁目
千駄ヶ谷
信濃町
四谷三丁目
市ヶ谷
調布駅
京王線
幡ヶ谷
初台
代々木
四ツ谷
千歳烏山
芦花公園
八幡山
上北沢
桜上水
下高井戸
松原
代田橋
新代田
笹塚
南新宿
国立競技場
麹町
永田
町田駅
東松原
参宮橋
北参道
原宿
明治神宮前〈原宿〉
青山一丁目
赤坂見
小田急線
山下
代々木八幡
代々木公園
都営大江戸線
銀座線
外苑前
乃木坂
赤坂
狛江
喜多見
成城学園前
祖師ヶ谷大蔵
千歳船橋
経堂
豪徳寺
梅ヶ丘
世田谷代田
下北沢
東北沢
代々木上原
京王井の頭線
表参道
渋谷
池ノ上
西太子堂
駒場東大前
神泉
宮の坂
上町
東急世田谷線
松陰神社前
若林
溝の口
東急田園都市線
世田谷
六本木
広尾
日比谷線
恵比寿
白金台
白金高輪
代官山
長津田駅
高津
二子新地
二子玉川
用賀
桜新町
駒沢大学
三軒茶屋
池尻大橋
中目黒
目黒
南北線
武蔵溝ノ口
南武線
中山駅
グリーンライン
武蔵新城
武蔵中原
上野毛
等々力
尾山台
九品仏
東急大井町線
祐天寺
学芸大学
都立大学
東急東横線
不動前
武蔵小山
西小山
洗足
東急目黒線
五反田
大
大崎広小路
自由が丘
田園調布
多摩川
緑が丘
奥沢
大岡山
北千束
旗の台
荏原中延
荏原町
戸越銀座
戸越
中延
戸越公園
あざみ野駅
東急新横浜線
東山田
高田
日吉本町
元住吉
新丸子
新横浜
武蔵小杉
沼部
長原
馬込
西馬込
羽沢横浜国大
妙蓮寺
菊名
大倉山
新綱島
綱島
日吉
向河原
鵜の木
洗足池
石川台
雪が谷大塚
御嶽山
久が原
千鳥町
池上
蓮沼
ブルーライン
岸根公園
片倉町
三ツ沢上町
三ツ沢下町
白楽
東白楽
東神奈川
横浜線
大口
相鉄・JR直通線
湘南新宿ライン
横須賀線
平間
下丸子
鹿島田
武蔵新田
東急多摩川線
鶴見
矢口渡
反町
新川崎
新子安
京浜東北線
矢向
尻手
横浜
川崎
神奈川
京急東神奈川
神奈川新町
子安
京急新子安
京急本線
生麦
花月総持寺
京急鶴見
鶴見市場
八丁畷
京急川崎
大船駅
みなとみらい線
鶴見線
元町・中華街駅
浅野駅
浜川崎駅

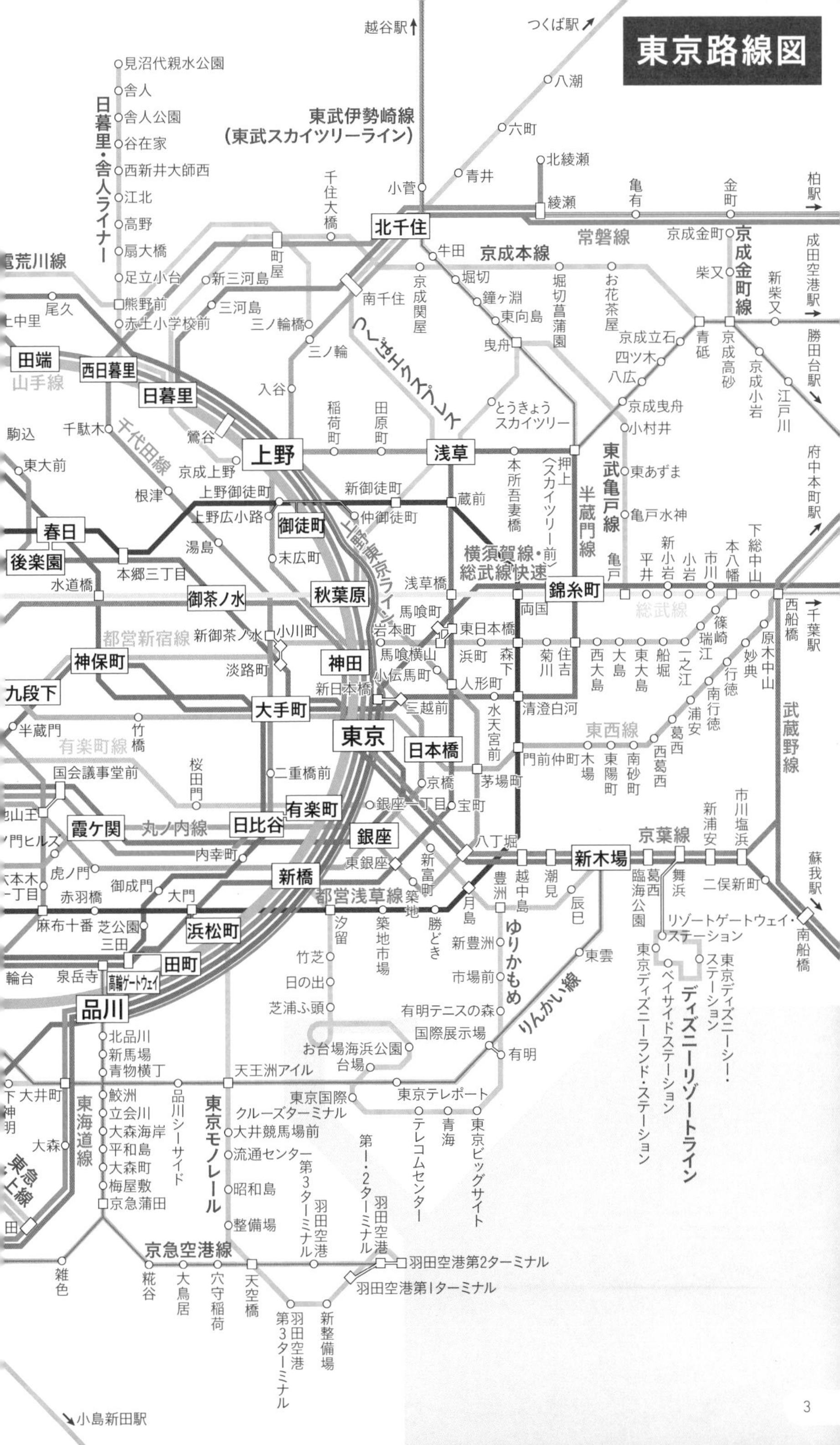
東京路線図
越谷駅
つくば駅
八潮
六町
北綾瀬
青井
綾瀬
亀有
金町
柏駅
東武伊勢崎線
（東武スカイツリーライン）
小菅
千住大橋
北千住
牛田
京成本線
常磐線
京成金町
京成金町線
成田空港駅
柴又
新柴又
勝田台駅
日暮里・舎人ライナー
見沼代親水公園
舎人
舎人公園
谷在家
西新井大師西
江北
高野
扇大橋
足立小台
熊野前
赤土小学校前
都電荒川線
尾久
東中里
町屋
新三河島
三河島
三ノ輪橋
三ノ輪
南千住
京成関屋
堀切
鐘ヶ淵
東向島
曳舟
堀切菖蒲園
お花茶屋
京成立石
青砥
京成高砂
京成小岩
江戸川
四ツ木
八広
京成曳舟
小村井
田端
山手線
西日暮里
日暮里
駒込
千駄木
千代田線
鶯谷
入谷
稲荷町
田原町
つくばエクスプレス
とうきょうスカイツリー
上野
浅草
押上〈スカイツリー前〉
東武亀戸線
東あずま
亀戸水神
府中本町駅
東大前
京成上野
根津
上野御徒町
上野広小路
御徒町
新御徒町
仲御徒町
蔵前
本所吾妻橋
半蔵門線
春日
後楽園
湯島
本郷三丁目
末広町
上野東京ライン
横須賀線・総武線快速
亀戸
平井
新小岩
小岩
市川
本八幡
下総中山
水道橋
御茶ノ水
秋葉原
浅草橋
錦糸町
両国
総武線
西船橋
千葉駅
都営新宿線
新御茶ノ水
小川町
馬喰町
岩本町
東日本橋
篠崎
原木中山
神保町
淡路町
神田
馬喰横山
浜町
森下
菊川
住吉
西大島
大島
東大島
船堀
一之江
瑞江
妙典
行徳
九段下
小伝馬町
新日本橋
人形町
南行徳
浦安
武蔵野線
半蔵門
竹橋
大手町
三越前
清澄白河
水天宮前
東西線
葛西
西葛西
有楽町線
東京
日本橋
門前仲町
木場
東陽町
南砂町
桜田門
二重橋前
京橋
茅場町
国会議事堂前
有楽町
銀座一丁目
宝町
溜池山王
霞ケ関
丸ノ内線
日比谷
銀座
八丁堀
京葉線
新浦安
市川塩浜
虎ノ門ヒルズ
内幸町
東銀座
新富町
新木場
越中島
潮見
葛西臨海公園
舞浜
二俣新町
蘇我駅
六本木一丁目
虎ノ門
御成門
新橋
築地
月島
豊洲
辰巳
南船橋
赤羽橋
大門
都営浅草線
汐留
築地市場
勝どき
麻布十番
芝公園
浜松町
ゆりかもめ
リゾートゲートウェイ・ステーション
三田
新豊洲
東雲
東京ディズニーシー・ステーション
高輪台
泉岳寺
高輪ゲートウェイ
田町
竹芝
日の出
市場前
ベイサイドステーション
品川
芝浦ふ頭
有明テニスの森
りんかい線
東京ディズニーランド・ステーション
ディズニーリゾートライン
国際展示場
北品川
お台場海浜公園
有明
新馬場
台場
青物横丁
天王洲アイル
下神明
大井町
東京国際クルーズターミナル
東京テレポート
東海道線
鮫洲
品川シーサイド
東京モノレール
立会川
大森海岸
大井競馬場前
テレコムセンター
青海
東京ビッグサイト
大森
平和島
流通センター
第3ターミナル
第1・2ターミナル
羽田空港
東急池上線
大森町
梅屋敷
昭和島
羽田空港
京急蒲田
蒲田
整備場
京急空港線
羽田空港第2ターミナル
羽田空港第1ターミナル
雑色
糀谷
大鳥居
穴守稲荷
天空橋
羽田空港第3ターミナル
新整備場
小島新田駅

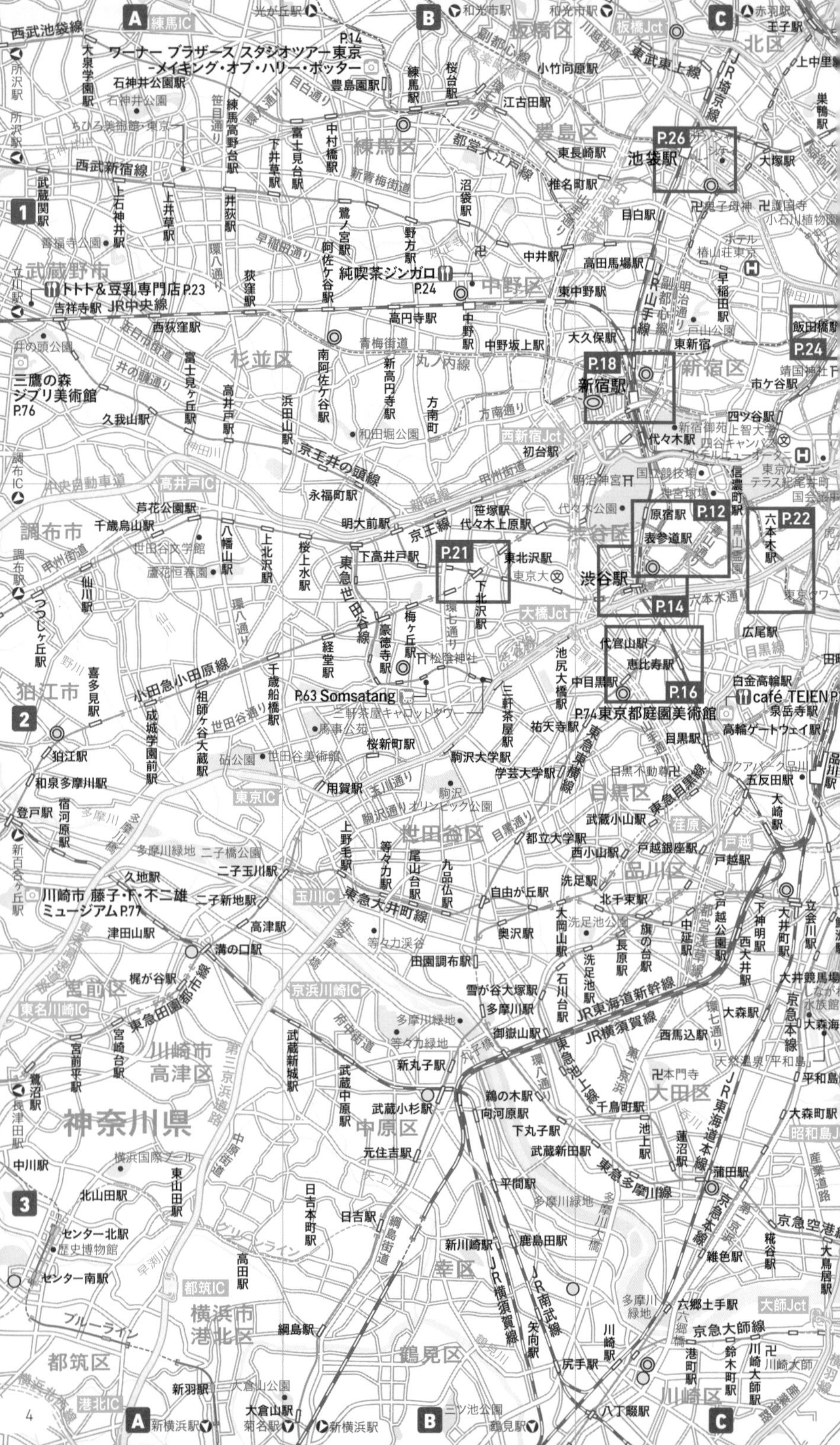
ワーナー ブラザース スタジオツアー東京
-メイキング・オブ・ハリー・ポッター P.14
純喫茶ジンガロ P.24
トトト&豆乳専門店 P.23
三鷹の森ジブリ美術館 P.76
P.63 Somsatang
P.74 東京都庭園美術館
café TEIEN
川崎市 藤子・F・不二雄ミュージアム P.77
池袋駅 P.26
新宿駅 P.18
渋谷駅 P.14
原宿駅 表参道駅 P.12
六本木駅 P.22
下北沢駅 P.21
代官山駅 恵比寿駅 P.16
飯田橋駅 P.24
練馬区
板橋区
豊島区
北区
中野区
杉並区
新宿区
渋谷区
世田谷区
目黒区
品川区
大田区
武蔵野市
調布市
狛江市
神奈川県
川崎市高津区
宮前区
中原区
幸区
川崎区
横浜市港北区
鶴見区
都筑区
西武池袋線
西武新宿線
JR中央線
京王井の頭線
京王線
小田急小田原線
東急田園都市線
東急大井町線
東急東横線
東急目黒線
東急池上線
東急多摩川線
JR山手線
JR埼京線
JR東海道新幹線
JR横須賀線
JR東海道本線
JR南武線
京急本線
京急大師線
京急空港線
東武東上線
都営大江戸線
丸ノ内線
副都心線
ブルーライン
グリーンライン
A
B
C
1
2
3

東京全図
0 1 2km
凡例
見る
イベントなど
レストラン・カフェ
ショップ
ホテル
マクドナルド
ケンタッキー
ロッテリア
ドトール
スターバックス
タリーズ
セブンイレブン
ローソン
ファミリーマート
ミニストップ
ガソリンスタンド
コミュニティバス停留所
D
E
F
1
2
3
P.24
P.23
P.10
P.26
P.6
P.21
P.8
P.25
P.25
P.20
P.27
足立区
荒川区
台東区
墨田区
葛飾区
江戸川区
江東区
中央区
港区
東京都
千葉県
浦安市
市川市
綾瀬駅
北千住駅
牛田駅
南千住駅
日暮里駅
上野駅
御徒町駅
秋葉原駅
浅草駅
とうきょうスカイツリー駅
曳舟駅
京成曳舟駅
押上駅
本所吾妻橋駅
両国駅
錦糸町駅
亀戸駅
住吉駅
森下駅
清澄白河駅
門前仲町駅
越中島駅
木場駅
東陽町駅
潮見駅
豊洲駅
新木場駅
東雲駅
有明
国際展示場駅
台場
青海
テレコムセンター
新橋駅
浜松町駅
銀座駅
有楽町駅
東京駅
大手町駅
八丁堀駅
神田駅
神保町駅
御茶ノ水駅
堀切菖蒲園
鐘ケ淵駅
四ツ木駅
京成立石駅
青砥駅
京成小岩駅
新小岩駅
平井駅
東大島駅
大島駅
南砂町駅
西葛西駅
葛西駅
葛西臨海公園駅
舞浜駅
新浦安駅
浦安駅
南行徳駅
行徳駅
妙典駅
瑞江駅
一之江駅
船堀駅
篠崎駅
本八幡駅
市川駅
国府台駅
江戸川駅
小岩駅
京成八幡駅
市川塩浜駅
西船橋駅
西船橋・海浜幕張駅
京成金町駅
三郷Jct
小菅Jct
堀切Jct
市川北IC
市川中央IC
京葉Jct
京葉市川IC
千鳥町
葛西Jct
辰巳Jct
浜崎橋Jct
晴海
芝浦Jct
大井Jct
川崎浮島Jct
道の駅 いちかわ
下総国分寺
弘法寺
竹久夢二美術館
上野動物園
東京大学本郷キャンパス
東京ドーム
亀戸天神
東京都江戸東京博物館
カメイドクロック
大島小松川公園
清澄庭園
東京都現代美術館
地下鉄博物館
オリエンタルホテル 東京ベイ
浦安ブライトンホテル東京ベイ
ホテル エミオン 東京ベイ
三井ガーデンホテルプラナ東京ベイ
東京ディズニーセレブレーションホテル：ウィッシュ
東京ディズニーセレブレーションホテル：ディスカバー
東京ディズニーランド
東京ディズニーシー
なぎさ公園
葛西臨海公園
野鳥の楽園
篠崎緑地
篠崎公園
夢の島公園
辰巳の森海浜公園
千客万来施設（仮称）P.10
東京国際展示場（ビッグサイト）
お台場海浜公園
若洲ゴルフリンクス
若洲公園
海の森クロスカントリーコース
東京ゲートブリッジ
中央防波堤外側埋立地
城南島海浜公園
東京港
東京湾
レインボーブリッジ
ソラトリトンスクエア
JR京葉線
りんかい線
ゆりかもめ
台場線
湾岸道路
湾岸線
東京湾臨海道路
京成本線
京成押上線
東武スカイツリーライン
東武亀戸線
総武本線
北総鉄道
JR常磐線
千代田線
日比谷線
都営新宿線
半蔵門線
東西線
京葉道路
蔵前橋通り
明治通り
四ツ目通り
丸八通り
新大橋通り
船堀街道
葛西橋通り
環七通り
千葉街道
新小松川橋
荒川大橋
荒川湾岸橋
清砂大橋
葛西橋
荒川
新川
旧江戸川
小松川線
天王洲アイル駅
羽田空港第1・第2ターミナル駅
羽田空港第3ターミナル駅
第1旅客ターミナルビル
第2旅客ターミナルビル
第3旅客ターミナルビル
東京国際空港 羽田空港
羽田イノベーションシティ
ファーストキャビン羽田ターミナル I P.154
JAL工場見学～SKY MUSEUM～
泉天空の湯 羽田空港 P.27
多摩川スカイブリッジ
多摩川トンネル
多摩川
川崎線
大師運河
流通センター
昭和島
東京モノレール
大井競馬場前駅
りんかい線 シーサイド駅

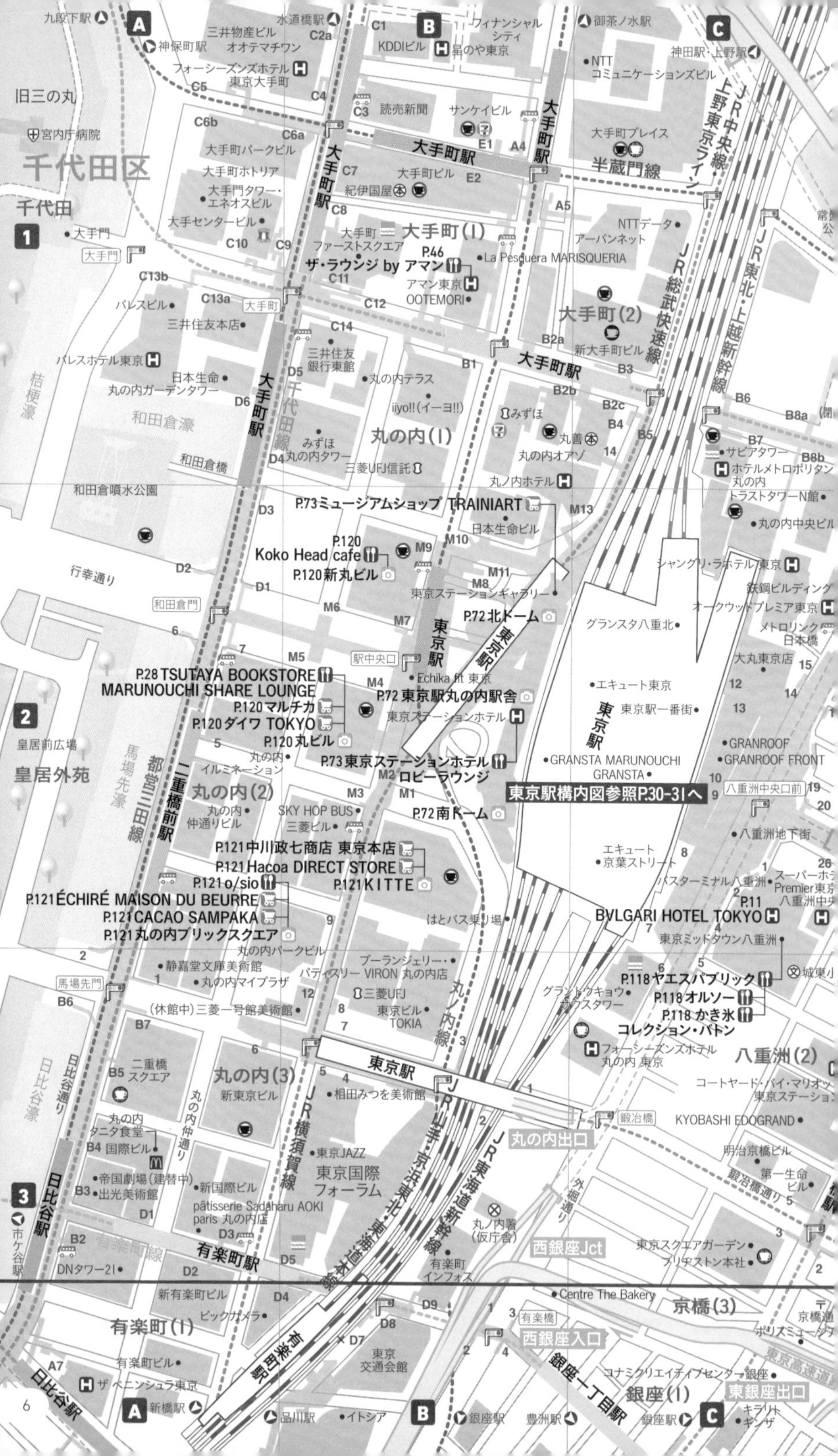

九段下駅
A
神保町駅
水道橋駅
三井物産ビル
オオテマチワン
C2a
C1
B
KDDIビル
星のや東京
フィナンシャルシティ
御茶ノ水駅
C
神田駅・上野駅
NTTコミュニケーションズビル
フォーシーズンズホテル東京大手町
C5
C4
旧三の丸
C3
読売新聞
サンケイビル
C6b
宮内庁病院
C6a
大手町駅
E1
A4
大手町プレイス
半蔵門線
JR中央線
上野東京ライン
千代田区
大手町パークビル
大手町ホトリア
C7
大手町ビル
E2
大手門タワー・エネオスビル
紀伊国屋
千代田
C8
A5
大手センタービル
1
大手門
大手町ファーストスクエア
大手町(1)
NTTデータ
アーバンネット
C10
C9
P.46
ザ・ラウンジ by アマン
La Pesquera MARISQUERIA
JR総武快速線
JR東北・上越新幹線
C13b
アマン東京
C11
OOTEMORI
パレスビル
C13a
C12
三井住友本店
大手町(2)
C14
B2a
パレスホテル東京
三井住友銀行東館
大手町駅
新大手町ビル
D5
B1
B3
桔梗濠
日本生命
丸の内テラス
丸の内ガーデンタワー
D6
千代田線
B2b
B6
iiyo!!(イーヨ!!)
B2c
B8a
和田倉濠
みずほ
B4
みずほ丸の内タワー
丸の内(1)
丸善
B7
B5
サピアタワー
和田倉橋
D4
三菱UFJ信託
丸の内オアゾ
14
B8b
ホテルメトロポリタン丸の内
丸ノ内ホテル
和田倉噴水公園
トラストタワーN館
D3
P.73ミュージアムショップ TRAINIART
M13
日本生命ビル
丸の内中央ビル
P.120
Koko Head cafe
M9
M10
シャングリ・ラホテル東京
P.120新丸ビル
M11
行幸通り
D2
M8
鉄鋼ビルディング
D1
東京ステーションギャラリー
オークウッドプレミア東京
和田倉門
M6
P.72北ドーム
グランスタ八重北
メトロリンク日本橋
M7
6
7
東京駅
M5
駅中央口
大丸東京店
15
P.28 TSUTAYA BOOKSTORE MARUNOUCHI SHARE LOUNGE
Echika fit 東京
M4
エキュート東京
12
P.72 東京駅丸の内駅舎
14
P.120マルチカ
東京駅一番街
13
2
P.120ダイワ TOKYO
東京ステーションホテル
P.120丸ビル
皇居前広場
5
GRANROOF
馬場先濠
丸の内イルミネーション
GRANROOF FRONT
P.73東京ステーションホテル ロビーラウンジ
GRANSTA MARUNOUCHI
皇居外苑
都営三田線
二重橋前駅
GRANSTA
M2
10
八重洲中央口前
19
丸の内(2)
東京駅構内図参照P.30-31へ
M3
M1
9
20
SKY HOP BUS
丸の内仲通りビル
三菱ビル
P.72南ドーム
八重洲地下街
P.121中川政七商店 東京本店
エキュート京葉ストリート
8
26
P.121 Hacoa DIRECT STORE
1
スーパーホテルPremier東京駅八重洲中央口
P.121 o/sio
P.121 KITTE
バスターミナル八重洲
P.121 ÉCHIRÉ MAISON DU BEURRE
2
P.11
P.121 CACAO SAMPAKA
9
はとバス乗り場
BVLGARI HOTEL TOKYO
P.121 丸の内ブリックスクエア
7
4
東京ミッドタウン八重洲
丸の内パークビル
2
ブーランジェリー・パティスリー VIRON 丸の内店
5
静嘉堂文庫美術館
6
城東
馬場先門
1
丸の内マイプラザ
P.118 ヤエスパブリック
B6
12
グラントウキョウサウスタワー
P.118 オルソー
三菱UFJ
(休館中)三菱一号館美術館
8
東京ビルTOKIA
P.118 かき氷 コレクション・バトン
B7
7
丸ノ内線
6
3
フォーシーズンズホテル丸の内 東京
八重洲(2)
二重橋スクエア
B5
丸の内(3)
5
4
東京駅
コートヤード・バイ・マリオット東京ステーション
1
日比谷通り
新東京ビル
丸の内仲通り
相田みつを美術館
日比谷濠
JR山手・京浜東北線
2
鍛冶橋
KYOBASHI EDOGRAND
丸の内タニタ食堂
丸の内出口
国際ビル
JR東海道新幹線
明治安田生命ビル
B4
JR横須賀線
東京JAZZ
外堀通り
鍛冶橋通り
第一生命ビル
3
東京国際フォーラム
帝国劇場(建替中)
新国際ビル
B3
出光美術館
5
pâtisserie Sadaharu AOKI paris 丸の内店
丸ノ内署(仮庁舎)
3
D1
日比谷駅
有楽町線
東海道本線
市ケ谷駅
D3
西銀座Jct
東京スクエアガーデン
B2
有楽町駅
有楽町インフォス
ブリヂストン本社
DNタワー21
D5
2
D2
新有楽町ビル
D4
Centre The Bakery
D9
1
3
京橋(3)
京橋
ビックカメラ
有楽橋
ポリスミュージアム
有楽町(1)
D8
西銀座入口
D7
2
4
東京交通会館
銀座一丁目駅
東京高速道路
有楽町ビル
A7
有楽町駅
コナミクリエイティブセンター銀座
ザ・ペニンシュラ東京
銀座(1)
東銀座出口
日比谷駅
新橋駅
品川駅
イトシア
銀座駅
豊洲駅
銀座駅
キラリトギンザ

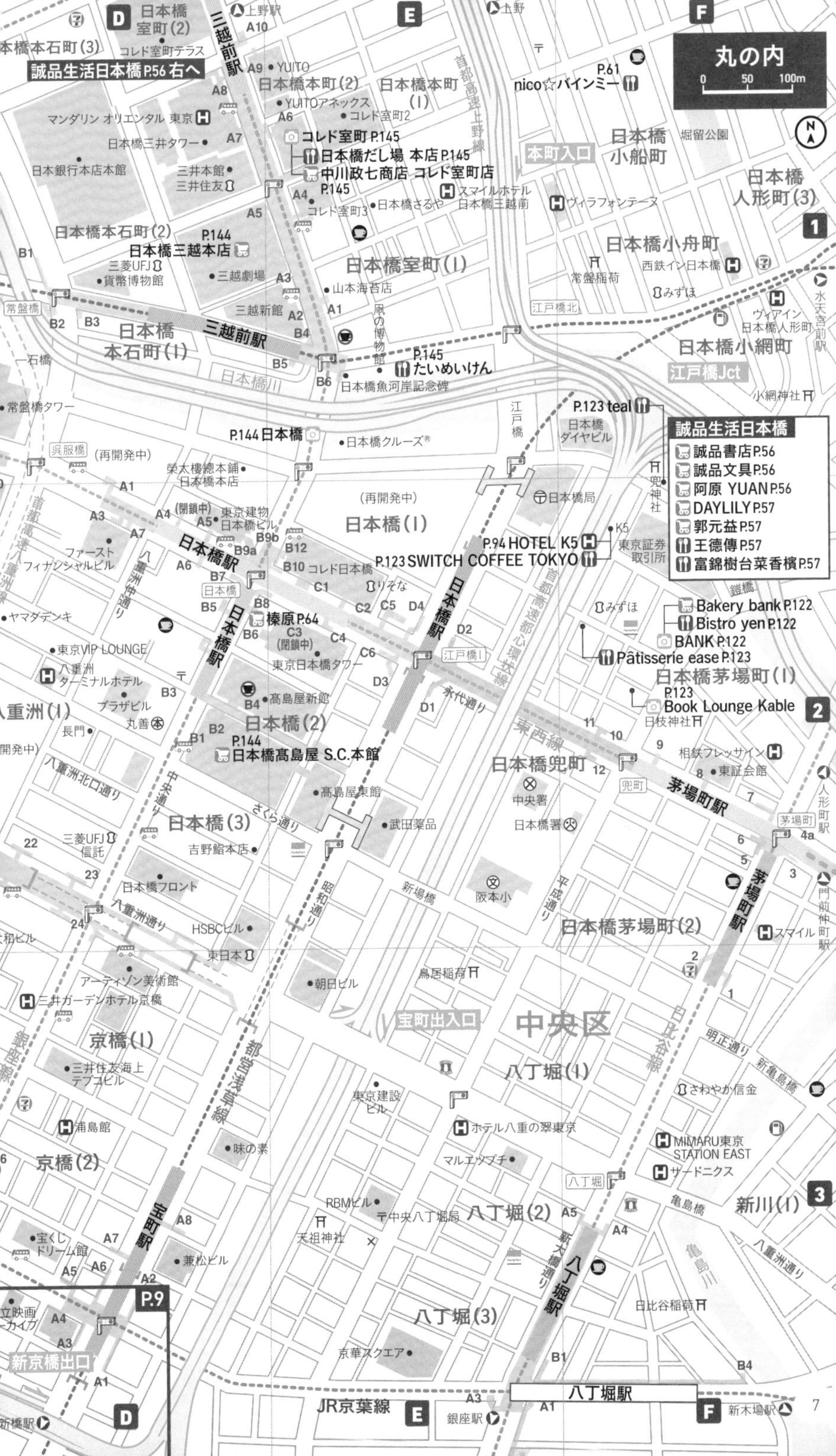

丸の内
0 50 100m
D
E
F
1
2
3
日本橋室町(2)
本橋本石町(3)
コレド室町テラス
誠品生活日本橋 P.56 右へ
上野駅
上野
A10
三越前駅
A9
YUITO
日本橋本町(2)
日本橋本町(1)
A8
YUITOアネックス
マンダリン オリエンタル 東京
A6
コレド室町2
首都高速上野線
P.61
nico☆バインミー
日本橋三井タワー
A7
コレド室町 P.145
日本橋だし場 本店 P.145
中川政七商店 コレド室町店 P.145
日本橋小船町
堀留公園
本町入口
日本銀行本店本館
三井本館
三井住友
日本橋人形町(3)
スマイルホテル日本橋三越前
ヴィラフォンテーヌ
A4
コレド室町3
日本橋さるや
A5
日本橋本石町(2)
P.144
日本橋三越本店
日本橋室町(1)
日本橋小舟町
B1
三菱UFJ
貨幣博物館
三越劇場
A3
常盤稲荷
西鉄イン日本橋
山本海苔店
みずほ
水天宮前駅
常盤橋
三越新館
A1
江戸橋北
ヴィアイン日本橋人形町
B2
B3
日本橋本石町(1)
三越前駅
A2
B4
凧の博物館
日本橋小網町
江戸橋Jct
一石橋
B5
P.145
たいめいけん
日本橋川
B6
日本橋魚河岸記念碑
小網神社
常盤橋タワー
江戸橋
P.123 teal
日本橋ダイヤビル
P.144 日本橋
日本橋クルーズ®
誠品生活日本橋
誠品書店 P.56
誠品文具 P.56
阿原 YUAN P.56
DAYLILY P.57
郭元益 P.57
王德傳 P.57
富錦樹台菜香檳 P.57
呉服橋
(再開発中)
榮太樓總本鋪日本橋本店
兜神社
A1
日本橋局
(再開発中)
A3
A4
(閉鎖中)
東京建物日本橋ビル
A5
日本橋(1)
K5
首都高速八重洲線
A7
B9b
P.94 HOTEL K5
東京証券取引所
ファーストフィナンシャルビル
八重洲仲通り
日本橋駅
B9a
B12
P.123 SWITCH COFFEE TOKYO
A6
B10
コレド日本橋
B7
C1
りそな
日本橋駅
鎧橋
日本橋
B8
C2
C5
D4
みずほ
Bakery bank P.122
Bistro yen P.122
B5
ヤマダデンキ
榛原 P.64
D2
BANK P.122
B6
C3
(閉鎖中)
C4
首都高速都心環状線
Pâtisserie ease P.123
東京VIP LOUNGE
C6
江戸橋1
八重洲ターミナルホテル
東京日本橋タワー
日本橋茅場町(1)
P.123
D3
Book Lounge Kable
B3
プラザビル
高島屋新館
D1
永代通り
八重洲(1)
B4
日枝神社
丸善
日本橋(2)
東西線
11
10
長門
B1
B2
9
P.144
日本橋高島屋 S.C.本館
相鉄フレッサイン
開発中)
日本橋兜町
12
兜町
東証会館
8
八重洲北口通り
中央通り
中央署
茅場町駅
7
高島屋東館
人形町駅
日本橋(3)
さくら通り
武田薬品
日本橋署
茅場町
4a
22
三菱UFJ信託
吉野館本店
6
5
23
昭和通り
3
日本橋フロント
新場橋
阪本小
茅場町駅
門前仲町駅
平成通り
八重洲通り
24
HSBCビル
日本橋茅場町(2)
スマイル
東日本
大和ビル
2
鳥居稲荷
アーティゾン美術館
朝日ビル
1
三井ガーデンホテル京橋
宝町出入口
中央区
日比谷線
明正通り
銀座線
京橋(1)
八丁堀(1)
三井住友海上テプコビル
新亀島橋
都営浅草線
さわやか信金
東京建設ビル
浦島館
ホテル八重の翠東京
MIMARU東京 STATION EAST
京橋(2)
味の素
マルエツプチ
サードニクス
八丁堀
新川(1)
亀島橋
RBMビル
中央八丁堀局
八丁堀(2)
A5
A8
宝町駅
天祖神社
A4
亀島川
八重洲通り
宝くじドリーム館
A7
A6
新大橋通り
兼松ビル
A5
八丁堀駅
A2
P.9
日比谷稲荷
立映画アーカイブ
A4
八丁堀(3)
A3
京華スクエア
B1
新京橋出口
B4
A1
八丁堀駅
A3
A1
JR京葉線
銀座駅
新木場駅
新橋駅

銀 座
0 50 100m
日比谷公園
日比谷駅
有楽町駅
銀座駅
新橋駅
& OIMO TOKYO P.52
Buvette P.30
P.124 銀座千疋屋 銀座本店フルーツパーラー
P.11 金田屋
P.11 あんこの勝ち
P.11 銀座スイーツマーチ
P.38 日比谷OKUROJI
P.38 Salmon atelier Hus
P.38 そうめん そそそ〜その先へ〜
P.38 和菓子 楚々
P.126 ISHIYA G
P.126 甚五郎
P.126 HONMIDO
P.126 GINZA SIX
銀座しまだ P.37
P.65 月光荘画材店
P.40,47,124 資生堂パーラー 銀座本店サロン・ド・カフェ
カフェーパウリスタ銀座店 P.125
千代田区
港区

東京駅
日本橋駅
京橋宝町
JR京葉線
国立映画アーカイブ
京橋(3)
信用金庫会館
ポリスミュージアム
宝町駅
有楽橋
西銀座入口
雪ノ下 銀座一丁目店
銀座ベーカリー
レンガとガス灯の再現
ホテルSUI銀座京橋byABEST
三菱UFJ
銀座通り口
東京高速道路
新京橋出口
AKOMEYA TOKYO
銀座(1)
東銀座出口
桜通り
銀座並木通りビル
銀座湯
マロニエゲート銀座1
銀座シェ・トモ
キラリトギンザ
KOKO HOTEL 銀座一丁目
銀座西2
銀座ロフト
銀座ベルビア館
銀座一丁目駅
みずほ
銀座1
ミキモト銀座2丁目本店
マロニエゲート銀座2&3
大塚家具
新京橋
銀座トレシャス
JOE'S SHANGHAI NEW YORK 銀座店
無印良品 銀座 P.126
ZOE銀座
アルフレッドダンヒル
銀座貿易ビル
デビアス
銀座通局
佐賀
京橋プラザ
TOEI
MUJI HOTEL GINZA
銀座メゾン アンリ・シャルパンティエ
「銀座発祥の地」記念碑
ギンザ・グラッセ
銀座 伊東屋 本店 P.127
昭和通り
京橋公園
シャネル
銀座教会
銀座2
ブルガリタワー
ホテルモントレ銀座
ラ・ベットラ・ダ・オチアイ
K.Itoya
煉瓦亭 P.125
マロニエ通り
銀座(2)
メルキュールホテル銀座東京
柳通り
銀座一局
鮨 石島
ブリリアント
文祥堂
アニエスベー Rue du Jour
ウインズ
銀座タワー
アップル
松屋銀座
和光アネックス ケーキ&チョコレートショップ
ヤマト銀座ビル
有楽町線
中央区
教文館
銀座3
MIKIMOTO GINZA TREE
星乃珈琲店
銀座(3)
銀座駅
銀座木村家
銀座寿司処 まる伊 総本店 P.125
銀座東2
ヤマト運輸
新木場駅
松屋通り
木挽町仲通り
ブリリア銀座
中央会館
三吉橋
銀座4
銀座三越
東和
銀座四局
銀座(4)
銀座ダイエー
木挽町通り
GINZA PLACE
ソラリア西鉄ホテル銀座
東京鳩居堂 銀座本店 P.127
銀座東3
ヤマト運輸
中央区役所
銀座コア
晴海通り
銀座(5)
徳うち山
マガジンハウス
銀座三局
NTT
亀井橋
築地署
トリコロール本店
東銀座駅
ミレニアム 三井ガーデンホテル 東京
ナイルレストラン
クインテッサホテル東京銀座
銀座入口
CORK 銀座店
銀座 大野屋
歌舞伎座 P.84,125
歌舞伎座ギャラリー P.85
お土産処 かおみせ P.85
お土産処 木挽町 P.85
お食事処「花篭」P.85
寿月堂 銀座 歌舞伎座店 P.85
POSCO
三原橋
白鶴ビル
祝橋
王子ホールディングス
電通
築地(1)
銀座ウォール
銀座出口
アロフト東京銀座
三井ガーデンホテル銀座五丁目
銀座東5
ホテルグランバッハ東京銀座
さわやか
みずほ
アゴーラ 東京銀座
南海ビル
コートヤード・マリオット銀座東武
万年橋
銀座松竹スクエア
みゆき通り
万年橋東
つきぢ田村
電源開発
時事通信社
京橋築地小
P.25
都営浅草線
銀座出口
つきじ植むら
東劇ビル
日比谷線
ドーミーイン Premier銀座
采女橋公園前
演舞場通り
采女橋
京橋局
築地(2)
築地(4)
晴海通り
八丁堀駅
日土地ビル
銀座入口
ヴィアイン東銀座
新大橋通り
新橋演舞場
築地4
築地(3)
都営大江戸線
中央市場通り
国立がん研究センター中央病院
月島駅
浜崎橋Jct
P.6

A
B
C
1
2
3
入谷(2)
千束(2)
北千住駅
千束小
マルエツ
浅草観音うら一葉桜まつり「江戸吉原おいらん道中」
馬道通り
浅草署
小松橋通り
浅草5
遍照院
金竜小
東横イン
千束公園
千束通り
浅草(4)
富士公園
富士小
金竜小前
千束(1)
つくばエクスプレス
浅草3
聖天前
浅草よろず茶屋444 P.41
松が谷(4)
西浅草3
浅草6
高村製作所
生涯学習センター
寿仙院
浅草(3)
箸みくら
合羽橋珈琲
国際通り
言問通り
よしもと浅草花月
雷5656会館
和栗モンブラン専門店 -栗歩-浅草本店 P.116
合羽橋北
萬隆寺
江戸たいとう伝統工芸館
松が谷(3)
西浅草(3)
誓々喜園
カオサン東京オリガミ
浅草(6)
P.54,69 かっぱ橋道具街®
浅草タワー
サクラホテル浅草
浅草寺病院
観音堂裏
ケイズハウス東京オアシス
フルーツパーラーゴトー
馬道
海禅寺
浅草ビューホテル
浅草(2)
浅草花やしき P.69
東京信
言問通
元祖食品サンプル屋 合羽橋店
浅草ビューホテルアネックス六区
浅草神社
花川戸(2)
浅草駅
浅草六区ブロードウェイ
京阪
P.68,115 浅草寺
節分(福聚の舞)
三社祭
羽子板市
P.116 浅草 飴細工 アメシン花川戸店
西浅草局
天嶽院
ウインズ
正ちゃん
二天門
合羽橋
サトウサンプル P.54
感応稲荷
浅草教会
雷5656茶屋
松が谷(2)
飯田屋 P.54
キャニオン
ロック座
リッチモンドホテル浅草
花川戸公園
ユニクロ
五重塔
宝蔵門
P.96 OMO3浅草 by 星野リゾート
松源禅寺
西浅草(2)
浅草演芸ホール P.69
江戸趣味小玩具 仲見世 助六 P.114
ホッピー通り
浅草九重
東京水辺ライン
レトロメトロバックパッカーズ
浅草六区通り
木村家人形焼本舗 P.114
犬印鞄製作所 合羽橋道具街
伝法院
伝法院通り
浅草メンチ
染絵てぬぐい ふじ屋 P.114
P.115 ヨシカミ
浅草ROX
浅草ちょうちんもなか
大黒家天麩羅
合羽橋南
浅草公会堂
浅草(1)
浅草たけや
浅草レンタル着物 小袖
P.115 浅草 梅園
ファーイーストビレッジホテル
仲見世通り P.69
紅鶴
東本願寺
P.114 浅草きびだんご あづま
すみだリバーウォーク
仲見世通り
P.116 くくりひめ珈琲
浅草 仲見世 喜久屋
花川戸(1)
台東区
雷門1
尾張屋
粋れん
浅草東武ホテル
P.115 葵丸進
西浅草(1)
パンダバス
P.68,69 雷門
三定
清光寺
雷門通り
浅草サンバカーニバルパレードコンテスト
善照寺
神谷バー
P.68 梨花和服 浅草店
雷門
TOKYO CRUISE (水上バス) 発着所
墨田区役所
吾妻橋
菊屋橋
浅草文化観光センター
浅草局
観光案内所
田原小
上野駅
銀座線
アサヒビール
都税事務所
寿4
田原町駅
雷門(1)
浅草 時代屋
スーパードライホール
朝日
金竜寺
寿(2)
新堀通り
吾妻橋東詰
TOKYO 隅田川ブルーイング バル style
雷門(2)
浅草通り
CAFE MEURSALT
アゴーラ・プレイス浅草
弘法寺
玉宗寺
三島神社
駒形堂
吾妻橋公園
駒形橋西詰
吾妻橋(1)
イリヤプラスカフェ カスタム倉庫店
ホテル
霊光寺
グレイスリー浅草
駒形橋
鰻 駒形 前川本店
変なホテル 東京浅草田原町
世界のカバン博物館
清澄通り
寿(1)
東信組
駒形出口
P.115 駒形どぜう
寿(4)
浅草署
バンダイ
ホテルリブマックス浅草駅前
秋葉原駅
善照寺
本久寺
国際通り
ホテル法華クラブ浅草
りそな
駒形(2)
寿(3)
墨田区
駒形1
東駒形(2)
春日通り
駒形入口
寿3
東横イン浅草蔵前1
上野御徒町駅
龍寶寺
駒形(1)
東駒形(1)
實相寺
江戸通り
蔵前駅
salvia
タイガービル
まいばすけっと
保健センター
榧寺
厩橋
都営大江戸線
蔵前神社
蔵前小
蔵前(3)
蔵前局
清澄通り
トッパン
蔵前(4)
Nui. HOSTEL & BAR LOUNGE
MIRROR
厩橋東詰
華厳寺
源光寺
精華公園
結わえる本店
春日通り
法林寺
本所1
蔵前(2)
ライオン
本所(2)
本所(1)
蔵前公園
国技館通り
浅草橋駅
横網(2)
外手小
都下水道局
両国駅

浅草
0
100
200m
N
D
E
F
1
2
3
浅草高
今戸神社P.116
飴細工アメシン
野球場
堀切Jct
隅田公園
向島入口
言問団子
言問小
山谷堀公園
本龍寺
浅草7
潮江院
慶養寺
陸上競技場
今戸(1)
長命寺
向島(5)
東向島(2)
今戸橋
リバーサイドスポーツセンター
桜橋
墨堤通り
弘福寺
櫻茶ヤ
待乳山聖天
隅田川花火大会
桜橋通り
水戸街道
浅草(7)
隅田公園
隅田川
首都高速6号向島線
向島(2)
向島3
向島(4)
一勧信組
三囲神社
墨田中
隅田川テラス
本所高
東武伊勢崎線
ホンダ
隅田公園
スズキ
小梅小
コカコーラ
言問橋
向島(3)
向島3
郷土文化資料館
押上(2)
言問橋下
円通寺
休日応急診療所
曳舟駅
言問橋東
老人ホームまどか
牛嶋神社
常泉寺
すみだ女性センター
すみだ女性センター
朝日
東武鉄道本社
隅田公園
本行寺
向島(1)
A3
京成曳舟駅
京成押上線
小梅牛島通り
東武スカイツリーライン
(伊勢崎線)
東京ミズマチ®
枕橋
とうきょうスカイツリー駅
押上〈スカイツリー前〉駅
区役所前
A1
源森橋
北十間川
親水テラス
P.110
東京スカイツリータウン®
リッチモンドホテル
つるや
源森橋
トヨタ
B3
東京スカイツリータウン® 下へ
東京ソラマチ®
P.111
清雄寺
業平橋ポンプ所
ライフ
押上(1)
P.70,110 東京スカイツリー®
交番前
三ツ目通り
吾妻橋(3)
如意輪寺
吾妻橋(2)
押上〈スカイツリー前〉駅
おしなり橋
十間橋
さくらCafé向島
東武橋
北十間川
駅前
トヨタレンタリース
そば処かみむら
前田商店
A2
墨堤通り
浅草通り
都営浅草線
吾妻橋駅前局
A3
A4
TOKYO HÜTTE
本所吾妻橋駅
業平橋
業平一
みりん堂
業平(4)
A1
A2
妙縁寺
A0
大横川親水公園
B2
B1
東駒形(4)
業平(1)
業平(2)
業平(3)
平蔵門線
イズミ
福厳寺
本所税務署
横川小
業平1
朝日
桃青禅寺
平川橋
業平3
横川(1)
業平小
業平公園
東駒形3東
東駒形(3)
東駒形教会
たばこと塩の博物館
四ツ目通り
JT
コミュニティ会館
本所中
錦糸町駅
東京スカイツリータウン®
コニカミノルタプラネタリウム天空 in 東京スカイツリータウン® P.71
SKYTREE CAFE P.110
すみだ水族館 P.71
THE SKYTREE SHOP P.110
本所(3)
東京ソラマチ®
イーストヤード
HADO ARENA 東京ソラマチ店 P.71
みんなの遊び場 ソラフルパーク P.111
天空ラウンジ TOP of TREE P.111
堀内果実園 P.112
カービィカフェ TOKYO P.112
Pâtisserie PAROLA P.112
MAKANAI P.113
ノイエ P.113
京東都 P.113
タワーヤード
サードシュガー 東京ソラマチ店 P.112
モロゾフ P.113
銀座ブールミッシュ P.113
D
E
F

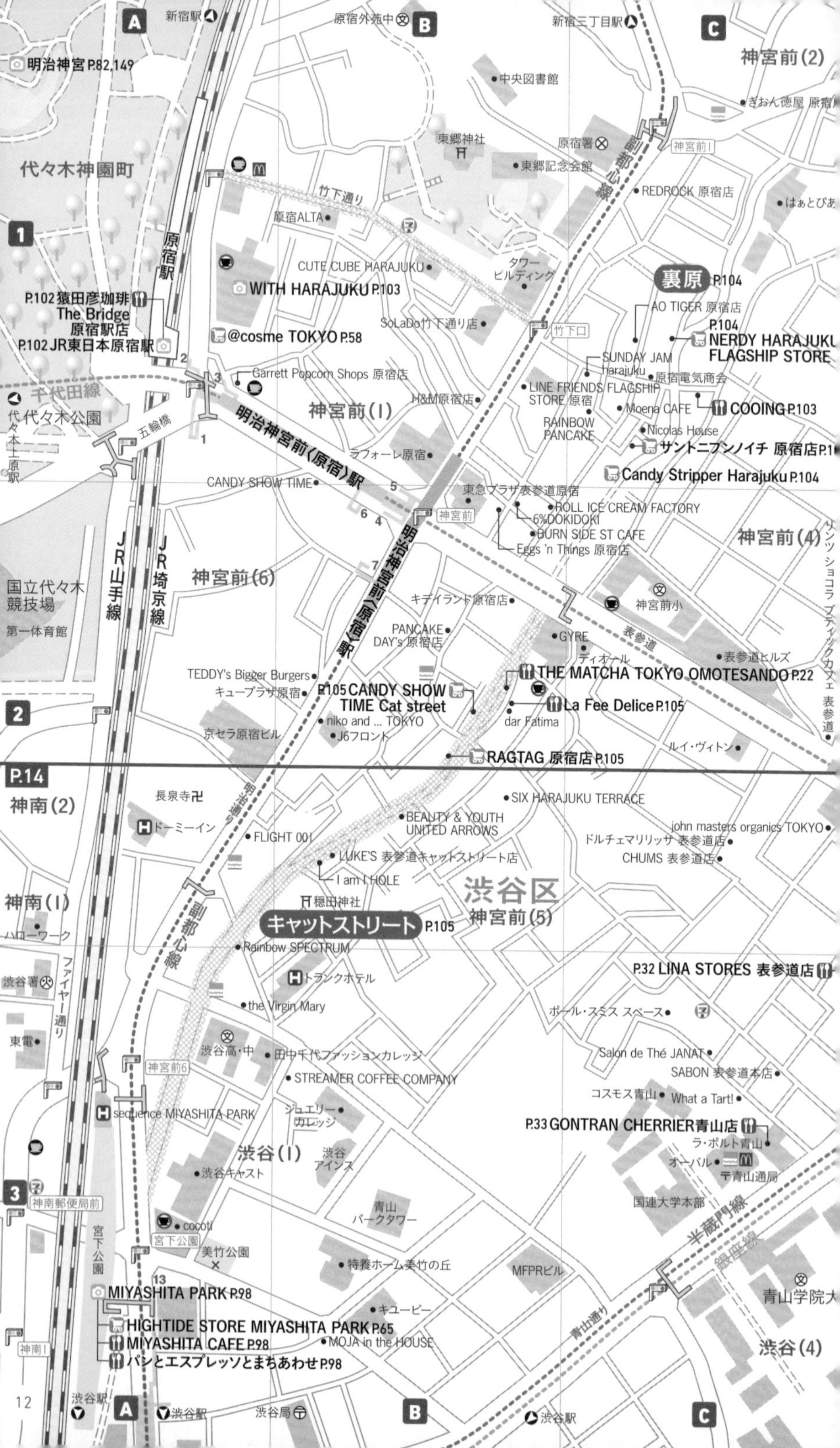

明治神宮 P.82,149
代々木神園町
P.102 猿田彦珈琲 The Bridge 原宿駅店
P.102 JR東日本原宿駅
原宿駅
竹下通り
原宿ALTA
CUTE CUBE HARAJUKU
WITH HARAJUKU P.103
@cosme TOKYO P.58
SoLaDo竹下通り店
Garrett Popcorn Shops 原宿店
H&M原宿店
ラフォーレ原宿
明治神宮前〈原宿〉駅
神宮前(1)
CANDY SHOW TIME
東郷神社
中央図書館
原宿署
東郷記念会館
タワービルディング
副都心線
REDROCK 原宿店
神宮前(2)
ぎおん徳屋 原宿
はぁとびあ
裏原 P.104
AO TIGER 原宿店
P.104 NERDY HARAJUKU FLAGSHIP STORE
SUNDAY JAM harajuku
原宿電気商会
LINE FRIENDS FLAGSHIP STORE 原宿
Moena CAFE
COOING P.103
RAINBOW PANCAKE
Nicolas House
サントニブンノイチ 原宿店
Candy Stripper Harajuku P.104
東急プラザ表参道原宿
ROLL ICE CREAM FACTORY
6%DOKIDOKI
BURN SIDE ST CAFE
Eggs 'n Things 原宿店
神宮前(4)
神宮前小
表参道
GYRE
ディオール
表参道ヒルズ
THE MATCHA TOKYO OMOTESANDO P.22
La Fee Delice P.105
dar Fatima
ルイ・ヴィトン
RAGTAG 原宿店 P.105
キデイランド原宿店
PANCAKE DAY's 原宿店
TEDDY's Bigger Burgers
キュープラザ原宿
P.105 CANDY SHOW TIME Cat street
niko and ... TOKYO
J6フロント
京セラ原宿ビル
神宮前(6)
千代田線
代々木公園
五輪橋
国立代々木競技場
第一体育館
JR山手線
JR埼京線
P.14
神南(2)
長泉寺
ドーミーイン
FLIGHT 001
明治通り
SIX HARAJUKU TERRACE
BEAUTY & YOUTH UNITED ARROWS
john masters organics TOKYO
ドルチェマリリッサ 表参道店
CHUMS 表参道店
LUKE'S 表参道キャットストリート店
I am I HOLE
穏田神社
渋谷区
神宮前(5)
キャットストリート P.105
神南(1)
ハローワーク
Rainbow SPECTRUM
トランクホテル
P.32 LINA STORES 表参道店
ファイヤー通り
渋谷署
the Virgin Mary
ポール・スミス スペース
東電
渋谷高・中
田中千代ファッションカレッジ
Salon de Thé JANAT
SABON 表参道本店
STREAMER COFFEE COMPANY
コスモス青山
What a Tart!
sequence MIYASHITA PARK
ジュエリーカレッジ
P.33 GONTRAN CHERRIER 青山店
ラ・ボルト青山
渋谷(1)
渋谷アインス
オーバル
青山通局
渋谷キャスト
国連大学本部
半蔵門線
銀座線
青山パークタワー
cocoti
宮下公園
美竹公園
特養ホーム美竹の丘
MFPRビル
青山学院大
宮下公園
MIYASHITA PARK P.98
HIGHTIDE STORE MIYASHITA PARK P.65
MIYASHITA CAFE P.98
パンとエスプレッソとまちあわせ P.98
キユーピー
MOJA in the HOUSE
青山通り
渋谷(4)
渋谷駅
渋谷局
新宿駅
原宿外苑中
新宿三丁目駅

原宿・表参道
0 50 100m
秩父宮ラグビー場
青山高
神宮前3
熊野通り
スタジアム通り
青山一丁目駅
伊藤忠商事
レクサス
半蔵門線
プラセオ
エスコルテ
外苑前駅
銀座線
墓地通り
妙円寺
P.75 ワタリウム美術館
P.75 オン・サンデーズ
ブラジル大使館
原宿教会
持法寺
神宮前(3)
WORLD BREAKFAST ALLDAY
Ristorante HONDA
青山キラー通り
北青山(2)
サンクレストビル
南青山(2)
青山小
ケアコミュニティ原宿の丘
THE AOYAMA GRAND HOTEL
丸八ビル
梅窓院
青山運動場
doinel
南青山3
青山通り
ル パティシエ タカギ 青山店
パンとエスプレッソと P.44
東急ステイ
LOUNGE by Francfranc
LOTUS
オリンピック
Mr.FARMER
青山霊園
とんかつまい泉 青山本店
P.32 ERIC ROSE
児童館
外苑西通り
幸せのパンケーキ
北青山(3)
青朋ビル
長者丸通り
DEENY'S TOKYO P.31
ワールドビル
船光稲荷
アウラビル
Flying Tiger Copenhagen 表参道ストア
南青山(3)
アルテカベルテ
善光寺
ポルシェセンター青山
表参道駅
ANNIVERSAIRE CAFÉ
ONE表参道
秋葉神社
SunnyHills at Minami-Aoyama
COMMUNE 2nd
港区
表参道
南青山(4)
みずほ
キルフェボン青山
amam dacotan 表参道店 P.102
CAFÉ KITSUNÉ
Salon de Louis 南青山店 P.103
赤坂駅
HillValley 青山店
RITUEL par Christophe Vasseur
広開院
ZARA HOME
三菱UFJ
コム デ ギャルソン
南青山(5)
beautiful people 青山店
千代田線
プラダ
Spiral Market スパイラル
青南小
立山墓地
青山中川美術館
diptyque
Acne Studios Aoyama
MAR'S
HATAKE AOYAMA
Nicolai Bergmann Nomu
MACKINTOSH青山店
Pretty Ballerinas AOYAMA
南青山5
PARLOR 8ablish P.22
A to Z cafe
コレッツィオーネ
根津美術館前
GRANNY SMITH APPLE PIE & COFFEE 青山店
the 3rd Burger
小原流会館
モロッコ大使館
根津美術館
骨董通り
南青山(6)
青学会館
岡本太郎記念館
BLUE NOTE TOKYO
P.43 CLINTON ST. BAKING COMPANY TOKYO
青山学院女子短大

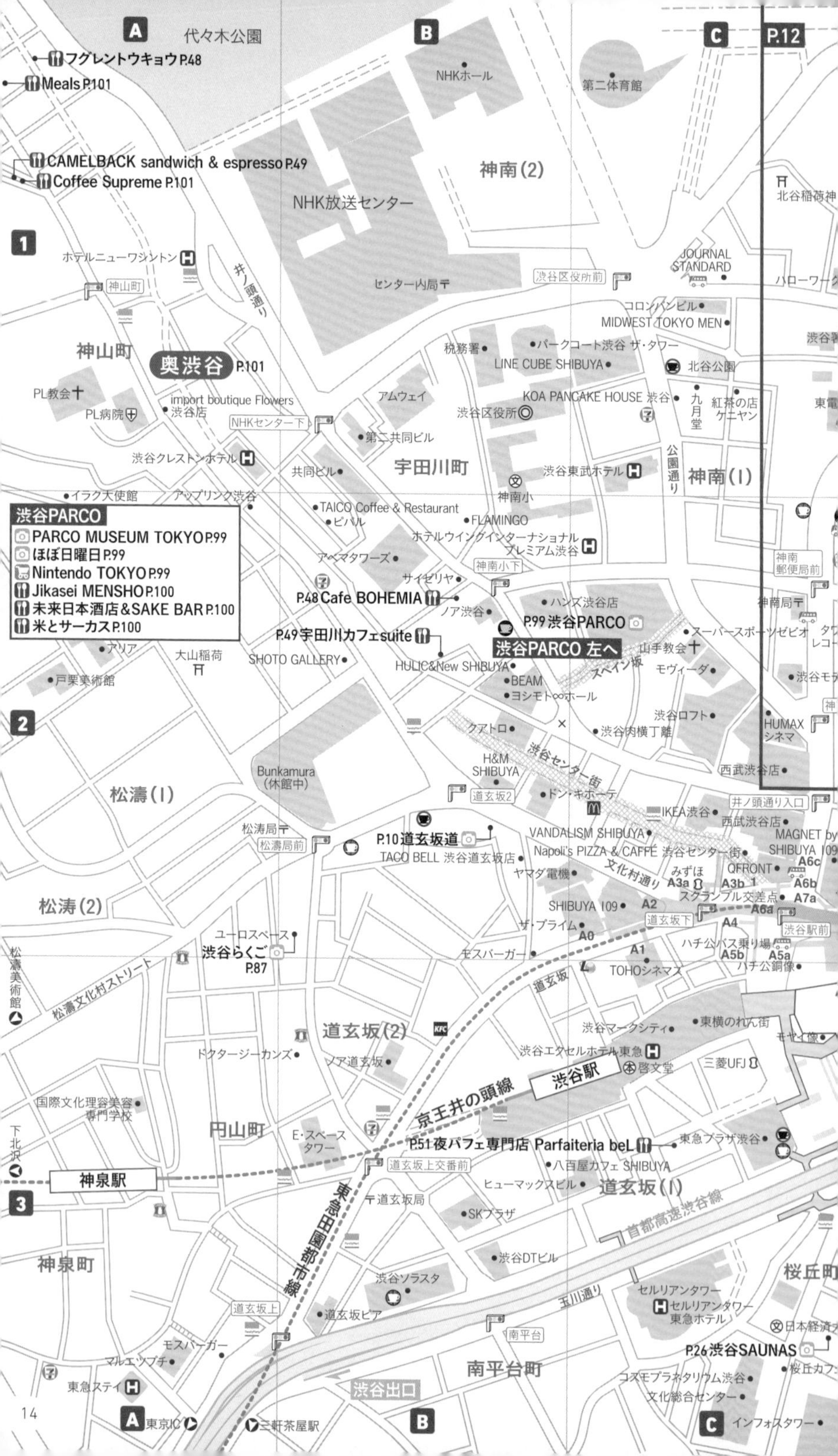
A
B
C
P.12
1
2
3
代々木公園
フグレントウキョウ P.48
Meals P.101
CAMELBACK sandwich & espresso P.49
Coffee Supreme P.101
NHKホール
第二体育館
神南(2)
NHK放送センター
北谷稲荷神
ホテルニューワシントン
神山町
井ノ頭通り
センター内局
渋谷区役所前
JOURNAL STANDARD
ハローワーク
コロンバンビル
MIDWEST TOKYO MEN
奥渋谷 P.101
税務署
パークコート渋谷 ザ・タワー
LINE CUBE SHIBUYA
北谷公園
PL教会
PL病院
import boutique Flowers 渋谷店
NHKセンター下
アムウェイ
KOA PANCAKE HOUSE 渋谷
九月堂
紅茶の店 ケニヤン
渋谷区役所
第二共同ビル
渋谷クレストンホテル
共同ビル
宇田川町
渋谷東武ホテル
公園通り
神南(1)
神南小
イラク大使館
アップリンク渋谷
渋谷PARCO
PARCO MUSEUM TOKYO P.99
ほぼ日曜日 P.99
Nintendo TOKYO P.99
Jikasei MENSHO P.100
未来日本酒店&SAKE BAR P.100
米とサーカス P.100
TAICO Coffee & Restaurant
ビバル
FLAMINGO
ホテルウイングインターナショナル プレミアム渋谷
アベマタワーズ
神南郵便局前
サイゼリヤ
神南小下
P.48 Cafe BOHEMIA
ノア渋谷
ハンズ渋谷店
神南局
P.99 渋谷PARCO
P.49 宇田川カフェsuite
渋谷PARCO 左へ
スーパースポーツゼビオ
アリア
大山稲荷
SHOTO GALLERY
HULIC&New SHIBUYA
山手教会
戸栗美術館
BEAM
ヨシモト∞ホール
スペイン坂
モディ
渋谷モディ
渋谷ロフト
クアトロ
渋谷肉横丁
HUMAX シネマ
Bunkamura (休館中)
H&M SHIBUYA
渋谷センター街
西武渋谷店
松濤(1)
道玄坂2
ドン・キホーテ
井ノ頭通り入口
IKEA渋谷
松濤局
P.10 道玄坂道
VANDALISM SHIBUYA
松濤局前
TACO BELL 渋谷道玄坂店
Napoli's PIZZA & CAFFÉ 渋谷センター街
MAGNET by SHIBUYA 109
ヤマダ電機
文化村通り
みずほ
QFRONT
スクランブル交差点
松涛(2)
SHIBUYA 109
道玄坂下
ザ・プライム
渋谷駅前
ユーロスペース
ハチ公バス乗り場
渋谷らくご P.87
モスバーガー
TOHOシネマズ
ハチ公銅像
松濤美術館
松濤文化村ストリート
道玄坂
渋谷マークシティ
東横のれん街
道玄坂(2)
渋谷エクセルホテル東急
ドクタージーカンズ
ノア道玄坂
啓文堂
三菱UFJ
モヤイ像
渋谷駅
京王井の頭線
国際文化理容美容専門学校
円山町
E・スペースタワー
P.51 夜パフェ専門店 Parfaiteria beL
東急プラザ渋谷
下北沢
神泉駅
道玄坂上交番前
八百屋カフェ SHIBUYA
東急田園都市線
道玄坂局
ヒューマックスビル
道玄坂(1)
SKプラザ
首都高速渋谷線
神泉町
渋谷DTビル
桜丘町
渋谷ソラスタ
玉川通り
セルリアンタワー
セルリアンタワー東急ホテル
道玄坂上
道玄坂ビア
南平台
日本経済大
モスバーガー
P.26 渋谷SAUNAS
マルエツプチ
南平台町
桜丘カフェ
東急ステイ
渋谷出口
コスモプラネタリウム渋谷
文化総合センター
東京IC
三軒茶屋駅
インフォスタワー

渋谷
0 50 100m
神宮前(6)
長泉寺
ドーミーイン
JR山手線
JR埼京線
ファイヤー通り
明治通り
明治神宮前駅
J6フロント
I am I HOLE
穏田神社
キャットストリート
トランクホテル
渋谷区
神宮前(5)
港区
北青山(3)
ドルチェマリリッサ 表参道店
CHUMS 表参道店
Celeb de TOMATO
ポール・スミス スペース
Salon de Thé JANAT
Deux Anges
NUMBER A
THREE AOYAMA
コスモス青山
青山
ラ・ポルト青山
オーバル
青山通局
国連大学本部
表参道駅
渋谷高・中
田中千代ファッションカレッジ
STREAMER COFFEE COMPANY
神宮前6
ヒロ. みずのジュエリーカレッジ
sequence MIYASHITA PARK
副都心線
渋谷キャスト
渋谷アインス
青山パークタワー
cocoti
宮下公園
美竹公園
渋谷(1)
特養ホーム美竹の丘
MFPRビル
青山通り
半蔵門線
銀座線
青山学院大
B1
メトロプラザ
キユーピー
MOJA in the HOUSE
20a
茶亭 羽當 P.51
渋谷東急REIホテル
P.41 くまちゃん温泉おやすみ処
宮益坂上
宮益坂
渋谷局
渋谷(2)
西門前
間島記念館
図書館
B2
B3
EST
のんべい横丁
宮益坂下
みずほ
渋谷駅
B7
B4
りそな
金王坂
青山学院高
style table 渋谷ヒカリエShinQs店 P.59
渋谷ヒカリエ
渋谷(4)
B5
渋谷クロスタワー
みずほ銀行事務センター
東建インターナショナル
kinō
谷町Jct
首都高速渋谷線
B6
SHIBUYA SKY P.100
渋谷スクランブルスクエア
渋谷出口
渋谷署前
六本木通り
渋谷2
渋谷入口
C3
C1
渋谷署
ポッシュ
東福寺
金王八幡宮
実践女子大 渋谷キャンパス・短大部
ストリーム高架下 スシブヤ P.25
C2
渋谷ストリーム
東急東横線
渋谷(3)
八幡通り
実践女子学園高・中
Shibuya Sakura Stage P.10
コープ プラザ
横浜
東(1)
明治通り
渋谷南東急ビル
ウインズ渋谷
渋谷グランベルホテル
常磐松公園
JR東日本ホテルメッツ 渋谷
代官山駅
恵比寿駅
並木橋
1
2
3
D
E
F

菅刈公園
P.50 STARBUCKS RESERVE® ROASTERY TOKYO
青葉台(2)
目黒川
ドン・キホーテ
西郷山下
首都高速中央環状線
千歳橋
山手通り
福砂屋
50m
マレーシア大使館
ウガンダ大使館
鶯谷町
ラ・トゥール
乗泉寺
鉢山中
THE COFFEESHOP DAIKANYAMA
八幡通り
鉢山中東
渋谷駅
猿楽町
Bird
P.138 SPRING VALLEY BREWERY 東京
Urth caffé 代官山
代官山小川軒
代官山町
MONKEY CAFÉ
猿楽小
P.59 Healthy TOKYO CBD STORE & CAFE DAIKANYAMA
ログロード代官山
J Pearl daikanyama
Hacienda del cielo -MODERN MEXICANO-
JUPITER代官山
MÖTHER LIP
GADAN
NTTコミュニケーションズ
旧山手通り
鉢山町
西郷山公園
バプテスト教会
第一商高
猿楽町
青葉台(2)
P.138 CLEANSING CAFE Daikanyama
セネガル大使館
代官山フォーラム
AirBuggy DAIKANYAMA
代官山アドレス
代官山スポーツプラザ
代官山 蔦谷書店 P.138
代官山 T-SITE
かまわぬ 代官山店
エジプト大使館
ヒルサイドパントリー代官山
Mocha Coffee
東急トランセ乗り場
パークナード代官山
Caffé Michelangelo
P.138 HEAVENLY Island Lifestyle代官山
春水堂
デンマーク大使館
代官山プラザ
西口
P.138 Matsunosuke N.Y.
HOLLYWOOD RANCH MARKET
Plage代官山店
正面口
代官山駅
東口
カット図へ
Leah-K
COW BOOKS 中目黒
北野神社
西郷山通り
青葉台(1)
代官山 ヒルサイドテラス
旧朝倉家住宅
代官山交番前
LELABO Daikanyama
PEANUTS Cafe
朝日橋
うれしいプリン屋さんマハカラ
0fr.TOKYO
東京音楽大 目黒・代官山キャンパス
上目黒(1)
恵比寿研修会館
目黒川
大橋Jct
東山1
鎗ヶ崎
カーリーコレクション
駒沢通り
山手通り
宿山橋
山手トンネル
HUGO・DESNOYER EBISU
目黒川ワイン食堂MARZAC7
東山(1)
西武信金
桜橋
年金事務所
オートバックス
恵比寿南(3)
Moke's Hawaii 中目黒
さわやか
別所橋
ラ・プロヴァンスカフェ
東急ストア
BRICK & MORTAR
りそな
目黒学院高・中
目黒区
ライフ
正面出口
中目黒駅
上目黒(3)
南出口
中目黒アトラスタワー
みずほ
中目黒(1)
東京着物染色美術専門学校
中目黒駅高架下
P.36 鶏だしおでん さもん 中目黒店
三菱UFJ 中目黒GTタワー
さいかち橋
目黒学院別館
東急東横線
鳥小屋 本店
山手通り
Huit nakameguro
目黒銀座観音
みずほ銀行 中目黒センター
中目黒立体交差
首都高速中央環状線
中目黒駅前局
自由が丘駅
目黒川船入場
中目黒(2)
目黒区役所
駒沢通り
東京共済病院
正覚寺
La vie a la Campagne
田楽橋
上目黒(2)
中目黒(3)
中目黒公園
大井Jct
A
B
C
1
2
3

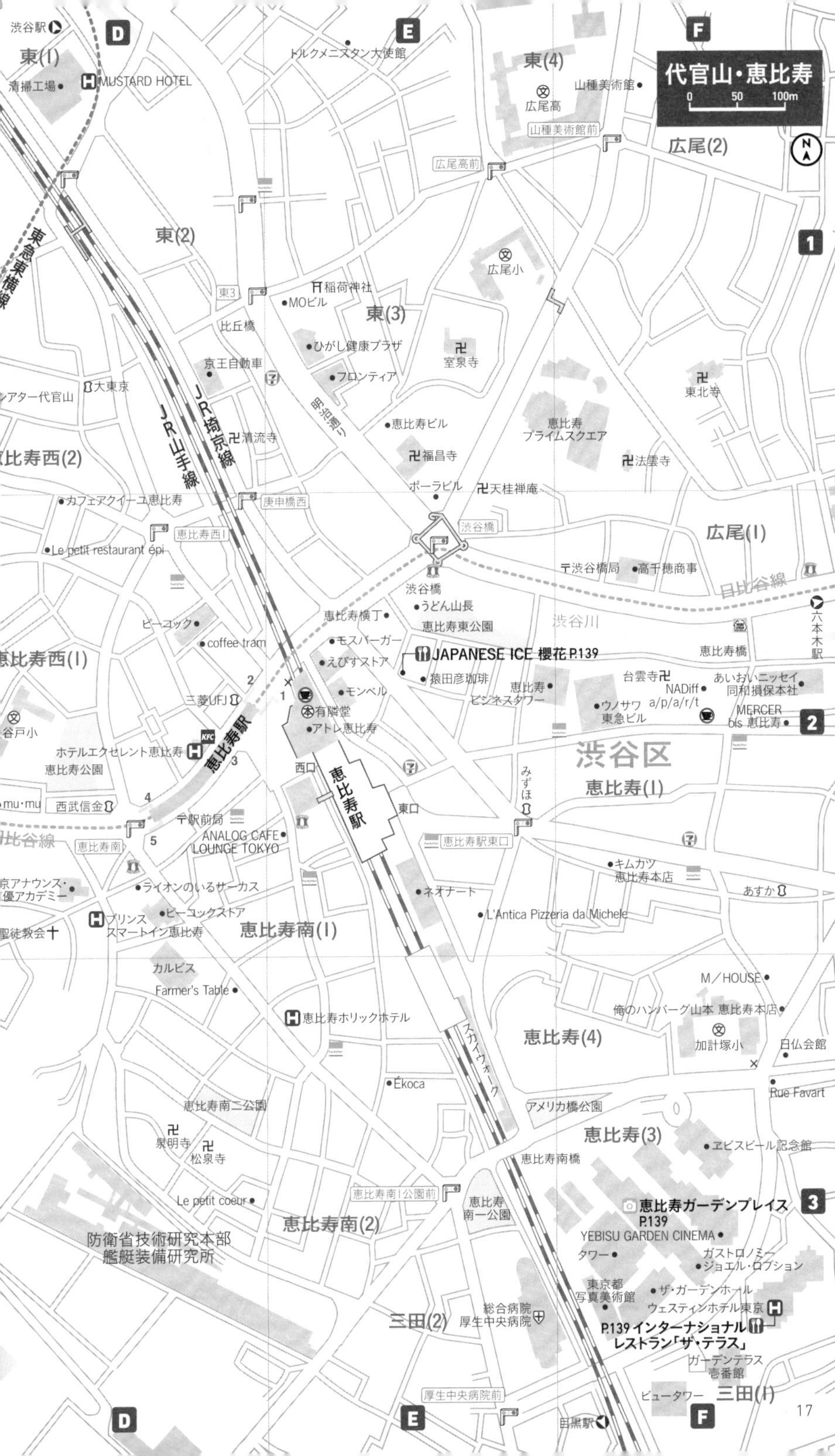

代官山・恵比寿
0 50 100m
渋谷駅
MUSTARD HOTEL
清掃工場
東(1)
トルクメニスタン大使館
東(4)
広尾高
山種美術館
山種美術館前
広尾(2)
広尾高前
東(2)
東急東横線
広尾小
東3
稲荷神社
MOビル
東(3)
比丘橋
ひがし健康プラザ
室泉寺
京王自動車
フロンティア
大東京
明治通り
東北寺
JR山手線
JR埼京線
恵比寿ビル
恵比寿プライムスクエア
清流寺
福昌寺
法雲寺
恵比寿西(2)
ポーラビル
天桂禅庵
カフェアクイーユ恵比寿
庚申橋西
渋谷橋
広尾(1)
恵比寿西1
Le petit restaurant épi
渋谷橋局
高千穂商事
渋谷橋
日比谷線
うどん山長
渋谷川
六本木駅
恵比寿横丁
恵比寿東公園
ピーコック
coffee tram
モスバーガー
恵比寿橋
恵比寿西(1)
えびすストア
JAPANESE ICE 櫻花 P.139
猿田彦珈琲
台雲寺
あいおいニッセイ同和損保本社
恵比寿ビジネスタワー
NADiff a/p/a/r/t
三菱UFJ
モンベル
ウノサワ東急ビル
MERCER bis 恵比寿
有隣堂
谷戸小
アトレ恵比寿
恵比寿駅
ホテルエクセレント恵比寿
渋谷区
恵比寿公園
西口
みずほ
恵比寿(1)
恵比寿駅
mu・mu
西武信金
東口
駅前局
ANALOG CAFE LOUNGE TOKYO
恵比寿南
恵比寿駅東口
キムカツ恵比寿本店
ライオンのいるサーカス
あすか
ネオナート
ピーコックストア
プリンス スマートイン恵比寿
恵比寿南(1)
L'Antica Pizzeria da Michele
聖徒教会
カルピス
Farmer's Table
M／HOUSE
俺のハンバーグ山本 恵比寿本店
恵比寿ホリックホテル
スカイウォーク
恵比寿(4)
加計塚小
日仏会館
Ékoca
Rue Favart
恵比寿南二公園
アメリカ橋公園
泉明寺
恵比寿(3)
松泉寺
ヱビスビール記念館
恵比寿南橋
Le petit coeur
恵比寿南1公園前
恵比寿南一公園
恵比寿ガーデンプレイス P.139
恵比寿南(2)
防衛省技術研究本部 艦艇装備研究所
YEBISU GARDEN CINEMA
タワー
ガストロノミー ジョエル・ロブション
東京都写真美術館
ザ・ガーデンホール
ウェスティンホテル東京
総合病院 厚生中央病院
三田(2)
P.139 インターナショナルレストラン「ザ・テラス」
ガーデンテラス壱番館
厚生中央病院前
ビュータワー
三田(1)
目黒駅

西新宿(8)
成子天神社
西新宿中学校
ベルサール
住友不動産グランドタワー
中野坂上駅
成子天神下
まいばすけっと
青梅街道
西新宿駅
ホテル ローズガーデン新宿
西新宿(7)
タウンアネクス
柏木公園
常円寺
常泉院
宝塚大
カフェベローチェ
新宿大ガード西
池袋駅・中野駅
飯田橋駅
西東京外語専門学校
モスバーガー
日土地西新宿ビル
新宿オークタワー
東京医大病院
BIZ新宿
西新宿(6)
アトリウム
ウイング
新宿署
新宿警察署前
丸ノ内線
アイランドタワー
アイランドホール
ヒルトン東京
新宿野村ビル
Paul Bassett
損保ジャパン
SOMPO美術館
思い出横丁
昭和
小田急百貨店新宿店
ビックカメラ
新宿区
北通り
都庁北
議事堂北
新宿中央公園北
三井ビル
新宿センタービル
みずほ
エルタワー
コクーンタワー
三井住友
ブックファースト
小田急第一生命ビル
横浜
新宿住友ビル
シュクバ
ハイアットリージェンシー東京
都庁前駅
中央通り
中央通り東
都営大江戸線
工学院大
小田急明治安田生命ビル
(再開発中)
新宿中央公園前
京王プラザホテル(新宿)
エステック情報ビル
新宿局
東通り
TOWNGATE CORE TOKYO 都SEEN P.81
東京都庁 P.81
都議会議事堂
南館
新宿ファーストウエストビル
ヨドバシカメラ
三番街
二番街
一番街
中野坂上駅
新宿中央公園
公園通り
都庁第一本庁舎
ふれあい通り
新宿モノリス
サンエービル
西新宿(1)
西新宿1
西新宿(2)
淀橋給水所
都庁第二本庁舎
都庁通り
議事堂通り
新宿NSビル
明宝ビル
ヤマダデンキ
新宿駅
甲州街道
KDDIビル
FRIGO
鳥茂
運動公園
議事堂南
都庁南
西新宿2
東京海上日動ビル
京王線
南通り
全労済会館
サンルートプラザ
新宿出入口
新宿ワシントンホテル
西新宿
西新宿(3)
代々木(3)
京王新線
新宿ワシントンホテル新館
新宿マインズタワー
首都高速新宿線
文化クイントビル
District - Brasserie, Bar, Lounge P.47
ニューステイトメナー
新宿パークタワー
パークハイアット東京
キンプトン新宿東京
文化学園大・短大部
文化外国語専門学校
代々木(2)
代々木ゼミナール
西新宿3
笹塚駅

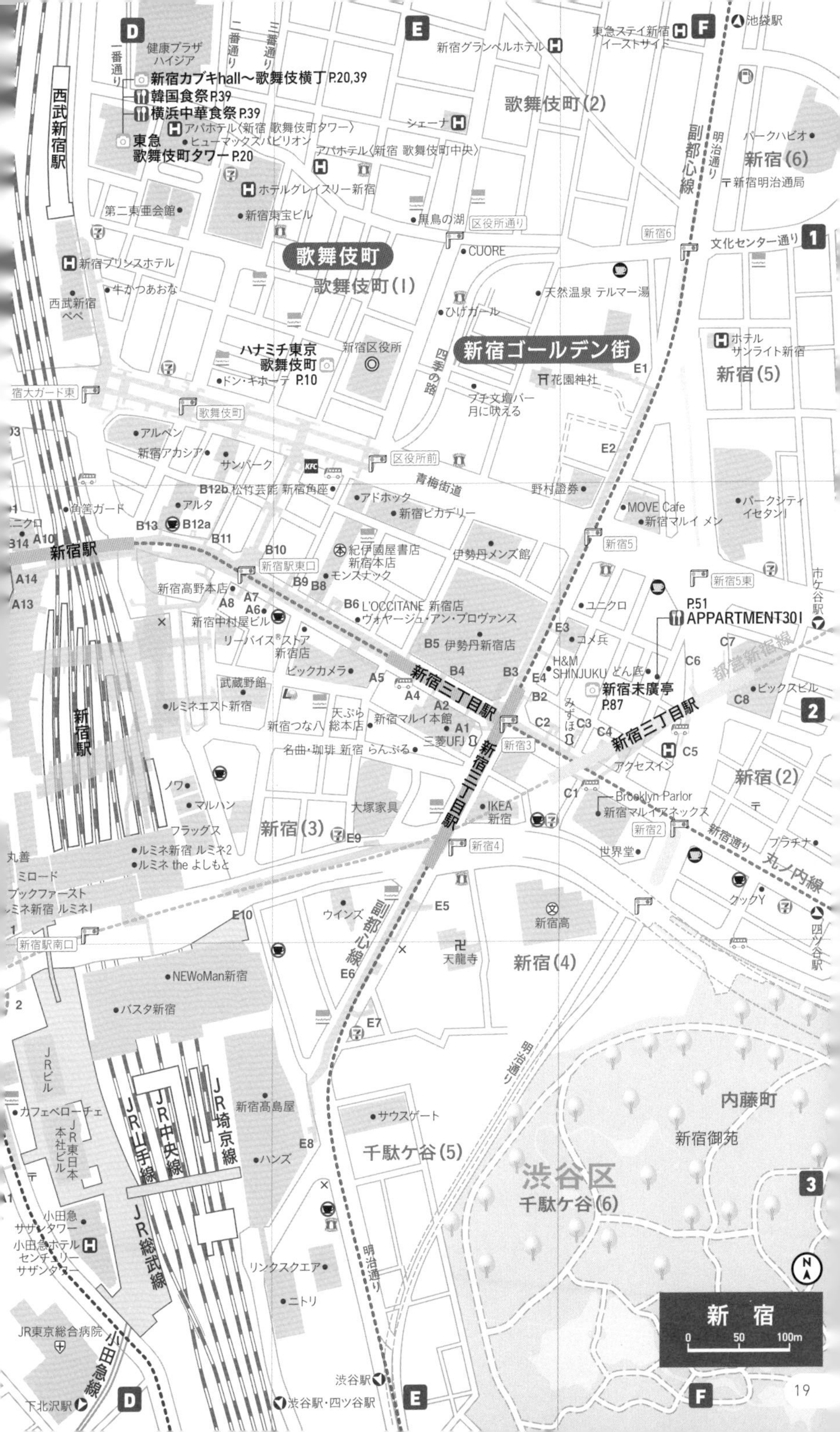

新宿
0
50
100m
歌舞伎町
新宿ゴールデン街
新宿カブキhall～歌舞伎横丁 P.20,39
韓国食祭 P.39
横浜中華食祭 P.39
東急歌舞伎町タワー P.20
ハナミチ東京 歌舞伎町 P.10
新宿末廣亭 P.87
P.51 APPARTMENT301
歌舞伎町(1)
歌舞伎町(2)
新宿(2)
新宿(3)
新宿(4)
新宿(5)
新宿(6)
千駄ケ谷(5)
千駄ケ谷(6)
渋谷区
内藤町
新宿御苑
西武新宿駅
新宿駅
新宿三丁目駅
副都心線
都営新宿線
丸ノ内線
JR山手線
JR中央線
JR埼京線
JR総武線
小田急線
一番通り
三番通り
明治通り
区役所通り
文化センター通り
青梅街道
新宿通り
四季の路
健康プラザハイジア
アパホテル〈新宿 歌舞伎町タワー〉
ヒューマックスパビリオン
アパホテル〈新宿 歌舞伎町中央〉
ホテルグレイスリー新宿
新宿東宝ビル
第二東亜会館
新宿プリンスホテル
牛かつあおな
西武新宿ペペ
新宿グランベルホテル
東急ステイ新宿イーストサイド
シェーナ
黒鳥の湖
CUORE
ひげガール
天然温泉 テルマー湯
新宿区役所
花園神社
ブチ文壇バー 月に吠える
ドン・キホーテ
パークハビオ
新宿明治通局
ホテルサンライト新宿
アルペン
新宿アカシア
サンパーク
松竹芸能 新宿角座
アドホック
新宿ピカデリー
野村證券
MOVE Cafe
新宿マルイ メン
パークシティイセタンI
角筈ガード
アルタ
紀伊國屋書店 新宿本店
伊勢丹メンズ館
モンスナック
新宿高野本店
新宿中村屋ビル
L'OCCITANE 新宿店
ヴォヤージュ・アン・プロヴァンス
伊勢丹新宿店
ユニクロ
コメ兵
H&M SHINJUKU
どん底
リーバイス®ストア新宿店
ビックカメラ
武蔵野館
ルミネエスト新宿
天ぷら 新宿つな八 総本店
新宿マルイ本館
三菱UFJ
名曲・珈琲 新宿 らんぶる
ビックスビル
アクセスイン
ノワ
マルハン
フラッグス
大塚家具
IKEA新宿
Brooklyn Parlor
新宿マルイアネックス
世界堂
プラチナ
クックY
ルミネ新宿 ルミネ2
ルミネ the よしもと
ミロード
ブックファースト
ウインズ
新宿高
天龍寺
NEWoMan新宿
バスタ新宿
JRビル
カフェベローチェ
JR東日本本社ビル
新宿高島屋
ハンズ
サウスゲート
小田急サザンタワー
小田急ホテルセンチュリーサザンタワー
リンクスクエア
ニトリ
JR東京総合病院
池袋駅
市ケ谷駅
四ツ谷駅
渋谷駅
渋谷駅・四ツ谷駅
下北沢駅
新宿駅東口
新宿駅南口
新宿大ガード東
区役所前
新宿6
新宿5
新宿5東
新宿3
新宿4
新宿2
A1 A2 A4 A5 A6 A7 A8 A10 A13 A14
B2 B3 B4 B5 B6 B8 B9 B10 B11 B12a B12b B13 B14
C1 C2 C3 C4 C5 C6 C7 C8
E1 E2 E3 E4 E5 E6 E7 E8 E9 E10
D E F
1 2 3

お台場
0
100
200m
A
B
C
1
2
3
芝浦Jct
新橋駅
レインボーブリッジ
首都高速台場線
東京水辺ライン・都観光汽船
第六台場
東京港
レインボープロムナード
台場公園
台場出入口
シーリア
お台場一番街
臨海道路
港陽中・小
港区
お台場
レインボー公園
ゆりかもめ
東京
シーリア
お台場三番街
鳥の島
P.79 サザエさんのお店
P.79 フジテレビショップ「フジさん」
P.79 フジテレビモール
P.79 フジテレビギャラリー「ガチャピン・ムックミュージアム」
P.79 フジさんテラス
P.78 球体展望室「はちたま」
大井町駅
都観光汽船
りんかい線
東京都
観光汽船
レゴランド・ディスカバリー・センター東京
お台場イルミネーション"YAKEI"
自由の女神像
台場(1)
お台場海浜公園
ヒルトン東京お台場
台場
アクアシティお台場
メディアージュ
デックス東京ビーチ
CARESS
レインボー入口
のぞみ
潮風公園
臨海副都心出入口
P.78
フジテレビ
本社ビル
台場
フロンティアビル
台場
トレードピア
お台場海浜公園
サントリー
台場(2)
有明
グランドニッコー東京 台場
テレポートブリッジ
首都高速湾岸線
東京港トンネル
湾岸道路
お台場中央
東京テレポート駅
潮風公園南
大井Jct
ダイバーシティ東京 プラザ
江東区臨海部
コミュニティサイクル
東京ビッグサイト
青海展示場
噴水広場
品川区
東八潮
青海(1)
パラアリーナ
東京国際
クルーズターミナル
船の科学館
船の科学館入口
青海
青海I
ゆりかもめ
東京国際
交流館
ウエストプロムナード
BMW
水上バスのりば
東京国際
クルーズターミナル
宗谷
国際大学村
青海トンネル
青海客船ターミナル
東京ベイシャトル
フジテレビ
湾岸スタジオ
東京湾岸署
日本科学未来館
第1号上屋
the Canteen
産業技術総合研究所
臨海副都心センター
青海ふ頭公園
10号地ふ頭(西岸壁)
滝の広場
タイム24ビル
ダイトー
第2号上屋
青海コンテナふ頭
東京港湾
合同庁舎
青海フロンティアビル
テレコムセンター
テレコムセンター前
テレコム
センター
3号上屋
第3号上屋
横浜倉庫
青海(2)
青海南ふ頭公園
第4号上屋

下北沢
0 50 100m
世田谷区
北沢(3)
北沢(2)
北沢(1)
代田(6)
代田(5)
代田(2)
代沢(5)
代沢(2)
新代田駅
京王井の頭線
下北沢駅
東北沢駅
小田急線
世田谷代田駅
池ノ上駅
P.109 SIDE WALK COFFEE ROASTERS
P.109 MUSTARD™ HOTEL SHIMOKITAZAWA
P.37 SANZOU TOKYO
P.108 Megan
P.108 明天好好
P.108 Shisha cafe chotto
P.108 reload
チョップスティックス P.106
タイ屋台999 P.106
韓国食堂&韓甘味 ハヌリ P.106
ミカン下北 P.106
P.109 をかしなお芋 芋をかし 下北沢
(tefu) lounge P.29
P.107 OSCAR Vegan American Chinese
P.107 発酵デパートメント
P.107 日記屋 月日
P.107 BONUS TRACK
洞洞 P.109
由縁別邸 代田 P.95
せたがや樫の木会 まもりやま工房
代田北広場
守山地区会館
下北沢成徳高・中
カレーの惑星
下北沢教会
世田谷北沢局
鎌倉通り
環七通り
オイシイカレー
喫茶ネグラ
横浜
ピーコックストア
代田五丁目公園
ラ・ベファーナ 下北沢
成城石井
STOCKMART 下北沢
NANSEI PLUS
ダイエー
城南
新代田駅前局
ザ・モスク・コーヒー
ザ・スズナリ
北沢総合支所
北沢タウンホール
オオゼキ
本多劇場
三菱UFJ
まいばすけっと
下北沢駅入口
PANES HOUSE
茶沢通り
étéco bread
トロワ・シャンブル
下北沢トリウッド
ダ・オッジ
代沢五丁目
世田谷代沢局
代沢三差路
パティスリー・コウツ
森厳寺
代々木上原駅
渋谷駅
清澄白河
0 100 200m
江東区
都営大江戸線
東京メトロ半蔵門線
清澄白河駅
両国駅
門前仲町駅
錦糸町駅
常盤(1)
常盤(2)
高橋
森下(4)
白河(1)
白河(2)
白河(3)
白河(4)
清澄(1)
清澄(2)
清澄(3)
三好(1)
三好(2)
三好(3)
三好(4)
平野(1)
平野(2)
平野(3)
平野(4)
福住(2)
深川(1)
深川(2)
冬木
木場(3)
木場(4)
門前仲町(1)
P.23 TUTTO 清澄白河
P.137 清澄庭園
P.137 LUFF Flower&PlantsWORKS
P.136 ブルーボトルコーヒー 清澄白河フラッグシップカフェ
P.137 東京都現代美術館
ALLPRESS ESPRESSO Tokyo Roastery & Cafe P.136
KOFFEE MAMEYA Kakeru P.136
深川芭蕉通り
萬年橋北
アコレ
常盤湯
芭蕉稲荷神社
芭蕉庵史跡展望庭園
萬年橋
森下3丁目
田河水泡・のらくろ館
深川一中
墨田工科高
フットスクエア 江東・森下
小名木川
東深川橋
西深川橋
清澄通り
高橋
大富橋
三ツ目通り
新高橋
大横川
赤札堂
K・インターナショナルスクール
深川稲荷
万年橋通り
清洲橋通り
陸奥宗光宅跡
中村高・中
本誓寺
大正記念館
霊巌寺
白河出張所
江東区深川江戸資料館
onnellinen
長専院
一言院
雲光院
東深川橋
白河3丁目
宜雲寺
マルエツ
元加賀小
江東白河局
元加賀公園
深川資料館通り
東京東
三好2丁目
美術館通り
現代美術館前
現代美術館南
清澄公園
清川橋
清澄橋
江東区立深川図書館
円通寺
本立院
リカシツ
理科室蒸留所
浄心寺
深川六中
木場公園
平野
オーケーストア
コトリパン
海辺橋
大島川
福住出入口
コーナン
仙台堀川
正覚寺
増林寺
慧然寺
木更木橋
平野2丁目
福富川公園
深川北スポーツセンター
イベント広場
深川一局
心行寺
明治小
深川二中(改築中)
亀久橋
亀久橋
末広橋
都立木場公園前
法乗院
陽岳寺
冬木弁天堂
葛西橋通り
大和橋
木場公園大橋
首都高速深川線
七曲通り

六本木
0 100 200m
赤坂(8)
赤坂(7)
赤坂(5)
赤坂(6)
赤坂(9)
港区
南青山(1)
六本木(2)
六本木(3)
六本木(4)
六本木(5)
六本木(6)
六本木(7)
西麻布(1)
西麻布(3)
元麻布(2)
元麻布(3)
麻布十番(1)
P.31 ブランチパーク
P.29 Kant.
P.80 六本木ヒルズ展望台 東京シティビュー
P.61 高級「生」食パン専門店 乃が美 麻布十番店
赤坂駅
乃木坂駅
六本木駅
麻布十番駅
東京ミッドタウン
ザ・リッツ・カールトン東京
国立新美術館
森タワー
六本木ヒルズ
森美術館
テレビ朝日
21_21 DESIGN SIGHT
檜町公園
都営大江戸線
千代田線
日比谷線
六本木通り
外苑東通り
赤坂通り
青山公園
青山霊園
代々木駅
表参道駅
広尾駅
目黒駅
一ノ橋Jct
飯倉出口

上野
0
100
200m
谷中霊園
日暮里駅
大宮駅
谷中(6)
上野桜木(2)
上野桜木(1)
根岸(3)
根岸(1)
寛永寺
台東区
寛永寺霊園
下谷(2)
下谷(1)
JR東北上越・北陸新幹線
JR山手・京浜東北線
JR常磐・高崎・東北本線
鶯谷駅
言問通り
東京藝大附属音楽高
東京藝術大
上野中
平成館
アーチ棟
国立国会図書館 国際子ども図書館
東京藝術大学大学美術館
上野高
藝大アートプラザ
資料館
東京国立博物館 P.75
法隆寺宝物館
表慶館
東京国立博物館・東洋館
京成本線
東京都美術館
国立科学博物館
P.132 上野恩賜公園
P.75 国立西洋美術館
P.24
上野動物園
東園
表門
新鶯亭
上野グリーンサロン
正岡子規記念球場
東京文化会館
上野駅
P.132 DOLCE FELICE
エキュート上野
アパホテル〈上野駅北〉
上野学園大・短大
東上野(4)
東上野(5)
東上野(6)
東上野(3)
東上野(2)
東上野(1)
アパホテル〈上野 稲荷町駅前〉
ホテルサンルートステラ上野
台東区役所
上野署
ホテルマイステイズ上野イースト
日本芸術院会館
上野の森美術館
パンダ橋
アトレ上野店
バンブーガーデン
上野の森さくらテラス
UENO3153
西郷隆盛像
弁天堂
ボート場
不忍池
京成上野駅
三井ガーデンホテル上野
めぐりん乗り場
銀座線
稲荷町駅
浅草通り
ギャラン P.133
マルイ
東上野コリアンタウン
P.133 アメ横 志村商店
肉の大山
アパホテル〈上野駅前〉
下町風俗資料館
上野出口
P.133 オスカーケバブ
大丸商店
百果園 上野第一号店
永寿総合病院
西町公園
鰻割烹 伊豆栄 本店
ABAB
アメ横センタービル
上野(6)
ドーミーイン上野・御徒町
上野(4)
池の端藪蕎麦
中田商店 アメ横店
上野入口
上野(2)
春日通り
上野広小路駅
上野御徒町駅
御徒町駅
仲御徒町駅
カナリヤ化粧品
西町太郎稲荷神社
白鷗高
元浅草(1)
元浅草(2)
つくばエクスプレス
都営大江戸線
新御徒町駅
甘味処 みつばち
厳選洋食 さくらい
とんかつ井泉
松坂屋上野店
吉池
多慶屋
御徒町台東中
御徒町公園
台東(4)
平成小
竹町公園
小島(2)
ヴィラフォンテーヌ東京上野御徒町
湯島駅
文京区
うさぎやCafe
黒門小
上野フロンティアタワー
P.132 上野案内所
うさぎや
JR山手線
京浜東北線
上野東京ライン
上野(1)
上野(3)
上野(5)
マルセル
アパホテル 上野広小路
練成通り
so, what
2k540 AKI-OKA ARTISAN
アーツ千代田 3331
外神田(5)
秋葉原駅
御徒町ステーションホテル
台東(3)
台東(2)
鳥越(1)
昭和通り
清洲橋通り
佐竹商店街
春日通り
金杉通り
英信寺
竜谷寺
上野小
北上野(1)
北上野(2)
入谷出入口
上野局
北千住駅
浅草駅

神楽坂
0 100 200m
赤城下町
赤城神社
赤城元町
ATELIER KOHTA P.141
高田馬場駅
早稲田通り
神楽坂駅
東西線
新宿区
白銀町
白銀公園
ウッドマンズケーキ
café SKIPA
jokogumo
筑土八幡神社
筑土八幡町
牛込署
都営大江戸線
新小川町
池袋駅
JCHO東京新宿メディカルセンター
下宮比町
津久戸町
津久戸小
マルエツ
横寺町
神楽坂(6)
安養寺
おこし処 神楽坂 菓寮
龍門禅寺
円福寺
岩戸町
長源寺
神楽坂上
神楽坂(5)
P.141 神楽坂 茶寮 本店
RESTAURANT かみくら
P.141 LE BRETAGNE
神楽坂(4)
揚場町
ソリッソ
まかないこすめ 神楽坂本店
三井住友
三菱UFJ
大信寺
P.140 毘沙門天(善國寺)
三菱UFJ
神楽坂 y cucina
筆笥町
牛込神楽坂駅
神楽坂(2)
ル・クロ・モンマルトル
神楽坂(3)
紀の善
神楽坂通り
袋町
地蔵坂
P.141 神楽坂 別亭 鳥茶屋
光照寺
Showroom galon
La Ronde d'Argile
不二家 飯田橋神楽坂店
Wine Bar Ambra
東京理科大
神楽坂下
CANAL CAFÉ
大久保通り
北町
東新宿駅
宮城道雄記念館
新坂
中町
中町公園
若宮町
若宮町公園
神楽坂(1)
近代科学資料館(休館中)
市谷船河原町
南町
アンスティチュ・フランセ東京
アンスティチュ・フランセ東京 ラ・ブラスリー
欧明社 RIVE GAUCHE
東京理科大
市谷砂土原町
払方町
市ヶ谷駅
市ヶ谷駅
東京逓信病院
外堀通り
南北線
外濠
JR総武線
JR中央線
飯田橋駅
飯田橋
セントラルプラザ
牛込橋
首都高速池袋線
目白通り
有楽町線
文京区
飯田橋出口
後楽(2)
後楽(1)
熊野町Jct
ファーストビ
小石川運動場
警視庁遺失物センター
別館
みずほ
飯田橋駅
船河原橋
飯田橋(3)
ラムラ
駅東口
飯田橋駅
飯田橋(4)
プラウドタワー
日本歯科大病院
P.83 東京大神宮
日本歯科大短大
富士見(1)
飯田橋局
飯田橋サクラテラス
サクラパーク
早稲田通り
千代田区
富士見(2)
日本歯科大
富士見小
谷根千
0 100 200
西日暮里駅
西日暮里駅
日暮里・舎人ライナー
日暮里駅
Hand & Heart
熊谷商事
第二日暮里小
アートホテル日暮里
荒川区
東日暮里(5)
麺・酒処 ぶらり
大給坂
千代田線
不忍通り
谷中ぎんざ
夕やけだんだん
ひみつ堂
マミーズ・アン・スリール 谷中店
谷中(3)
宗林寺
長明寺
谷中(7)
朝倉彫塑館
薬膳カレーじねんじょ
天王寺
日暮里駅
日暮里南公園いなげや
羽二重団子
尾竹橋通り
東日暮里(4)
竹台高
千駄木(3)
千駄木駅
よみせ通り
マルエツプチ
HAGI CAFE P.142
安立院
観音寺
団子坂
東西めぐりん乗り場
菊見せんべい総本店
そのみつ
団子坂下
谷中(5)
P.143 谷中霊園
大東京信組
ライフ
菊寿堂 いせ辰 谷中本店
開運 谷中堂
Biscuit
霊園管理所
根岸(2)
根岸(3)
JR東北・上越新幹線
千駄木(2)
books&café BOUSINGOT
谷中小
tokyobike gallery 谷中
根岸小
C.A.G.
ツバメハウス
瑞輪寺
谷中(6)
谷中(2)
谷中(4)
P.23
多宝院
上野桜木(2)
yorimichi cafe
文京つつじまつり
千駄木2
Succession P.143
SCAI THE BATHHOUSE
谷中ボッサ
言問通り
寛永寺 P.143
上野桜木(1)
P.142 カヤバ珈琲
鶯谷駅
根岸(1)
根岸1
旅館 澤の屋
根津神社
甘味処 芋甚 P.142
上野中
東京藝大附属音楽高
寛永寺霊園
日本医科大大学院
根津神社入口
玉林寺
谷中(1)
風土菓 桃林堂上野店
東京藝術大
平成館
根津(2)
本寿寺
国立国会図書館 国際子ども図書館
BISTOIRE
根津のパン P.143
根津教会
根津(1)
上野高
藝大アートプラザ
資料館
東京国立博物館
東大球場
根津小
池之端(4)
法隆寺宝物館
上野公園
東京国立博物館・東洋館
根津 釜竹
赤札堂
根津1
根津駅
不忍通り
千代田線
くし・あげ とくろ
はん亭
Ponia-pon
東園
奏楽堂
上野恩賜公園
京成本線
JR京浜東北線
JR山手・京浜東北線
東北本線
入谷口通り
上野公園通り
文京区
弥生(1)
妙極院
池之端(3)
東京都美術館
弥生(2)
言問通り
上野動物園
国立科学博物館
湯島駅
京成上野駅
上野駅
上野駅
1
2
3
A
B
C

築地
0 50 100m
月島
50 100m
中央区
築地駅
築地市場駅
月島駅
都営大江戸線
P.146 築地焼うお いし川
築地 さのきや P.147
紀文 築地総本店 P.147
P.146 秀徳3号店
築地山長 P.147
トラットリア 築地パラディーゾ P.146
トゥエンティエイト P.47
P.147 近どう 本店
もんじゃ 来る実 P.147
浜離宮庭園
隅田川

池袋
0 100 200m
蔵前・両国
0 100 200m
池袋(1)
池袋(2)
東池袋(1)
東池袋(2)
東池袋(3)
東池袋(4)
東池袋(5)
西池袋(1)
西池袋(2)
西池袋(3)
南池袋(2)
南池袋(3)
上池袋(1)
北大塚(3)
豊島区
池袋駅
東池袋駅
JR山手線・湘南新宿ライン
JR山手線
JR埼京線
東武東上線
西武池袋線
丸ノ内線
有楽町線
副都心線
都電荒川線
首都高速池袋線
都電雑司ヶ谷（再開発中）
P.129 夜パフェ専門店 モモブクロ
P.97 hotel hisoca ikebukuro
BOOK AND BED TOKYO
PHO THIN TOKYO P.129
マーロウ 西武池袋本店 P.129
MIGNON JR東日本 池袋南改札横店 P.129
egg 東京 P.43,128
Hareza池袋 P.128
グランドシネマサンシャイン 池袋 P.128
エスプレッソ Dワークス 池袋 P.128
グランドスケープ池袋 P.128
アニメイト池袋本店 P.55
P.81,129 サンシャイン水族館
サンシャイン60展望台 てんぼうパーク P.81
サンシャインシティ P.81
サンシャインシティプリンスホテル
東池袋出入口
EVANGELION STORE TOKYO-01
P'PARCO
ワッカイケブクロ
ヤマダデンキ
アニメイトカフェ池袋3号店
K-BOOKS 池袋アニメ館・乙女館
サントロペ
ラウンドワン
乙女ロード
ハレザタワー
ハイパーレーン
ザ・ビー東京 池袋
ドン・キホーテ
池袋ロイヤルホテル
ロサ会館
三原堂
東武百貨店池袋本店
RINGO 池袋店
パルコ
西武池袋本店
ルミネ
ダイワロイネットホテル
三菱UFJ
COFFEE VALLEY
南池袋公園
東京芸術劇場
エソラ
西池袋公園
池袋署
ホテルメトロポリタン
劇場通り
自由学園明日館
ダイヤゲートビル
明治通り
シャトレーゼ
ジュンク堂
常在寺
本立寺
仙行寺
盛泰寺
まいばすけっと
豊島区役所
カフェベローチェ
東京総合美容専門学校
南池袋小
法明寺
豊島岡女子学園高
無印良品
文化会館
東京国際大
古代オリエント博物館
保健所
イケ・サンパーク
東京福祉大
西友
あうるすぽっと
ニトリ
東京平成大
六ッ又陸橋
ハローワーク
春日通り
東池袋四丁目
成増駅
和光市駅
練馬駅
新宿駅
新宿三丁目駅
早稲田
赤札堂
池袋2
池袋郵便局前
池袋大橋西
池袋大橋
南池袋1
東池袋
蔵前(2)
蔵前(3)
蔵前(4)
蔵前(1)
三筋(1)
台東区
鳥越(1)
鳥越(2)
浅草橋(1)
浅草橋(2)
浅草橋(3)
浅草橋(5)
柳橋(1)
柳橋(2)
横網(1)
横網(2)
両国(1)
両国(2)
両国(3)
両国(4)
本所(1)
石原(1)
亀沢(1)
緑(1)
墨田区
Stage by Ethical Spirits & Co. P.34
P.117 COFFEE NOVA
P.117 カキモリ
P.117 ダンデライオン・チョコレート ファクトリー&カフェ蔵前
鳶 cafe & lounge
Nui. HOSTEL & BAR LOUNGE
LEAVES COFFEE APARTMENT
デイリーズマフィン 蔵前
都下水道局
精華公園
西福寺
法林寺
自由丁
イエロ
鳥越神社
蔵前警察署
ライオン
日本郵政
蔵前工科高
浅草中
永寿総合病院 柳橋分院
台東育英小（改築中）
台東育英小（仮校舎）
ホテルルートイン Grand 東京浅草橋
アパホテル〈浅草橋駅前〉
忍岡高
開智日本橋学園高・中
ベルモントホテル
ザ・ゲートホテル両国
アパホテル&リゾート 両国駅タワー
両国国技館 P.86
東京都江戸東京博物館（休館中）
-両国- 江戸NOREN
パールホテル両国
両国ビューホテル
モンゴル料理 ウランバートル
刀剣博物館
両国テラス
旧安田庭園
安田学園高・中
同愛記念病院
復興記念館
横網町公園
慰霊堂
慈光寺
第一ホテル両国
両国中
日大一高・中
サミット
Theater Z
両国湯 江戸遊
蔵前駅
浅草橋駅
両国駅
馬喰町駅
浅草駅
上野御徒町駅
秋葉原駅
日本橋駅
森下駅
JR総武線
JR総武快速線
都営浅草線
都営大江戸線
首都高速向島線
隅田川
神田川
江戸通り
国際通り
清澄通り
蔵前橋通り
蔵前橋
厩橋
両国橋
柳橋
浅草橋
左衛門橋
京葉道路
靖国通り
駒形入口
本所1
蔵前1
蔵前4
鳥越2
石原1
浅草橋5
柳橋2
駅前
緑1

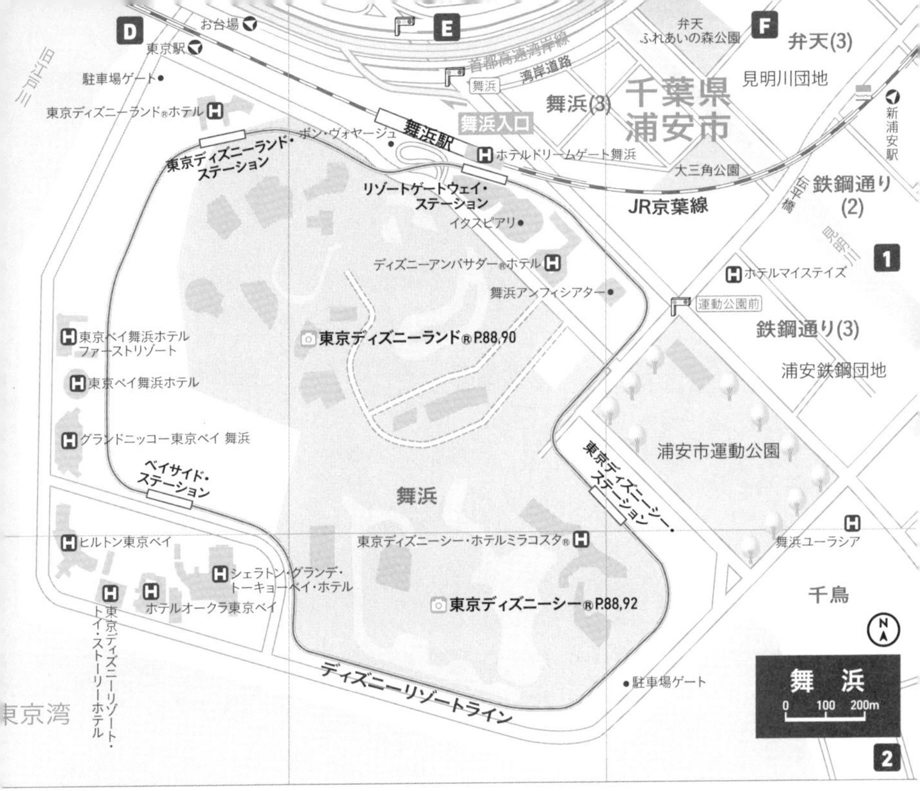

D
E
F
お台場
東京駅
三五日
駐車場ゲート
東京ディズニーランド®ホテル
首都高速湾岸線
湾岸道路
舞浜
舞浜入口
弁天
ふれあいの森公園
弁天(3)
見明川団地
千葉県
浦安市
舞浜(3)
新浦安駅
東京ディズニーランド・ステーション
ボン・ヴォヤージュ
舞浜駅
ホテルドリームゲート舞浜
大三角公園
リゾートゲートウェイ・ステーション
JR京葉線
鉄鋼通り(2)
イクスピアリ
ディズニーアンバサダー®ホテル
ホテルマイステイズ
1
舞浜アンフィシアター
運動公園前
鉄鋼通り(3)
浦安鉄鋼団地
東京ベイ舞浜ホテル ファーストリゾート
東京ディズニーランド® P.88,90
東京ベイ舞浜ホテル
グランドニッコー東京ベイ 舞浜
浦安市運動公園
ベイサイド・ステーション
舞浜
東京ディズニーシー・ステーション
ヒルトン東京ベイ
東京ディズニーシー・ホテルミラコスタ®
舞浜ユーラシア
シェラトン・グランデ・トーキョーベイ・ホテル
ホテルオークラ東京ベイ
東京ディズニーリゾート・トイ・ストーリーホテル
東京ディズニーシー® P.88,92
千鳥
ディズニーリゾートライン
駐車場ゲート
東京湾
舞浜
0 100 200m
2

新大久保
1
百人町(2)
HELLO! DONUTS P.131
MACAPRESSO P.131
大久保通り
Lattencos P.131
全龍寺
GUF P.130
新大久保駅
西武新宿線
大久保(1)
百人町(1)
P.130 BAM BI COFFEE
小泉八雲記念公園
P.131 イロハニ
西大久保公園
JR中央線
JR山手線
埼京線
P.130 cafe guum
ドン・キホーテ
職安通り
都営大江戸線
100m

代々木公園
2
P.30 アリサンパークカフェ
代々木八幡宮
代々木公園
山手通り
中央環状線
代々木八幡駅
小田急線
365日 P.60
千代田線
富谷小
代々木公園駅
nephew P.101
井ノ頭通り
P.45 PATH
富ヶ谷
P.53 &CHEESE STAND
200m

高尾
3
中央本線
八王子Jct
圏央道
高尾山
エコーリフト
高尾登山電鉄
清滝
高尾山口駅
大聖不動明王
高尾山 P.83
高尾山
1km

町田
4
東急田園都市線
南町田グランベリーパーク駅
鶴間公園
スヌーピーミュージアム P.77
グランベリーパーク
200m

吉祥寺
5
パルコ
JR中央線
吉祥寺駅
キラリナ
ライフ
P.41 Café Lumiere
マルイ
東急REI
京王井の頭線
100m

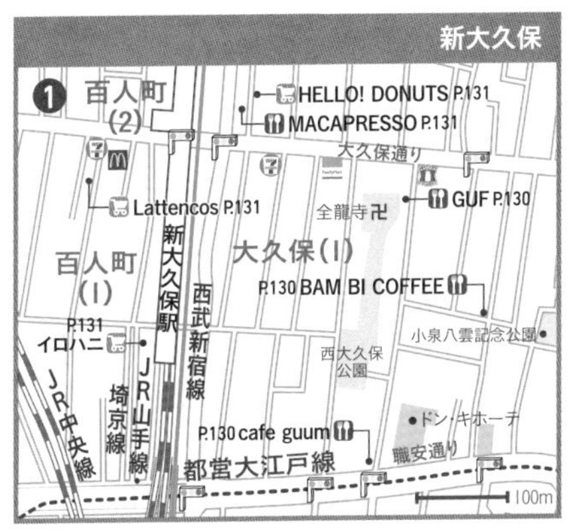

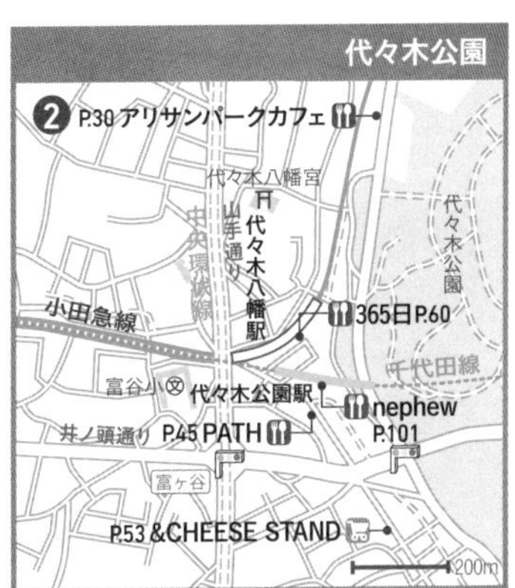

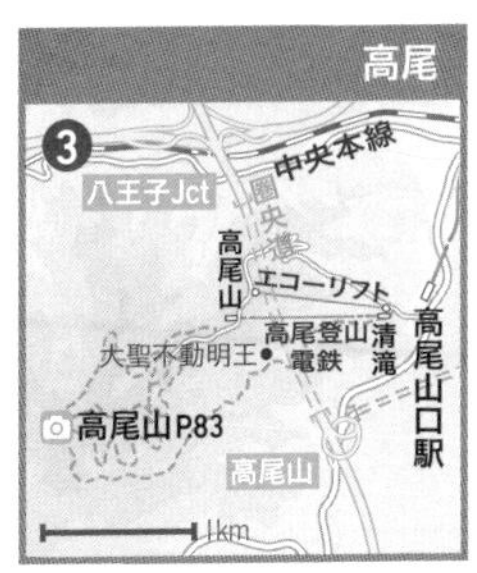

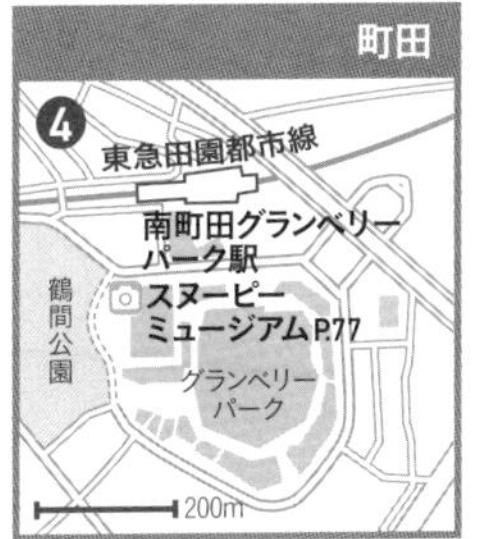

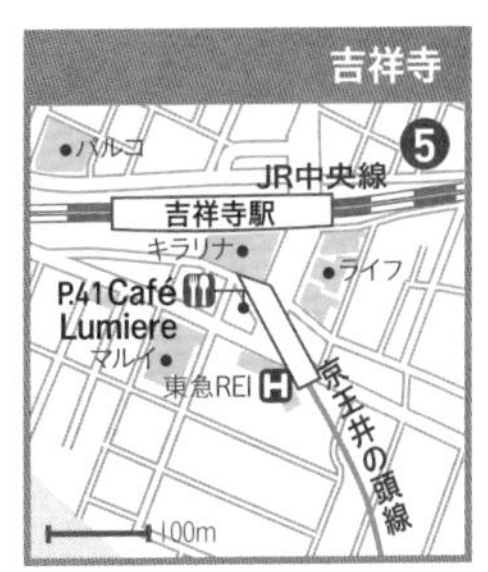

赤羽
6
東北・上越新幹線
宇都宮線・高崎線
京浜東北線
赤羽駅
赤羽東本通り
ビビオ
イトーヨーカドー
ねこねこ食パン P.61
100m

日暮里
7
常磐線
三河島駅
P.55 humongous
P.55 On-travelling
尾竹橋通り
日暮里駅
山手線
尾久橋通り
竹台高
谷中霊園
200m

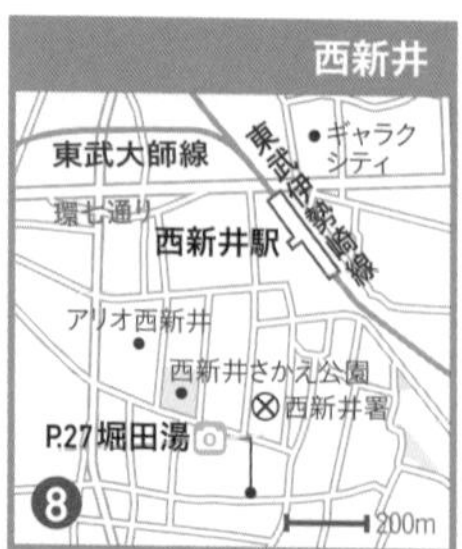

西新井
東武大師線
東武伊勢崎線
ギャラクシティ
環七通り
西新井駅
アリオ西新井
西新井さかえ公園
西新井署
P.27 堀田湯
8
200m

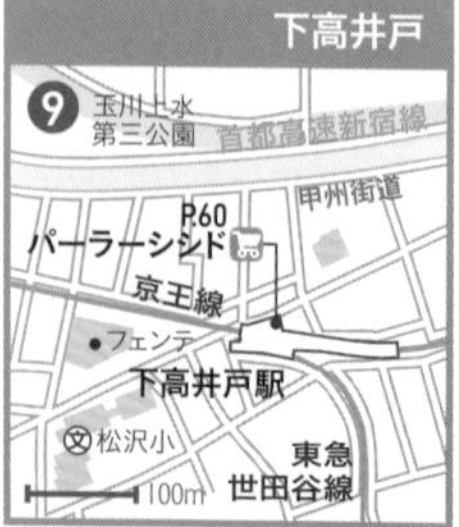

下高井戸
9
玉川上水第三公園
首都高速新宿線
甲州街道
P.60 パーラーシシド
京王線
フェンテ
下高井戸駅
松沢小
東急世田谷線
100m

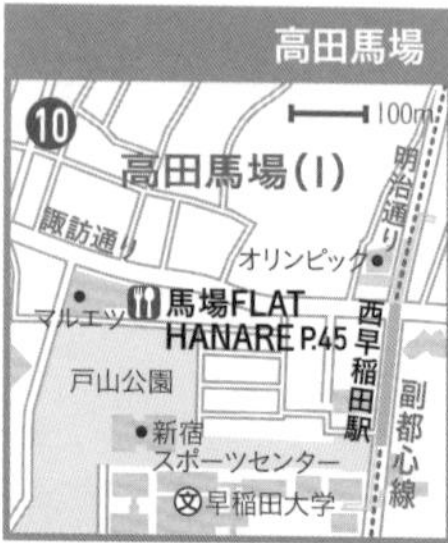

高田馬場
10
100m
高田馬場(I)
明治通り
諏訪通り
オリンピック
マルエツ
馬場FLAT HANARE P.45
西早稲田駅
戸山公園
新宿スポーツセンター
早稲田大学
副都心線

神楽坂
11
ソロサウナ tune P.26
東西線
神楽坂駅
矢来公園
AKOMEYA TOKYO in la kagū
100m

水道橋
12
小石川後楽園
南北線
東京ドームシティ
toggle hotel suidobashi P.96
都営三田線
水道橋駅
工芸高
東京ドームホテル
水道橋駅
JR中央・総武線
P.94 庭のホテル 東京
200m

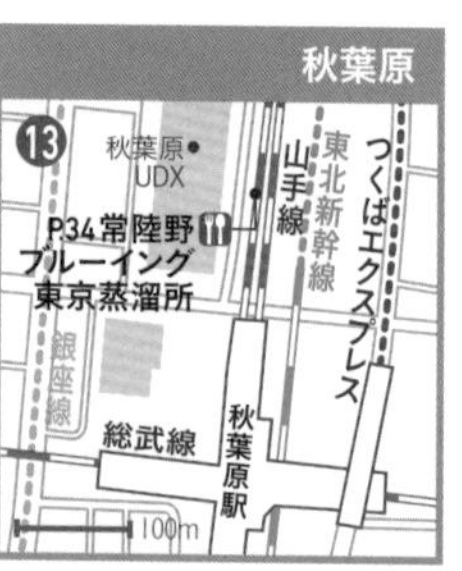

秋葉原
13
秋葉原UDX
山手線
東北新幹線
つくばエクスプレス
P.34 常陸野ブルーイング東京蒸溜所
銀座線
総武線
秋葉原駅
100m

錦糸町
14
黄金湯 P.27
四ツ目通り
半蔵門線
蔵前橋通り
オリナス錦糸町
錦糸公園
P.25 フーフー飯店
錦糸町駅
総武線
京葉道路
錦糸町PARCO
200m

新宿御苑
15
花園通り
花園小
P.24 Rahmen Eddie
新宿御苑駅
丸ノ内線
新宿通り
新宿御苑トンネル
新宿御苑
温室
100m

千駄ヶ谷
千駄ヶ谷駅
16
都営大江戸線
国立競技場駅
国立競技場
THE MOTT HOUSE TOKYO P.63
外苑西通り
神宮球場
200m

小伝馬町
17
十思公園
十思スクエア
昭和通り
本町出口
新日本橋駅
小伝馬町駅
日比谷線
総武快速線
江戸通り
COMMISSARY NIHONBASHI
BnA_WALL P.97
Daiichi Sankyo くすりミュージアム
100m

赤坂
18
200m
永田町駅
国会図書館
丸ノ内線
有楽町線
赤坂見附駅
南北線
国会議事堂
P.33 Carbon Brews Tokyo
日枝神社 P.83
国会議事堂前駅
銀座線
千代田線
赤坂駅
溜池山王駅

新日本橋
神田駅
200m
鍛冶町
JR山手線
今川橋
銀座線
P.145 室町砂場
日本橋室町
常盤小
新日本橋駅
JR総武快速線
日本橋本町
三越前駅
19

人形町
20
P.97 ナインアワーズ人形町
人形町通り
人形町駅
人形町
日比谷線
都営浅草線
人形町駅
50m

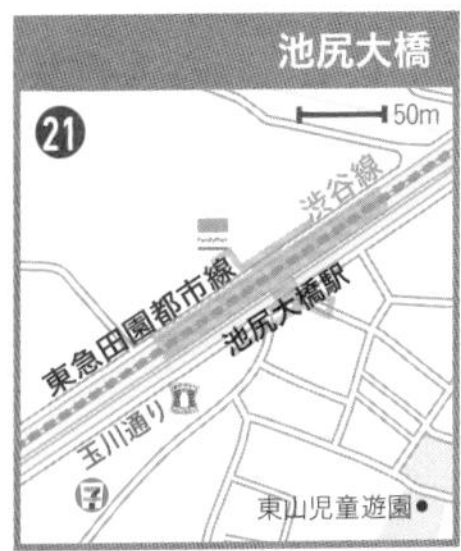
池尻大橋
21
50m
渋谷線
東急田園都市線
池尻大橋駅
玉川通り
東山児童遊園

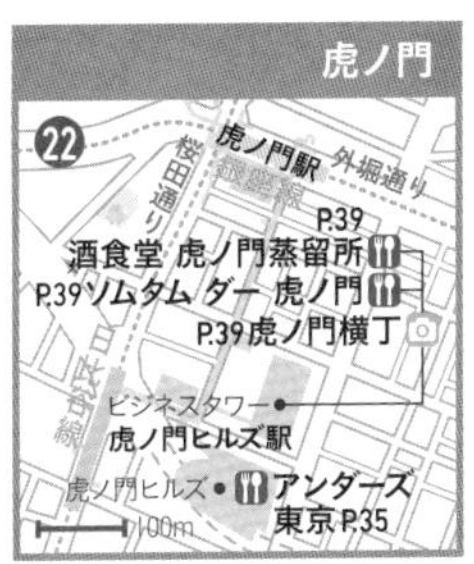
虎ノ門
22
虎ノ門駅
外堀通り
桜田通り
P.39
酒食堂 虎ノ門蒸留所
P.39ソムタム ダー 虎ノ門
P.39虎ノ門横丁
ビジネスタワー
虎ノ門ヒルズ駅
虎ノ門ヒルズ
アンダーズ東京P.35
100m

水天宮
23
200m
トルナーレ日本橋浜町
清洲橋通り
浜町
PAPIER TIGRE
P.62
Hama House
有馬小
水天宮前駅
半蔵門線
ロイヤルパークホテル

白金台
24
P.52シヅカ洋菓子店 自然菓子研究所
目黒線
Chocolatier Erica P.52
白金高輪駅
都営三田線
南北線
白金台駅
300m

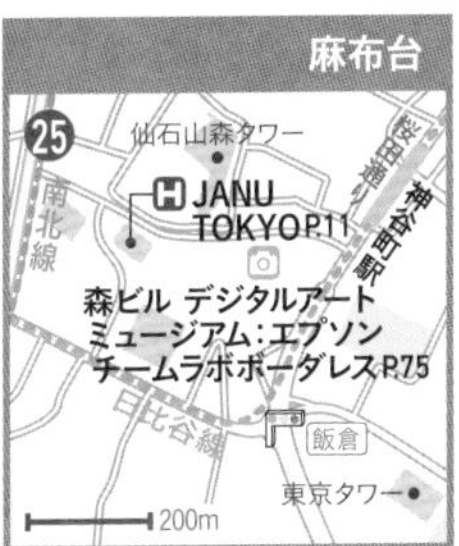
麻布台
25
仙石山森タワー
南北線
JANU TOKYO P.11
神谷町駅
桜田通り
森ビル デジタルアート ミュージアム：エプソン チームラボボーダレス P.75
日比谷線
飯倉
東京タワー
200m

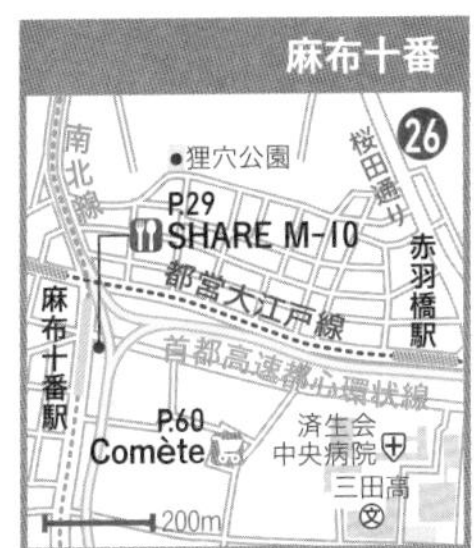
麻布十番
26
南北線
狸穴公園
桜田通り
P.29
SHARE M-10
赤羽橋駅
都営大江戸線
首都高速都心環状線
麻布十番駅
P.60
Comète
済生会中央病院
三田高
200m

都立大学
27
都立大学駅
八雲小
いなげや
目黒通り
東急東横線
中根(2)
P.40
kapi parlor
立源寺
中根公園
200m

学芸大学
28
東急東横線
学芸大学駅
千代の湯
P.35
学大ますもと Saké&Apéro
鷹番通り
50m

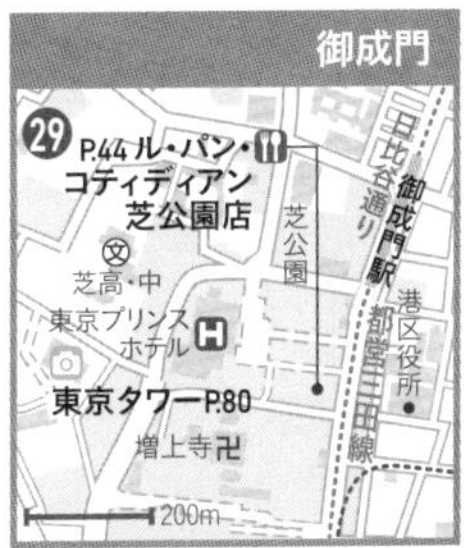
御成門
29
P.44 ル・パン・コティディアン 芝公園店
日比谷通り
御成門駅
芝公園
芝高・中
東京プリンスホテル
港区役所
都営三田線
東京タワーP.80
増上寺
200m

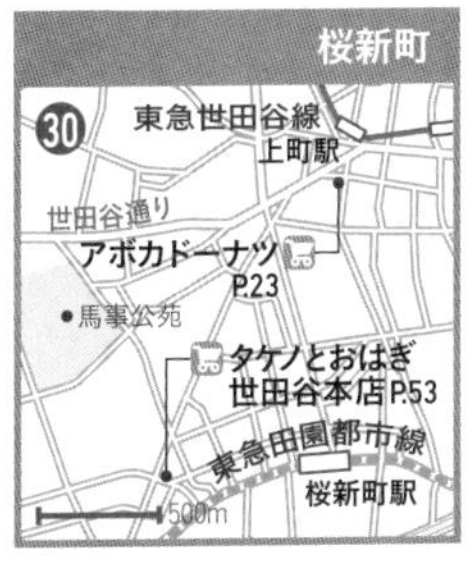
桜新町
30
東急世田谷線 上町駅
世田谷通り
アボカドーナツ P.23
馬事公苑
タケノとおはぎ 世田谷本店P.53
東急田園都市線
桜新町駅
500m

駒沢大学
31
玉川通り
渋谷線
駒沢大学駅
東急田園都市線
自由通り
P.43
Mr.FARMER 駒沢オリンピック公園店
駒沢
駒沢オリンピック公園
駒沢通り
100m

品川
32
高輪ゲートウェイ駅
高輪台駅
都営浅草線
山手線
京急本線
高輪 花香路
P.95
第一京浜
品川プリンスホテル
品川駅
200m

自由が丘
33
東急東横線
東急大井町線
自由が丘駅
P.43
Crepes Noka'Oi
自由通り
100m
奥沢神社

等々力
34
等々力(3)
満願寺
P.40 PÂTISSERIE ASAKO IWAYANAGI
玉川総合支所
等々力駅
東急大井町線
等々力渓谷
目黒通り
等々力(2)
100m

五反田
35
マイステイズ
五反田駅
東急ストア
目黒川
首都高速中央環状線
東急池上線
山手線
P.42
東京豆漿生活
大崎広小路駅
100m

東京駅1F

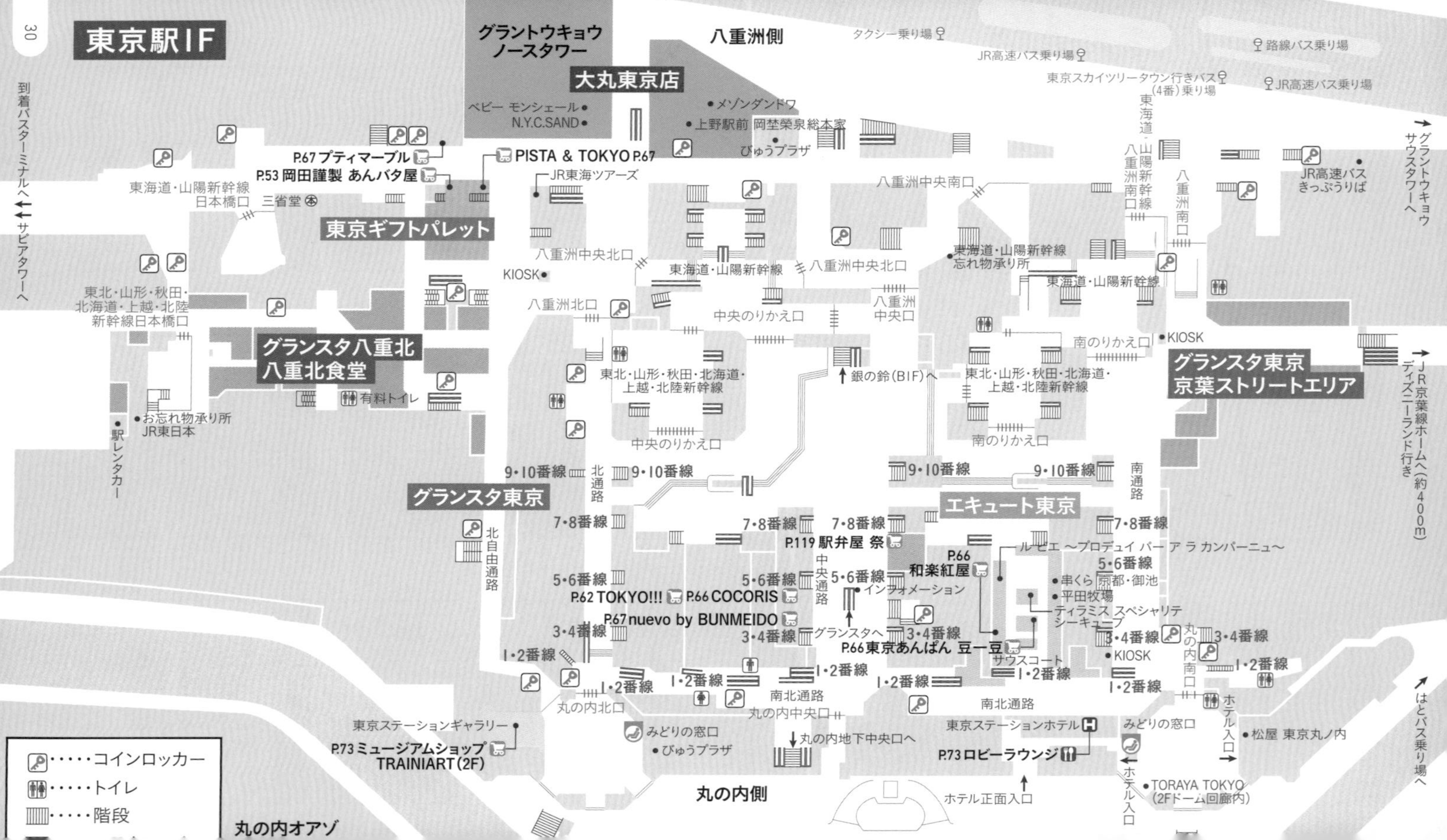

八重洲側
丸の内側
グラントウキョウ ノースタワー
大丸東京店
東京ギフトパレット
グランスタ八重北 八重北食堂
グランスタ東京
エキュート東京
グランスタ東京 京葉ストリートエリア
ベビー モンシェール
N.Y.C.SAND
メゾンダンドワ
上野駅前 岡埜榮泉総本家
びゅうプラザ
P.67 プティマーブル
P.53 岡田謹製 あんバタ屋
PISTA & TOKYO P.67
JR東海ツアーズ
三省堂
東海道・山陽新幹線 日本橋口
東北・山形・秋田・北海道・上越・北陸新幹線日本橋口
お忘れ物承り所 JR東日本
駅レンタカー
有料トイレ
KIOSK
八重洲中央北口
八重洲北口
八重洲中央口
八重洲中央南口
八重洲南口
東海道・山陽新幹線八重洲南口
東海道・山陽新幹線
東海道・山陽新幹線 忘れ物承り所
中央のりかえ口
南のりかえ口
東北・山形・秋田・北海道・上越・北陸新幹線
銀の鈴(B1F)へ
9・10番線
7・8番線
5・6番線
3・4番線
1・2番線
北通路
中央通路
南通路
北自由通路
南北通路
P.119 駅弁屋 祭
P.62 TOKYO!!!
P.66 COCORIS
P.67 nuevo by BUNMEIDO
インフォメーション
グランスタへ
P.66 和楽紅屋
P.66 東京あんぱん 豆一豆
ルゼエ ～プロデュイ パー ア ラ カンパーニュ～
串くら 京都・御池
平田牧場
ティラミス スペシャリテ シーキューブ
サウスコート
丸の内北口
丸の内中央口
丸の内南口
丸の内地下中央口へ
みどりの窓口
東京ステーションギャラリー
P.73 ミュージアムショップ TRAINIART(2F)
東京ステーションホテル
P.73 ロビーラウンジ
ホテル入口
ホテル正面入口
松屋 東京丸ノ内
TORAYA TOKYO (2Fドーム回廊内)
丸の内オアゾ
タクシー乗り場
JR高速バス乗り場
路線バス乗り場
東京スカイツリータウン行きバス(4番)乗り場
JR高速バスきっぷうりば
グラントウキョウサウスタワーへ
JR京葉線ホームへ(約400m) ディズニーランド行き
はとバス乗り場へ
到着バスターミナルへ
サピアタワーへ
コインロッカー
トイレ
階段

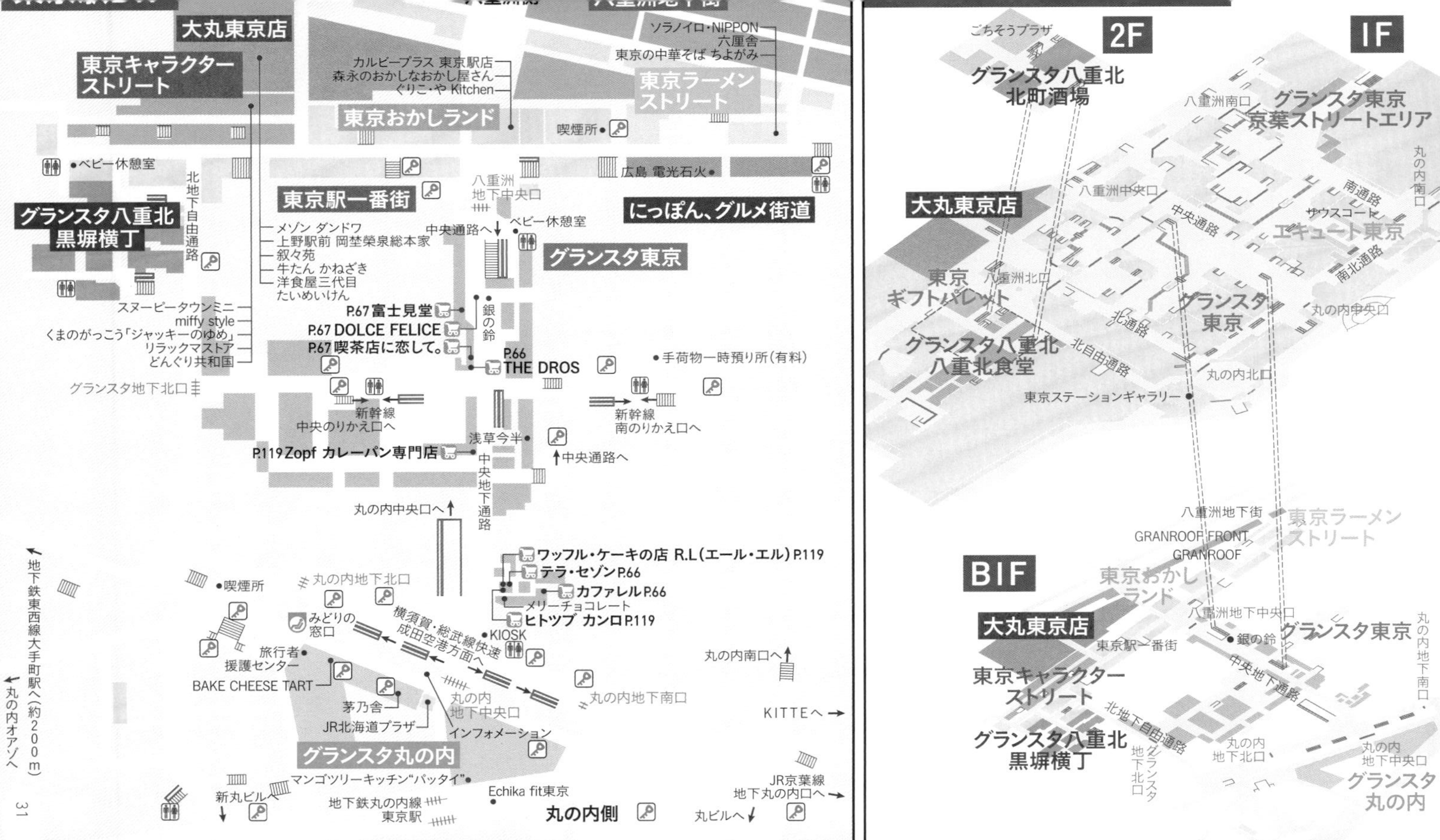
大丸東京店
東京キャラクターストリート
グランスタ八重北 黒塀横丁
ベビー休憩室
北地下自由通路
カルビープラス 東京駅店
森永のおかしなおかし屋さん
ぐりこ・や Kitchen
東京おかしランド
ソラノイロ・NIPPON
六厘舎
東京の中華そば ちよがみ
東京ラーメンストリート
喫煙所
広島 電光石火
にっぽん、グルメ街道
東京駅一番街
八重洲地下中央口
中央通路へ
ベビー休憩室
グランスタ東京
メゾン ダンドワ
上野駅前 岡埜栄泉総本家
叙々苑
牛たん かねざき
洋食屋三代目 たいめいけん
スヌーピータウンミニ
miffy style
くまのがっこう「ジャッキーのゆめ」
リラックマストア
どんぐり共和国
P.67 富士見堂
P.67 DOLCE FELICE
P.67 喫茶店に恋して。
銀の鈴
P.66 THE DROS
手荷物一時預り所(有料)
グランスタ地下北口
新幹線 中央のりかえ口へ
新幹線 南のりかえ口へ
浅草今半
P.119 Zopf カレーパン専門店
中央地下通路
中央通路へ
丸の内中央口へ
ワッフル・ケーキの店 R.L(エール・エル) P.119
テラ・セゾン P.66
カファレル P.66
メリーチョコレート
ヒトツブ カンロ P.119
KIOSK
喫煙所
丸の内地下北口
みどりの窓口
横須賀・総武線快速 成田空港方面へ
旅行者援護センター
BAKE CHEESE TART
茅乃舎
JR北海道プラザ
丸の内地下中央口
インフォメーション
丸の内地下南口
丸の内南口へ
KITTEへ
グランスタ丸の内
マンゴツリーキッチン"パッタイ"
Echika fit東京
新丸ビルへ
地下鉄丸の内線 東京駅
丸の内側
JR京葉線 地下丸の内口へ
丸ビルへ
地下鉄東西線大手町駅へ(約200m)
丸の内オアゾへ
2F
1F
ごちそうプラザ
グランスタ八重北 北町酒場
八重洲南口
グランスタ東京 京葉ストリートエリア
丸の内南口
八重洲中央口
大丸東京店
中央通路
南通路
サウスコート
エキュート東京
南北通路
東京ギフトパレット
八重洲北口
北通路
グランスタ東京
丸の内中央口
グランスタ八重北 八重北食堂
北自由通路
丸の内北口
東京ステーションギャラリー
八重洲地下街
GRANROOF FRONT
GRANROOF
東京ラーメンストリート
B1F
東京おかしランド
八重洲地下中央口
大丸東京店
銀の鈴
グランスタ東京
東京駅一番街
丸の内地下南口
東京キャラクターストリート
中央地下通路
北地下自由通路
グランスタ八重北 黒塀横丁
グランスタ地下北口
丸の内地下北口
丸の内地下中央口
グランスタ丸の内

Shopping
EAT
TOURISM
Cafe
PING
STAY
Eat
TOWN
TOURISM

旅が最高のハレになる

東京

TOKYO

本書をご利用になる前に

【データの見方】

- 住所
- 電話番号
- ㊋ 営業時間（原則、オープンからクローズまでを表記しています。最終入場時間やラストオーダーがある場合は、その時間も表記しています）
- ㊡ 原則、祝日、年末年始などを除く定休日
- ㊎ 大人の入場料、施設利用料など
- ㊚ 最寄り駅からの所要時間
- 料金 宿泊料金（原則、1泊2名1室利用の場合の1名あたりの最低料金を表記しています。サービス料などは各ホテルにより異なります）
- IN チェックイン時間　OUT チェックアウト時間
- ▶MAP　別冊地図上での位置を表示

【ご注意】

本書に掲載したデータは2023年5～7月現在のものです。内容が変更される場合がありますので、事前に最新情報をご確認のうえご利用ください。料金は原則として取材時点での税率をもとにした税込みの価格を表記しています。時間は原則として、通常の営業時間・開館時間を表記しています。祝日や年末年始の場合は、営業時間や休み等の紹介内容が大きく異なる場合があります。地下鉄、バス、タクシー、徒歩での所要時間は、交通状況により、大幅に異なる場合があります。本書に掲載された内容による損害等は弊社では補償しかねますので、あらかじめご了承ください。

photo:アンダーズ 東京

CONTENTS

東京でしたい109のこと

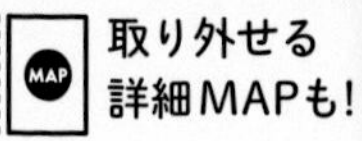

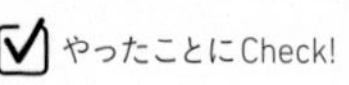

BEST PLAN

HIGHLIGHT

EAT

SHOPPING

TOURISM

TOWN

WALK

読めば快晴 ハレ旅STUDY

\スマホやPCで！/
ハレ旅 東京
電子版が無料！
購入者限定
FREE
無料アプリ honto で今すぐダウンロード

詳しくは→P.160

BEST PLAN 01

どこで何ができるの?

夢を叶えるエリアをリサーチ

徒歩
鉄道

エネルギッシュな繁華街

新宿 >>>P.20
池袋 >>>P.128
新大久保 >>>P.130

新宿はエンタメスポットも多い夜の街。池袋のサンシャインシティは見どころ満載。コリアンタウンの新大久保も外せない!

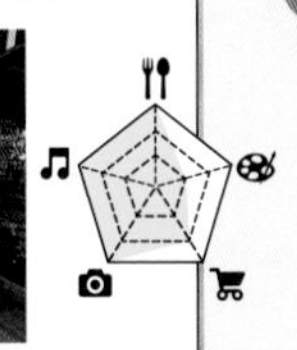

東京の小京都

神楽坂 >>>P.140

石畳の通りがのびるかつての花街で、京都やパリに雰囲気が似ていると言われる。飲食店が多い美食の街。

池袋 — JR6分 — 新大久保
新大久保 — JR5分 — 新宿
池袋 — 地下鉄17分
神楽坂 — 地下鉄17分
新宿 — JR15分

最新トレンドの発信地

渋谷 >>>P.48・98
原宿・表参道 >>>P.102
下北沢 >>>P.106

ショッピングや食事に人気のエリア。原宿は若者が多く、手頃なファッション雑貨の店も多い。表参道は高級店が多いハイソな街。駅周辺開発でネオサブカルシティに生まれ変わった下北沢は個性派店が多い。

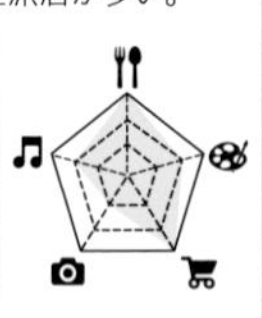

原宿 — 徒歩約13分 — 表参道
原宿 — JR2分 — 渋谷
渋谷 — 地下鉄2分 — 表参道
表参道 — 地下鉄16分
渋谷 — 私鉄5分 — 下北沢
六本木 — 地下鉄9分
六本木 — 地下鉄6分 — 恵比寿
恵比寿 — 徒歩約10分 — 代官山

タウン別バロメータ

これを見れば何がイチオシか早わかり!

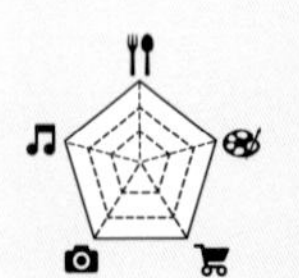

- EAT
- ART
- SHOPPING
- SIGHTSEEING
- PLAY

洗練された優雅な街

六本木
代官山・恵比寿 >>>P.138

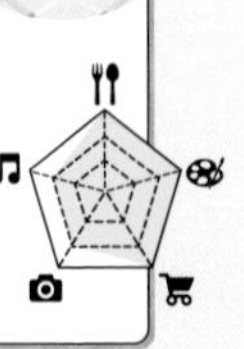

六本木は美術館が多いアートの街。恵比寿には飲食店が多く美食を楽しめる。代官山のおしゃれなカフェでトレンドウォッチングを。

知っ得 東京の基礎知識

大阪から	約2時間30分／名古屋から 約1時間35分
人口	1409万4034人（区部は976万4662人）
面積	2193.96㎢（区部は627.57㎢）
人口密度	（1㎢につき）6287人（区部は1万5560人）
行政区分	23区、26市、1郡、4支庁（大島・三宅・八丈・小笠原）

古き良き懐かしさのある下町

上野 >>>P.132
谷根千 >>>P.142

動物園があり美術館・博物館が多い上野と、その近くの猫の街・谷根千（谷中・根津・千駄木）は観光や散策にぴったり。

谷根千 —JR4分— 上野 —JR8分— 東京・丸の内

浅草 —地下鉄3分— 東京スカイツリータウン®

東京・丸の内 —JR＋地下鉄17分— 浅草

東京・丸の内 —地下鉄9分— 清澄白河

東京・丸の内 —徒歩約10分— 日本橋

東京・丸の内 —徒歩約10分— 銀座

東京・丸の内 —地下鉄9分— 築地

銀座 —地下鉄3分— 築地

東京・丸の内 —JR18分— 舞浜

東京・丸の内 —JR＋ゆりかもめ23分— お台場

隅田川

東京を代表する2つのランドマーク

浅草・蔵前 >>>P.68・114
東京スカイツリータウン® >>>P.70・110

都内最古の寺院・浅草寺の門前町として発達した浅草と、その隣町にある東京スカイツリーはセットで訪れたい。

コーヒーと現代美術の街

清澄白河 >>>P.136

ブルーボトルコーヒーを筆頭に珠玉のコーヒーショップが集まる。東京都現代美術館も訪れておきたい場所のひとつ。

古さと新しさが混じり合う東京の顔

東京・丸の内 >>>P.66・72・118
日本橋 >>>P.56・122・144
銀座 >>>P.84・124 築地 >>>P.146

江戸の昔から人々でにぎわった東京の中心。堂々とした洋風建築や歴史ある大型デパート、格式高い老舗が多い。築地は“東京の台所”と呼ばれていたが、市場は2018年に豊洲に移転した。

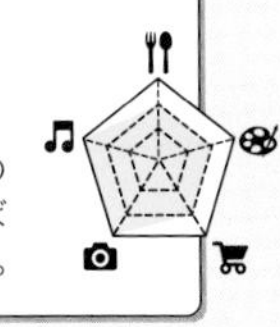

楽しさいっぱいの海浜エリア

お台場 >>>P.78

ウォーターフロントに広がる一大アミューズメントエリア。見る、遊ぶ、買う、食べるがそろい、子ども連れでも大人だけでも楽しめる。

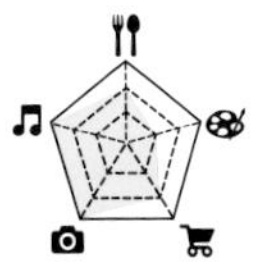

みんなが大好きな東京観光のハイライト

東京ディズニーリゾート® >>>P.88

東京ディズニーランド®と東京ディズニーシー®の2つのテーマパークからなる夢の国。時間があればリゾート内のホテルに泊まってたっぷり満喫しよう。

清澄白河や谷根千などの下町には、面白い個人店が点在している。散策しながらお気に入りを見つけてみよう！

BEST PLAN 02

王道2泊3日モデルコースで 東京を200%楽しむ

1日目

PM

12:20 東京駅

徒歩 約10分

12:30 銀座

＜所要約3時間＞

- 煉瓦亭 >>>P.125
- 銀座 伊東屋 本店 >>>P.127
- 銀座千疋屋 銀座本店 フルーツパーラー >>>P.124
- HONMIDO GINZA SIX店 >>>P.126

JRとゆりかもめ 25分

4:00 お台場

＜所要約2時間＞

フジテレビ本社ビル >>>P.78

ゆりかもめと地下鉄 38分

7:00 築地

＜所要約1.5時間＞

築地焼うお いし川 >>>P.146

まずは銀ブラ！ 初日から観光も満喫

銀座でグルメやショッピングを楽しんだら、エンタメが充実したお台場へ。築地ディナーは魚で決まり！　初日からアクティブな旅を。

LUNCH

銀座を代表する洋食店で特別なランチタイム

1895年創業の超老舗レストラン。昔から変わらない伝統のおいしさを堪能しよう。

POINT

まずは東京駅からアクセスしやすい銀座へ。街の雰囲気を感じよう。

SHOPPING

注目される文具をゲット

伊東屋は2棟15フロアからなる文房具専門店。カードやノートなど選りすぐりの文房具の宝庫。

おしゃれなステーショナリーや雑貨がいろいろそろう！

中央通りに店を構える銀座 伊東屋 本店

CAFE

高級果物専門店のパーラーで至福の時を

フルーツパーラーの元祖として知られる店。季節のフルーツを贅沢に使ったパフェに舌鼓。

うま～

おみやげも買っておきたい

リッチな気分を味わって

SHOPPING

喜ばれること必至のおみやげ探し

おしゃれなアイテムがそろうGINZA SIXで、おみやげにぴったりのお菓子をゲット。

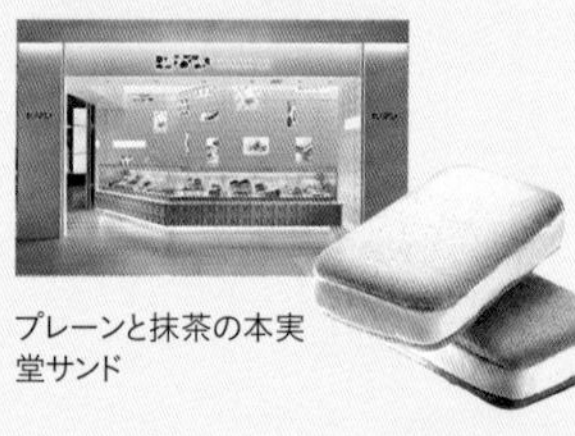

プレーンと抹茶の本実堂サンド

SIGHTSEEING

お台場のテレビ局で遊ぼう！

フジテレビ本社ビルには球体展望室「はちたま」のほか楽しいアトラクションがいっぱい。

グッズも忘れずに

DINNER

ひと味違うスタイルで魚介を味わう築地のディナー

焼き肉のようなスタイルで海鮮を炙ることで、口に入れた瞬間に旨みがあふれだす！

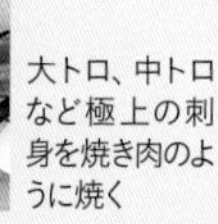

大トロ、中トロなど極上の刺身を焼き肉のように焼く

マストの見どころやショッピング、おいしいごはんにスイーツと、
東京で行きたいところ、やりたいことはいっぱい！
各エリアを効率的に回って、2泊3日を全力で楽しむプランをご紹介。

メインの中日は新旧2つの名所を制覇

東京最古の寺院と言われる浅草寺と、日本一の高さを誇る東京スカイツリー®。隣り合う2つのエリアをめぐって昔と今を感じよう。

2日目

AM

9:00　浅草
＜所要約5時間＞

- 梨花和服 浅草店 >>>P.68
- 浅草寺 >>>P.68
- 仲見世 >>>P.114
- 葵丸進 >>>P.115
- 和栗モンブラン専門店 -栗歩- 浅草本店 >>>P.116

SIGHTSEEING

レンタルの着物でおしゃれに浅草めぐり

500種類以上の着物や浴衣がそろう。プロのスタッフが着付けをしてくれるので安心。

着物姿でテンションUP♪

好きな着物と帯を選ぼう

SIGHTSEEING

浅草寺に参拝

下町情緒漂う浅草の中心といえばここ。レンタル着物で散策はいかが？

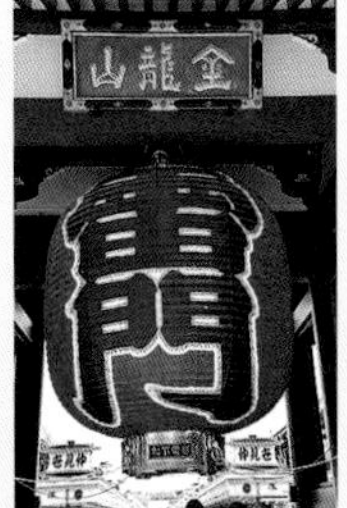

雷門を通って本堂へ

聖観音像を安置した本堂

本堂手前でお清めの煙をかける

POINT
浅草寺本堂では、お参りのあとでお賽銭を入れ、最後に合掌＆一礼。神社とは異なり拍手はしない。

SNACK

仲見世でちょこっとお買い物

浅草寺の参道には名物の和菓子や和小物などを売る店がずらり。ぶらぶら歩きを楽しもう。

LUNCH

浅草の名物料理を味わう

浅草に行ったら下町名物を食べなきゃ損そん！

葵丸進の特上天丼

駒形どぜうのどぜうなべ

名物人形焼

CAFE

国産和栗を使ったリッチな味わいに感動

目の前で作られる絶品モンブランは見た目もインパクト大。細いクリームがとても美味。

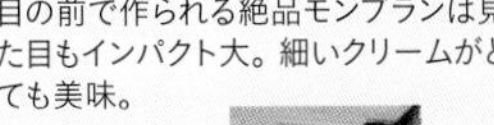

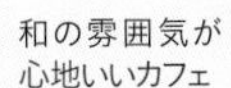
和の雰囲気が心地いいカフェ

モンブランの魅力再発見

浅草で有名なのが、浅草寺で例年5月に行われる三社祭と、7月の隅田川花火大会。この時期の浅草界隈は特に混雑するので注意。

徒歩
約20分

2:30 東京スカイツリータウン®
＜所要約5時間＞

すみだ水族館
>>>P.71

カービィカフェTOKYO（東京ソラマチ®）
>>>P.112

東京スカイツリー®天望デッキ・天望回廊
>>>P.70

東京ソラマチ®
>>>P.111〜113

地下鉄30分

8:00 神楽坂
＜所要約2時間＞

LE BRETAGNE
>>>P.141

SIGHTSEEING

すみだ水族館で海中世界に魅せられる

小笠原諸島の海を再現した大水槽や新体感水槽「ビッグシャーレ」など魅力あふれる展示が人気。

アカクラゲなど多種多様なクラゲを楽しめる

相関図が話題のマゼランペンギンもいる

CAFE

カービィと一緒にティータイム！

人気ゲームシリーズ「星のカービィ」がモチーフになったメニューや季節の料理が楽しめる。

カービィのふわふわパンケーキの上には、ストロベリーアイスが

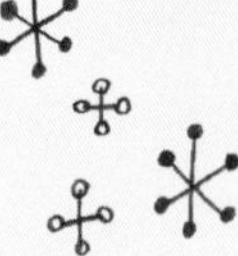
卵の布団でぐっすり眠る、ワドルディのおひるねオムライス

SIGHTSEEING

夕日＆夜景を見に展望台へ

東京の街をぐるっと360度見渡せる天望デッキ。さらに上、地上から450mの位置には天望回廊がある。

©TOKYO-SKYTREE
夜の明るさは東京ならでは

POINT
チケットは当日券より日時指定券のほうがお得。希望日の30日前から前日までWEBなどで購入できる。

SHOPPING

東京ソラマチ®で限定品をゲット

夕景＆夜景を楽しんだあとは、記念におみやげを。

ザクザクの食感が楽しいキャラメルワッフル
©TOKYO-SKYTREE

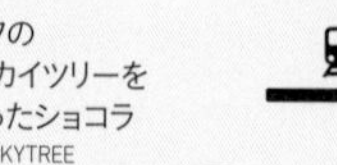
モロゾフの東京スカイツリーをかたどったショコラ
©TOKYO-SKYTREE

DINNER

本場のガレットをゆったりと味わう

ブルターニュを感じさせるクレープカフェは海外にいる気分に。

そば粉を使ったこだわりのガレット

最終日も充実！思い出とおみやげいっぱい

あっという間に最終日。出発ぎりぎりまで、めいっぱいショッピングとグルメを満喫しよう。

3日目

AM

9:30　原宿
＜所要約2時間＞

- 猿田彦珈琲 The Bridge 原宿駅店 >>>P.102
- キャットストリート >>>P.105

徒歩約15分

11:30　渋谷
＜所要約3.5時間＞

- MIYASHITA PARK >>>P.98

JR25分

PM

4:00　東京
＜所要約2時間＞

- ヒトツブ カンロ >>>P.119
- 駅弁屋 祭 グランスタ東京 >>>P.119

MORNING

原宿駅新駅舎でこだわりの一杯を

人気の猿田彦珈琲23区内初の旗艦店。和モダンな店内でおいしいコーヒーを味わえる。

店内は日本の路地をイメージ

アイスカフェラテも人気

SIGHTSEEING

キャットストリート周辺の素敵なお店探し

大通りから少しそれて路地を行くと、個性的な店がいろいろあって、ついつい買いすぎちゃう。

お気に入りのアイテムを見つけよう

ディスプレイを見ているだけでも楽しい

LUNCH & SHOPPING

MIYASHITA PARKへGO

公園、ショッピングモール、ホテルが入った複合施設。ショップやグルメを楽しんだら屋上の公園でのんびり。そのままホテルにステイもできる！

人気ベーカリーのカフェはフードも充実

生まれ変わったMIYASHITA PARK

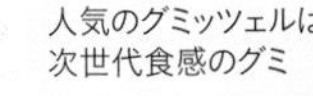

台湾カステラのふわふわサンド

カラフルなクリームソーダ

SHOPPING

駅ナカでみんなが喜ぶおみやげをチェック

いよいよ旅も終わり。家族や友達におみやげを買って帰ろう。

人気のグミッツェルは次世代食感のグミ

新幹線の中で食べる駅弁も買っておこう

あと半日あったら？

半日あれば、できることはまだある。余すことなく東京を楽しもう！

1 上野の公園とミュージアムへ >>>P.132

パンダがいる動物園や博物館・美術館がある上野は緑が多くゆったりとした気分で散策できる街。

2 新宿で最新のカルチャーを体感！ >>>P.20

東急歌舞伎町タワーは、エンタメや芸術、宿泊施設までそろい、最先端カルチャーを体験できる。

3 代官山・恵比寿のおしゃれエリアへ >>>P.138

次々とニューショップが登場して目が離せないエリア。歩き疲れたらヘルシーカフェでひと休み。

渋谷から代官山・恵比寿へは徒歩もおすすめ。渋谷駅新南口から八幡通り経由なら15分ほどで代官山へ。街の景色を楽しんで歩こう。

ハレ旅 TOKYO

HARETABI NEWSPAPER

日々新しいスポットが生まれる東京。2023年以降、再開発によって注目エリアがガラリと変わる。誕生する最新名所やグルメ、ホテルをご案内します！

TOURISM

まだまだ進化が止まらない！新世代の渋谷を象徴する2つの複合施設

渋谷駅の北と南に新施設が続々誕生

2023年渋谷に2つの新しい複合施設が登場する。渋谷駅南側に隣接する「Shibuya Sakura Stage」と、ホテルやショップをそろえた「道玄坂通」は渋谷の新たなランドマークに。

2023年11月竣工予定

1 渋谷駅に隣接するオフィス・商業・教育・文化施設など多様な機能を持つ 2 駅と街を結ぶ施設外観

訪れる先々に歓びがある桜丘に

Shibuya Sakura Stage

しぶや さくら ステージ

渋谷駅に隣接する桜丘への新たな玄関口。桜をモチーフにした新しいエリアで、アートやカルチャーなど、複合施設だけでない街の魅力を楽しめる。

渋谷区桜丘町1-1ほか ㊋JR渋谷駅新改札口から徒歩1分 渋谷 ▶MAP 別P.15 D-3

まだ知らない渋谷に出合える

道玄坂通

どうげんざかどおり

道玄坂に登場した複合施設。特徴は4つの出入口を設け、施設内を通り抜けられる「通(みち)」を拓いたこと。知らなかった道やショップにつながる。

渋谷区道玄坂2-1-6ほか ㊋各線渋谷駅から徒歩3分 渋谷 ▶MAP 別P.14 B-2

2023年8月24日OPEN予定

1 4つの道を結ぶ複合施設 2 計12店舗が入り新たなにぎわいを創出

CULTURE

江戸文化を体感できる最新施設に注目！

カルチャーとグルメで江戸を堪能

多彩なエンタメや市場直送グルメを通して江戸文化が体験できる新スポットが各地に誕生。まだ知らないジャパンエンタメの世界が待っている！

2024年2月1日OPEN予定

情緒ある夜の雰囲気も◎。温浴施設とともに一日楽しめる

豊洲市場のグルメを満喫

千客万来施設（仮称）

せんきゃくばんらいしせつ

豊洲市場の新鮮な海鮮や全国の食材を生かしたグルメを楽しめる。江戸情緒に浸りながら癒される温浴施設も見逃せない！東京の新たな観光名所だ。

江戸の街並みを再現した外観

江東区豊洲6-5-1 ㊋ゆりかもめ市場前駅から徒歩1分 豊洲 ▶MAP 別P.5 D-2

日本の大衆文化を堪能

ハナミチ東京 歌舞伎町

ハナミチとうきょう かぶきちょう

大衆演劇やレンタル着物。寿司、天ぷらにレトロな喫茶。ほっこり憩える和文化エンタメを満喫できる空間だ。

新宿区歌舞伎町1-6-12 ㊋各線新宿駅東口から徒歩5分 新宿 ▶MAP 別P.19 E-1

※3・4Fは2023年11月1日開業予定

2023年10月1日OPEN予定

1 和のエンターテインメントを発信する歌舞伎町劇場 2 寿司など江戸の食の四天王がそろうグルメも楽しみ

EAT

最新東京スイーツは"初○○"を狙うべし！

こわだりのSNS映えスイーツ！

全国の絶品スイーツが集結する銀座。思わずため息の出るキュートな見た目とこだわり素材の逸品を探そう！

2022年4月OPEN

全国各地の魅惑のスイーツ

銀座スイーツマーチ

ぎんざスイーツマーチ

2022年4月、イグジットメルサ1階に12店舗が入る銀座スイーツマーチが誕生。ほとんどが東京初出店や東京に1店舗だけ。ここでしか出合えないスイーツをゲットしよう。

🏠中央区銀座5-7-10中村積善会ビル イグジットメルサ内
☎03-3573-5511
㊫11:00～20:00
㊡年4回不定休
㊋地下鉄銀座駅A2出口から徒歩2分
銀座 ▶MAP 別P.8 C-2

フルーツ大福

特選苺(1100円)。新鮮なフルーツやクリームチーズが大福の特製餡とよく合う

フルーツと大福のコラボ

金田屋

かなだや

大福の上に2段のフルーツをのせ、"フルーツだけ"と"大福と一緒に"の両方を味わえる。ここにしかない新店。

東京初進出

あんこシュークリーム

ANしゅーくりーむトリオ(1500円)。珍しい皮むきあんをはじめ3種類の糖度を食べ比べできる

東京初進出

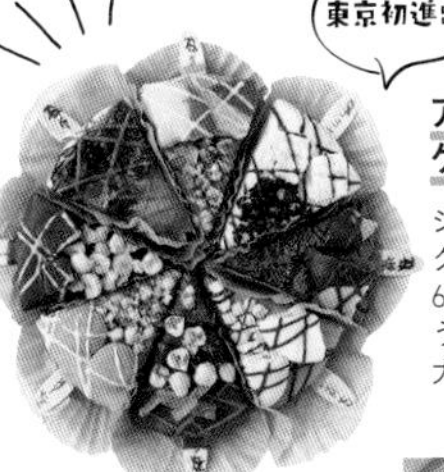

アイス風ケーキ

ジュエリーバークラシック(各626円)。全て違う素材を使った大人向けケーキ

あんこの可能性にびっくり

あんこの勝ち

あんこのかち

厳選したあんこと定番洋菓子がコラボ。シュークリームやプリンとの相性抜群。糖度の異なるあんこの食べ比べもおすすめ。

片手で食べる新感覚ケーキ

Sain Lapin

サン ラパン

福島県須賀川から新登場。コロナ禍のおうち時間を意識して作られたジュエリーバーは8種類そろうとホールケーキのよう！

※2023年11月時点閉店

STAY

憧れのラグジュアリーホテルが開業ラッシュ！

東京に高級リゾート誕生

続々登場する外資系ホテル。なかでも指折りの2つのブランドホテルが上陸。東京でリゾート気分に浸ろう。

2023年4月OPEN

1 東京駅に隣接するホテルは東京ミッドタウン八重洲の40～45階 2 イタリア高級家具ブランドの家具を配した客室。高層階ならではの眺望も見事

最高峰のイタリアンホスピタリティ

BVLGARI HOTEL TOKYO

ブルガリ ホテル トウキョウ

ブルガリが提案するイタリアのコンテンポラリースタイルを体現する高級ホテル。細部にこだわった空間や家具、スパに癒されたい。

🏠中央区八重洲2-2-1 ☎03-6262-3333
㊋JR東京駅地下直結 東京 ▶MAP 別P.6 C-2
料金 1泊250000円～ IN 15:00 OUT 12:00

本物のリラクゼーションを

2023年秋OPEN予定

JANU TOKYO

ジャヌ トウキョウ

サンスクリット語で"魂"を意味するジャヌは、人と触れ合い繋がる場所であり、躍動的なソーシャルシーンを提供する。

🏠港区麻布台1-2-2 ㊋地下鉄神谷町駅2番出口から徒歩6分 麻布台 ▶MAP 別P.29㉕
料金 未定 IN 未定 OUT 未定

1 ジャン＝ミッシェル・ギャシー氏によるインテリアデザイン。洗練された爽快な感覚が新しい 2 東京タワーを眺望するロケーションも魅力

HOW TO

東京「3つ」の事件簿

どこに行くのも鉄道を利用することが多いが、観光客にはわかりにくい部分もある。コツをつかんでスムーズな旅を！

事件ファイル ①

JRも地下鉄も路線が多いし駅も広すぎてよくわかんない！

解決！ 東京の主な交通網を予習しよう。

世界に誇る東京の交通ネットワーク。断然鉄道を利用したほうが便利だ。ただ、この広い東京中心部を網羅しているのだから、当然路線も多く、複雑に乗り入れている駅もある。観光客が全部を把握するのは至難の業なので、よく利用するであろう路線だけでも頭に入れておこう。まずは、東京中心部を環状に結ぶJR山手線と、2種類の地下鉄を把握しよう。JR山手線と地下鉄の組み合わせで移動すると比較的わかりやすい。

TOKYO CASE FILES

東京の主な鉄道を知る

JR山手線

駅数は30駅で1周の所要時間は最短で59分、平均は64分。初乗り運賃は150円（IC運賃146円）。外回りと内回りがあり、外回りのアナウンスは男性の声、内回りは女性。

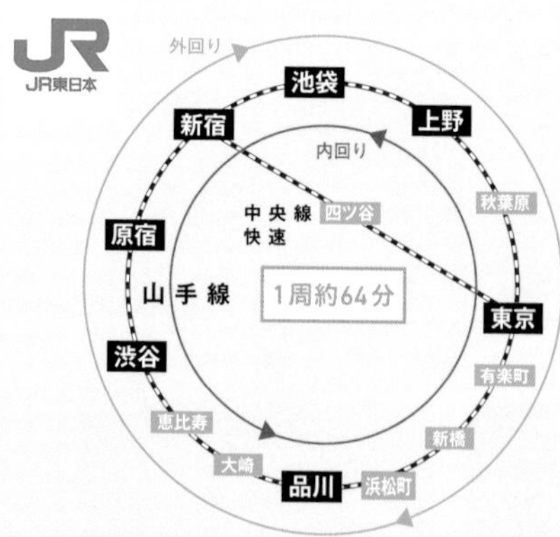

外回り（時計回り）
東京→品川→渋谷→原宿→新宿→池袋→上野

内回り（反時計回り）
東京→上野→池袋→新宿→原宿→渋谷→品川

地下鉄

東京地下鉄株式会社（東京メトロ）と東京都（東京都交通局）の2種類があり、全13路線。路線別にシンボルカラーがあり覚えておくと便利。

都営地下鉄 4路線

初乗り運賃は180円（IC運賃178円）。都営地下鉄、都バス、都電荒川線、日暮里・舎人ライナーを1日に限り何回でも乗車できる「都営まるごときっぷ（1日乗車券）」は大人700円、子ども350円。

A 浅草線　I 三田線　S 新宿線　E 大江戸線

東京メトロ 9路線

初乗り運賃は180円（IC運賃178円）。使用開始から24時間に限り、東京メトロ全線が乗り降り自由な乗車券「東京メトロ24時間券」は大人600円、子ども300円。

G 銀座線　M 丸ノ内線　H 日比谷線　T 東西線　C 千代田線

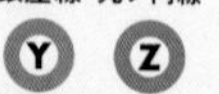

Y 有楽町線　Z 半蔵門線　N 南北線　F 副都心線

事件ファイル ②

間もなく出発時間なのに おみやげ買ってない！

解決！ 駅ナカや空港の おみやげショップが充実。

東京駅をはじめ主要駅は駅ナカショップが充実。新しくできた駅ナカの商業施設や駅ソトのショップも多いので、おみやげを探すのにぴったり。羽田空港内もショップが充実しているので、出発前のおみやげ選びに活用しよう。

COCORISのサンドクッキー6個入「ヘーゼルナッツと木苺」

バラマキおみやげ

結構悩むのが、友人や会社の同僚、先輩へのおみやげ選び。迷った時は、定番のおみやげを。値段も手頃で小分け包装がベスト。

- ★かさばらなくて軽いもの
- ★個包装になっている
- ★一人の予算は500円以下
- ★日持ちがする
- ★リーズナブルだけどかわいい

What is

叶 匠壽庵の「羽雲」5個入

人気の限定おみやげ 東京でもそこにしかない限定ものを狙う

東京駅なら……
>>>P.66-67
- ★COCORISのサンドクッキー
- ★富士見堂の東京鈴せんべい

羽田空港なら……
>>>P.154
- ★叶 匠壽庵の羽雲
- ★西光亭のくるみのクッキー エアポートT1

事件ファイル ③

JRも地下鉄も乗り換えが 信じられないくらい不便な駅がある。 もうどうなっているの！？

解決！ 多くの路線が乗り入れている東京では、乗り換えには注意が必要。

東京駅や新宿駅、渋谷駅など主要のターミナル駅は複数の路線が乗り入れている。一見、乗り換えが簡単そうに見えるが、一駅以上歩いたり、一度改札を出ないといけない場合もある。同じ駅名でも路線が違う場合もあるので、利用する際は駅員に聞いたり、事前に調べていこう。

同じ駅名でも移動がたいへんな駅

渋谷駅	渋谷駅はJR線、地下鉄、私鉄が乗り入れている。同じ駅名だが路線ごとで乗り場が異なるので、移動時間や乗り換え時間にも注意。
大手町駅	9路線が乗り入れ。丸ノ内線・半蔵門線・東西線の乗り換えは、いったん改札を出て地下道を歩き、再び改札口を通らなければならない。
東京駅	14路線が乗り入れ。各路線から新幹線ホームへの移動、各路線から京葉線への移動はかなりかかるので、注意が必要。

駅名は違うけど徒歩圏内の駅

- 東京駅（JR山手線） ←徒歩約5分→ 大手町駅（東西線ほか）
- 有楽町駅（JR山手線） ←徒歩約3分→ 日比谷駅（日比谷線・千代田線）
- 馬喰町駅（JR総武線） ←徒歩約5分→ 馬喰横山駅（都営新宿線） ←徒歩約5分→ 東日本橋駅（都営浅草線）
- 新御茶ノ水駅（JR総武線） ←徒歩約5分→ 小川町駅（都営新宿線） ←徒歩約3分→ 淡路町駅（丸ノ内線）

すぐ近くなのに駅名が違う駅

- 浜松町駅（JR山手線） ←徒歩すぐ→ 大門駅（大江戸線・浅草線）
- 原宿駅（JR山手線） ←徒歩すぐ→ 明治神宮前駅〈原宿〉（千代田線・副都心線）

交通系ICカードは「ICOCA」「manaca」など地方の鉄道が発行しているICカードも利用できる。

HIGHLIGHT 01

今、行っておきたい最新エンタメ施設

ハリー・ポッターの舞台裏へ！

映画制作に携わったクリエイターたちが手がけたセットの中を歩きながら、映画『ハリー・ポッター』シリーズの舞台裏を体験できる最新スポットに注目！

列車の内部にも見どころ満載！

全てのディテールにこだわり、映画制作に携わったイギリスのクリエイターたちが制作したセットの数々

魔法ワールドの秘密を発見しよう！

ワーナー ブラザース スタジオツアー東京 - メイキング・オブ・ハリー・ポッター

ワーナー ブラザース スタジオツアーとうきょう - メイキング・オブ・ハリー・ポッター

魔法ワールドに迷い込んだようなセットを間近に見ながらハリー・ポッターの映画制作の舞台裏を堪能するウォークスルー型エンタメ施設。映画にまつわるフードやグッズも見逃せない。

練馬区春日町1-1-7 営時期により異なる（公式サイトの運営カレンダーを要確認） 休無休 交各線豊島園駅から徒歩2分

豊島園 ▶MAP 別P.4 B-1

小道を行くと突如現れるエントランス。期待が高まる

攻略法1

名場面のセットでハリー・ポッターの世界に入り込む！

魔法ワールドへの出発点！

9と3/4番線

実物大のホグワーツ特急が乗り入れるプラットホームは壮観！車内ではホグワーツに向かう生徒たちの様子を見ることができ、映画に出演しているかのような気分に。

憧れの舞台にワクワクが止まらない！

衣装や小道具に注目！

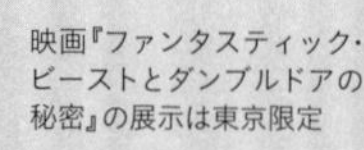

映画『ファンタスティック・ビーストとダンブルドアの秘密』の展示は東京限定

'Wizarding World' and all related names, characters and indicia are trademarks of and © Warner Bros. Entertainment Inc. – Wizarding World publishing rights © J.K. Rowling.

ホグワーツ特急に乗って魔法ワールドへ出発進行！

How to チケットの買い方

チケット購入方法

・日時指定の予約制
・公式サイトにて購入

公式サイト

https://www.wbstudiotour.jp/

チケット価格

大人 6300円～
中人（中学生・高校生 12～17歳）5200円～
小人（幼児・小学生 4～11歳）3800円～

屋外のオブジェも必見

正面広場にはハグリッドとハリーや牡鹿と雌鹿などのオブジェが

カートが壁を通り抜ける名シーンをパシャリ！

ココに注目！

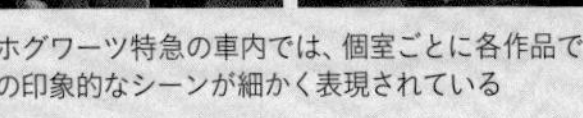

ホグワーツ特急の車内では、個室ごとに各作品での印象的なシーンが細かく表現されている

世界初の巨大なセット

魔法省

赤と緑のタイルが敷き詰められたオフィス棟や、58体のマグルが柱に押しつぶされる大きな銅像が出迎える。

登場人物の衣装が並ぶ後ろにあるゲートは、映画で実際に使用したもの

9と3/4番線に展示されているファンタスティック・ビーストのセットや魔法省は東京でしか見られない！

魔法学校の行事の舞台

大広間

組み分け儀式や魔法対決など重要なシーンの舞台。食器や燭台などの小道具、各寮生の制服やダンブルドア校長など教師たちの衣装も、サイズまで忠実に作られている。

(上)大広間へと続く大きくて重厚な扉。左右にはナイトが(下)各寮生の制服が間近に見られる

映画制作のウラ話

キャラクターの性格によって衣装の着こなし方が違う！
きちっとした襟元のハーマイオニー、ルーズにシャツを着るロンなど違いがおもしろい。

テーブルの隅々まで細かい演出

昼と夜で表情が変化

魔法使い御用達の商店街

ダイアゴン横丁

杖の専門店「オリバンダーの店」や「イーロップのふくろう百貨店」、「ポタージュの鍋屋」など、魔法使いのための重要なアイテムがそろう商店街。

photo spot

フクロウと一緒に記念撮影♪どの子にしよう？

ハリーのベッド脇の机にはメガネが置かれていたり、キャラクターによって細かい演出が

使い古された家具が、居心地のよさを表現している

居心地のいい温かな場所

グリフィンドールの男子寮＆談話室

大きな暖炉が印象的な談話室は、ハリーが寮生たちと多くの時間を過ごした大切な場所。男子寮では、それぞれのキャラクターの個性がわかるディテールにも注目してみよう！

映画制作のウラ話

成長した登場人物たちがベッドに入らなくなった！？
ベッドに収まらなくなったため、足を曲げて入ったり、撮影アングルを工夫したのだとか。

ホグワーツの生徒になったような気分！

思わず憧れのシーンを演じたくなる、精巧なセットや小道具

小道具チームの自信作

(上)ダンブルドア校長やスネイプ先生たちの衣装も並ぶ(下)ガラスのビーズが入った寮別ポイント計

(右)各寮を象徴する動物の燭台(左)マクゴナガル先生と組み分け帽子

幼いハリーが過ごした家

ダーズリー家

おばさんが風船に！

ハリーが赤ん坊の頃から過ごしてきたダーズリー家。一家にのけ者にされていたハリーが押し込まれていた階段下の部屋やホグワーツからの手紙が舞うシーンも必見！

大量の手紙が舞い散る！

photo spot

ホグワーツからの手紙をうれしそうにかき集めるハリーが思い浮かぶ

ホグワーツ城に架かる橋

ホグワーツ橋

『ハリー・ポッターとアズカバンの囚人』で、初登場したホグワーツ橋。中を実際に歩くことができるため、生徒になりきって写真を撮ろう！

映画の中でも印象的なシーンが多い場所だ

魔法界の乗合いバス

夜の騎士バス

ロンドンの2階建てバス3台分のパーツを組み合わせて造られたという、約7mの夜の騎士バス。猛スピードで走り、マグルには決して見えない。

頼りになるお助けバス

鮮やかな紫色の車体が目を引く。今にも走り出しそう！

photo spot

1階のステップ部分から中の様子を見られる

各セットでは「インタラクター」と呼ばれるスタッフがセットの制作秘話や見どころを詳しく教えてくれる。

魔法使いに
なりきろう！

攻略法2

多彩なエクスペリエンスで“やってみたかった！”を叶える

箒に乗って飛び回る！

ほうきエクスペリエンス

憧れの魔法のほうきに乗れちゃう！グリーンスクリーンの前でほうきに乗って映像に合わせて動くと、編集した映画のシーンができ上がる。映像や画像は購入可能。

ローブを着て乗ると
よりリアルに！

ホグワーツの上空をほうきに乗って駆けめぐる！

応援で試合を盛り上げる

クィディッチ撮影エクスペリエンス

魔法界の人気スポーツ「クィディッチ」のスリザリン対グリフィンドール戦を応援！編集された映像は『ハリー・ポッターと賢者の石』のワンシーンに。

アクションは大きく！

インタラクターの指示に従ってリアクションすると、本当に演じているような映像に

コチラも注目！

魔法省職員の通勤用暖炉

魔法省のフルーパウダー

photo spot

パシャ★！

魔法省の暖炉に入り、スモークや照明効果によってフルーパウダー（煙突飛行粉）を体にふりかける魔法体験ができる！

賢者の石を守るための罠

チェスの駒

迫力ある
チェスの駒

『ハリー・ポッターと賢者の石』を撮影したセットと同じサイズのチェス盤。チェスの駒になった気分で盤上に立ってみよう！

攻略法3

映画にちなんだフード＆ドリンクにトライ！

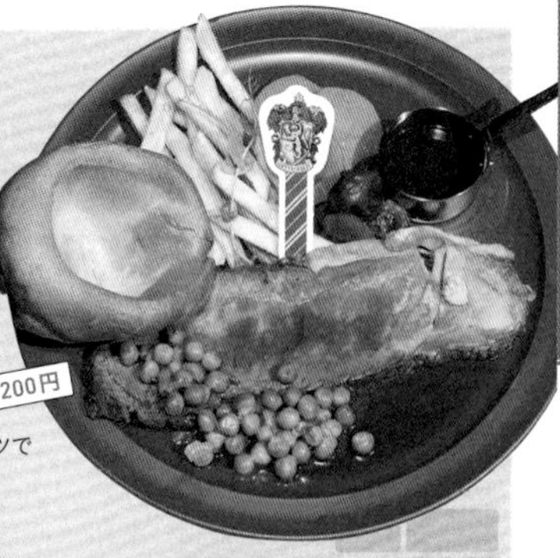

photo spot

1100円

カンパーイ！

バタービール

魔法ワールドで人気のバタービールを開放的なテラスで味わえる。容器は持ち帰り可能

グリフィンドールプレート（ドリンク付き） 3200円

ハリーが初めてホグワーツでとった夕食のメニュー

1000円

アラゴグの隠れ家～チョコレートケーキ添え～

蜘蛛のアラゴグをイメージした濃厚なチョコレートケーキ

1500円

ヘドウィグケーキ

鳥かご形のケーキスタンドでサーブされるヘドウィグのケーキ

攻略法4

魔法ワールドのグッズを手に入れる

東京限定

マグカップ

黒地にゴールドのロゴでシックなイメージのアイテム

1600円

東京限定

3000円

Tシャツ（白）

普段使いしやすいシンプルなロゴTシャツ

4200円

ヘドウィグのぬいぐるみ

最初に購入して一緒にめぐっても楽しいかも!?

各2200円

カチューシャ各種

お気に入りを身につけて魔法ワールドを堪能しよう！

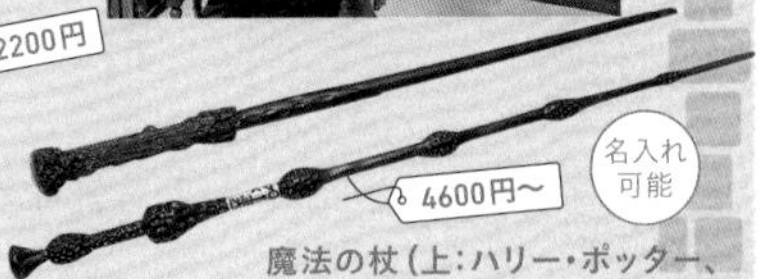

名入れ可能

4600円～

魔法の杖（上：ハリー・ポッター、下：アルバス・ダンブルドア）

約50種類以上ある杖のうち、14種類にプラス1000円で名入れ可能

名入れ可能

各2600円

寮別のノートブック各種

購入すると無料で名入れ可能。おみやげに最適！

1700円

チョコレートチップクッキー（10個入り）

ハリーやヘドウィグたちが、かわいいキャラに変身！

メインショップはエントランス近くにあるため、杖やローブなどのアイテムを買ってから館内をめぐるのもおすすめ。

HIGHLIGHT 02

国内最大級のホテル×エンターテインメント施設

新時代のエンタメタワーを探索

2023年4月にオープン。ホテルと映画館・劇場・ライブホールなどのエンターテインメント施設などからなる、地上48階・地下5階・塔屋1階の超高層複合施設。各種エンタメを楽しもう。

最新のエンタメ施設で
好きを極めよう!

photo:©TOKYU KABUKICHO TOWER

"好きを極める"がコンセプト

東急歌舞伎町タワー

とうきゅうかぶきちょうタワー

地下B1階～B4階にライブホール、2F～17階に食を楽しめる空間、ダンジョン攻略体験施設、劇場、映画館、バーなどを備えた斬新なデザインの各種エンターテインメント施設。

🏠新宿区歌舞伎町1-29-1 営 施設により異なる 休 無休 交 西武新宿線西武新宿駅正面口から徒歩1分
新宿 ▶MAP 付録P.19 D-1

B1～B4

ここでしか味わえない音楽体験!

Zepp Shinjuku (TOKYO) / ZEROTOKYO

ゼップしんじゅく(とうきょう)/ゼロとうきょう

新宿エリア最大級、1500名のキャパシティを持つライブホール・ナイトエンターテインメント施設。

1 B4のZ hallを望めるZ LOUNGE
2 B3のRING。音楽、DJ、空間演出、パフォーマンスなどが体験できる

2F

中四国食祭など10の食祭街で食と共にさまざまなパフォーマンスやイベントを楽しめる

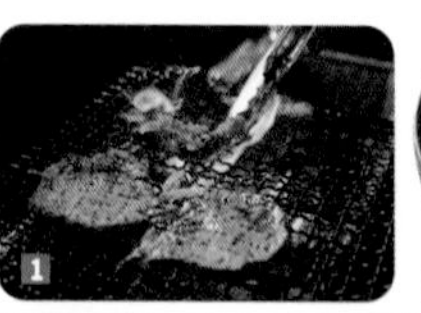

1「東北食祭」の牛タン焼き 2「北海道食祭」で提供されるご当地グルメ「北海道海鮮4色丼」2499円

エンターテインメントフードホール

新宿カブキ hall ～歌舞伎横丁

しんじゅくカブキホール～かぶきよこちょう

"祭り"をテーマに食と音楽と映像が融合した全10店舗の食祭街。北海道、沖縄、韓国、ほか各地の料理がそろう。

営 6:00～翌5:00
(詳しい時間は各店舗に要問い合わせ)

3F

エンターテインメントフードホール、新宿カブキhall～歌舞伎横丁

アミューズメントコンプレックス

namco TOKYO

ナムコとうきょう

"アソベル・ノメル・ツナガレル"をコンセプトに、アミューズメント、フード、イベントなどを融合した空間。

㊔11:00～翌1:00(LO24:00)

1 あらゆるジャンルのガシャポンにワクワクが止まらない！ 2 ゲームを楽しみながらアルコールや軽食も楽しめる

4F

新宿ダンジョン攻略体験施設

THE TOKYO MATRIX

ザトウキョウマトリクス

2～3人のパーティーでモンスターを倒し、アイテムを探し、トラップをクリアする！興奮の体験型アトラクション。

㊔10:00～22:00

ソードスキルでモンスター撃墜！

アニメやゲームの中の冒険を自分自身で体験

©Sony Music Solutions Inc. All rights reserved.
©2020 川原 礫/KADOKAWA/SAO-P Project

6F～8F

アーティストの鼓動を感じる！

THEATER MILANO-Za

シアターミラノざ

演劇、音楽、映像などが多彩に展開されるライブエンターテインメントシアター。1・2・3階席で約900席の空間。

歌舞伎町と共に発展した「新宿ミラノ座」の名を継承

9F～10F

3面ワイドビューシアター「ScreenX」。正面と左右に映像が投影される

非日常世界"感性を開く映画館"へ

109シネマズプレミアム新宿

イチマルキューシネマズプレミアムしんじゅく

全8シアターは全席プレミアムシート。ハイスペックな映写設備に加え、音響を故・坂本龍一氏が監修。上質な鑑賞空間が用意されている。

17F

上質な食事とバータイムを！

JAM17 DINING&BAR

ジャムセブンティーン ダイニングアンドバー

イベントもできるパーティールーム、オープンキッチンのライブ感あふれるダイニングやバーなどで構成された社交場的空間。

BAR ㊔17:00～翌2:00(LO翌1:00)
DINING ㊔ランチ11:30～14:00、ティータイム14:00～17:00、ディナー17:00～22:00(LO21:00)

18F,20F～47F

2つの高層ホテルでホテルステイを満喫

HOTEL GROOVE SHINJUKU, A PARKROYAL Hotel／BELLUSTAR TOKYO, A Pan Pacific Hotel

ホテルグルーヴしんじゅくアパークロイヤルホテル／ベルスターとうきょうアパンパシフィックホテル

18階、20階～38階はHOTEL GROOVE SHINJUKU, A PARKROYAL Hotel、18階、39階～47階にはBELLUSTAR TOKYO, A Pan Pacific Hotelが。地上の喧噪から離れた特別な空間だ。

1 Premier King(HOTEL GROOVE SHINJUKU, A PARKROYAL Hotel) 2 Deluxe Suite(BELLUSTAR TOKYO, A Pan Pacific Hotel)

HOTEL GROOVE SHINJUKU, A PARKROYAL Hotel 料金 1泊2万6103円～(サービス料13%・税込) IN 15:00 OUT 11:00
BELLUSTAR TOKYO, A Pan Pacific Hotel 料金 1泊8万2225円～(サービス料15%・税込) IN 15:00 OUT 12:00

東急歌舞伎町タワーは、エリアの根源的な要素である「水」をテーマとし、外観は噴水がモチーフになっている。

HIGHLIGHT 03

ギルトフリーな甘いもので至福の時を♡

おいしくて体に優しい旬スイーツをいただく

疲れた心をほっと和ませてくれるスイーツ。でも、健康や体型が気になって、思う存分楽しめない。それならオーガニックやヴィーガン、ヘルシー食材の旬スイーツを。もちろんおいしさにも妥協なし！

ヴィーガンスイーツの先駆け

PARLOR 8ablish

パーラー エイタブリッシュ

2000年オープンのヴィーガンカフェが2020年からスイーツ中心のパーラーに。カボチャを使ったプリン、ソイクリームなどを盛り合わせたプリンアラモードは満足感高し。

港区南青山5-10-17 2F
☎03-6805-0597 営10:00～18:00
休 不定休 交 地下鉄表参道駅B1出口から徒歩3分
表参道 ▶MAP 付録P.13 D-3

1 グルテンフリーのマフィン1個495円はカフェ時代からの看板メニュー 2 ソファ席などもあるクラシックな空間

だからヘルシー！
動物性の素材、精製された白砂糖は一切不使用

だからヘルシー！
希少な国産オーガニック抹茶

抹茶ココナッツフロート
810円

100% ORGANIC MATCHA
THE MATCHA TOKYO

オーガニック抹茶をカジュアルに

THE MATCHA TOKYO OMOTESANDO

ザ マッチャ トウキョウ オモテサンドウ

抹茶は抗酸化作用、リラックス効果などのあるスーパーフード。こちらでは自社農園のオーガニック抹茶を使用。ココナッツミルクのフロートは国産オーガニック黒糖を使って自然な甘みに。

渋谷区神宮前5-11-13 ☎非公開 営11:00～18:30、土・日曜・祝日～19:00 休 不定休 交 地下鉄明治神宮前〈原宿〉駅5番出口から徒歩3分 神宮前 ▶MAP 付録P.12 B-2

1 抹茶ミルクジャム993円や抹茶ペカンナッツ702円なども販売 2 生地に抹茶を練り込んだ抹茶どらやき388円

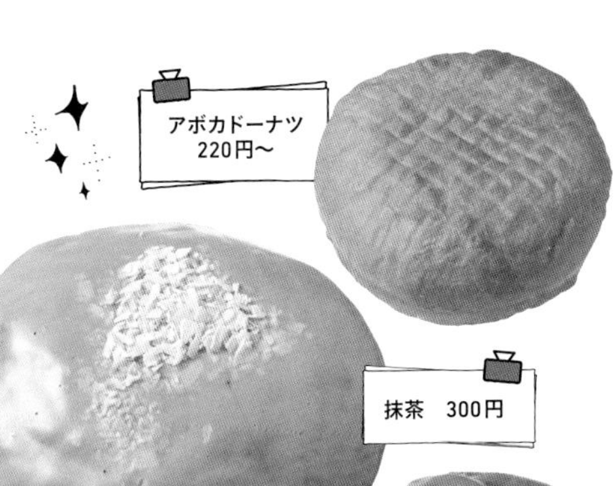

生地の20%にアボカドを使用

アボカドーナツ

おからを使った「はらドーナツ」の創業者が開発した新しいドーナツ。卵、乳製品不使用ながらふっくら、しっとりでヘルシーなのが◎。

世田谷区世田谷1-28-13 1F
☎03-6413-6871 営11:00〜19:00(売り切れ次第終了)
休不定休 交東急世田谷線上町駅から徒歩5分
上町 ▶MAP 付録P.29 ㉚

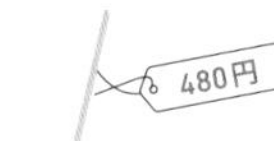

アボカドスムージー
丁寧に裏ごししたアボカドと無脂肪牛乳で飲む美容液とも言われている

だからヘルシー！
ビタミン、ミネラル豊富なアボカドがたっぷり

搾りたてで豆乳をよりおいしく♪

トトト&豆乳専門店

トトトアンドとうにゅうせんもんてん

国産大豆と店内自家搾汁にこだわった豆乳専門店。成分無調整、風味豆乳のほか豆乳クリーム入り台湾スイーツのポークフロスも。

武蔵野市吉祥寺本町2-26-2 吉祥寺N2262 1F ☎0422-27-1291 営11:00〜19:00
休無休 交JR吉祥寺駅西口から徒歩4分
吉祥寺 ▶MAP 付録P.4 A-1

だからヘルシー！
低カロリーで高タンパク！
さらに美肌効果も

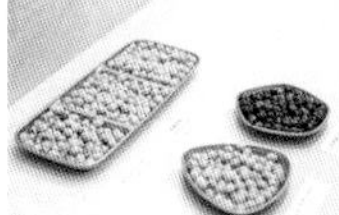
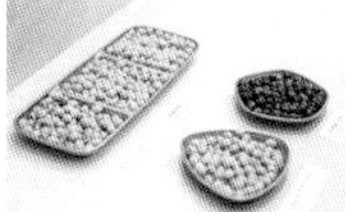

大豆は音更大袖振大豆(白)と紅大豆(さくら)

チーズクリーム豆乳
+団子三兄弟
740円

ポークフロスケーキ
380円

1 店内で焼くヴィーガンクレープ750円〜も人気 2 ジェラートは蓋付きのケースでしっかり温度管理

常時12種
がズラリ

だからヘルシー！
食の志向を問わず
乳・卵アレルギーでも楽しめる

植物性ミルクでヴィーガンもOK

TUTTO 清澄白河

トゥット きよすみしらかわ

乳・卵・白砂糖を使用せず、上質なアーモンドミルクを使うジェラート。店で手焼きするグルテンフリーの米粉のコーン(ダブル800円)も。

江東区常盤1-3-7 ラフィーヴィル清澄白河EA ST2 ☎非公開 営10:00〜18:00 休月曜
交地下鉄清澄白河駅A1出口から徒歩7分
清澄白河 ▶MAP 付録P.21 D-2

TUTTOとは、イタリア語で"全ての、全部の"という意味。誰もが楽しめるスイーツを目指している。

カルチャーが交差する

NEOグルメスポットへ潜入

＼女性おひとりさまも大歓迎／

ネオンなどで彩られたポップでおしゃれなインテリアに、独創的な名物メニュー。ここには、懐かしくも新鮮な気分に浸れる、おいしい、楽しい食体験が待っている！

純喫茶

昭和の面影を残すレトロな喫茶店をアップデート。メニューや空間づくりに独自の感性が光る。

お花パンケーキ1200円、カフェラテ800円、お花プリン900円、メロンフロート850円

村上ワールドに浸れるエンタメ空間

純喫茶ジンガロ

じゅんきっさジンガロ

世界的アーティストとして知られる現代美術家の村上隆氏が手がけ、店内は革張りのソファやミラーボール、実際にプレイできるテーブルゲームなど昭和レトロな世界観。お花をモチーフにしたメニューもフォトジェニック。

🏠中野区中野5-52-15 中野ブロードウェイ2F
☎03-5942-8382
㊋12:00～19:00
㊡火・水曜 ※公式Instagram（@coffee_zingaro）を要確認
㊝JR中野駅北口から徒歩6分
中野 ▶MAP 別P.4 B-1

+もう1品！

おみやげに◎な「となりの開花堂」のクッキー缶は店頭で販売。お花のクッキー缶6000円

1斬新な横丁プロジェクトを手がける浜倉的商店製作所の浜倉好宣氏が内装を担当 2中野ブロードウェイに店を構える

ラーメン店

女性一人でも入りやすいおしゃれな雰囲気。味はもちろん、美しいビジュアルの一杯に心躍る。

特選塩ラーメン1400円、カルボナーラ風の味わいが楽しいチーズそぼろまぜそば1100円（小ライス付き）

おしゃれなカウンターで至極の一杯を

Rahmen Eddie

ラーメン エディ

ラーメン店らしからぬネオンサインが灯る店内。名物は、鶏や昆布のだしを効かせた優しい味わいの塩ラーメン。創業70年の菅野製麺所の麺は、細麺、中麺、太麺の3種類から選択可能。バラエティ豊かなトッピングも楽しもう。

🏠新宿区新宿1-11-7 サンサーラ第5御苑ビル1F
☎03-6380-6606 ㊋11:00～21:00 ㊡無休 ㊝地下鉄新宿御苑前駅大木戸門口から徒歩2分
新宿御苑 ▶MAP 別P.28 ⑮

+もう1品！

左から厳選した卵を使ったたまご、ごま油の香り豊かなネギチャーシューのおにぎり各270円

1「I Love Rahmen♥」のネオン文字、壁に描かれたイラストなどポップな要素が随所に 2多くの飲食店がひしめく新宿御苑エリアにオープン

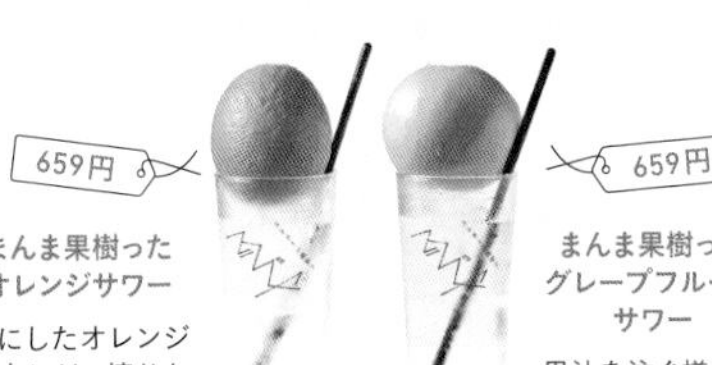

まんま果樹った
オレンジサワー

器にしたオレンジの中には、搾りたての果汁がイン！

まんま果樹った
グレープフルーツサワー

果汁を注ぐ様子も映えること必至

美酢サワー／
ザクロ＆凍結ミックスベリー

果実発酵酢を使った爽やかな一杯

美酢サワー／
もも＆
凍結ピーチ

ほんのり甘い桃の香りも楽しめる

寿司酒場

寿司をつまみつつお酒を楽しむ。ハードルが高いイメージを覆す、カジュアルな雰囲気に注目。

マンゴーカット寿司1貫604円、エビカニ合戦1099円、南山園 特濃抹茶の茶割り549円

“身近でかっこいいスシ”を追求

ストリーム高架下 スシブヤ

ストリームこうかした スシブヤ

豊洲市場などから仕入れる新鮮な魚介を用い、海外のエッセンスを取り入れた遊び心のある寿司を提供。ネタの大きさにも驚く名物のマンゴーカット寿司は、漬け本マグロ、お客の前で炙って提供するトロ、柚子の皮を添えたサーモンの3種。

渋谷区渋谷3-21-3 渋谷ストリーム1F ☎03-6421-0507 営 12:00〜14:00、17:00〜翌3:00、土曜12:00〜翌3:00、日曜・祝日12:00〜23:00 休 無休 交 各線渋谷駅C2出口から徒歩3分

渋谷 ▶MAP 別P.15 D-3

1木製テーブルやソファを配し、カフェのような雰囲気 2渋谷駅直結の渋谷ストリーム高架下に位置。青い暖簾が目印

＋もう1品！

甘辛いユッケタレの味が後を引くアボカドサーモンユッケ769円。お酒にも相性バツグン

町中華

町中華の気軽さや手頃な価格はそのままに、なじみ深い定番の中華料理をモダンにアレンジ。

蝦仁（エビ）炒飯1080円、骨なしスペアリブの黒酢豚980円、空芯菜780円、フーフー飯店焼餃子6個480円

ニュースタイル町中華で乾杯！

フーフー飯店

フーフーはんてん

目でも舌でも楽しめる名物料理を手がけるのは、有名店の料理長を歴任した腕利きのシェフ。本格中華をベースに、厳選した食材にこだわって作る多彩なメニューが評判。ランチから〆の一杯まで、シーンを問わず利用できる。

墨田区錦糸4-1-7
☎03-6658-5120
営 11:00〜23:30（フードLO22:30、ドリンクLO23:00）
休 無休
交 JR錦糸町駅北口から徒歩1分

錦糸町 ▶MAP 別P.28 ⑭

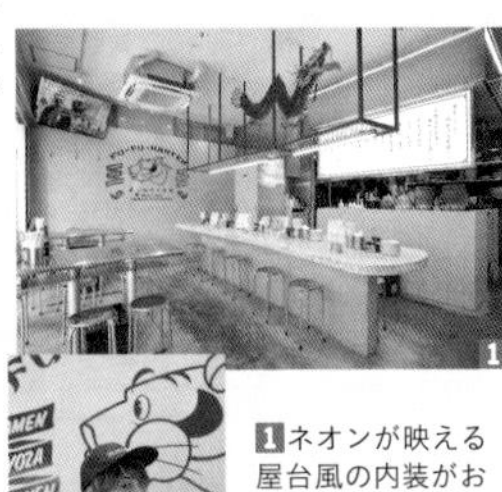

1ネオンが映える屋台風の内装がおしゃれ 2スタッフが着用するオリジナルTシャツには、インパクト大のロゴがデザイン

＋もう1品！

京都産九条葱の熟成とろとろ鶏そば880円は〆におすすめ。こだわりの鶏スープを堪能

純喫茶ジンガロに置かれた10台のテーブルゲームは、専用の「お花コイン」（500円）を購入すれば実際にプレイ可能。

HIGHLIGHT 05

これぞ至福の時間！ サウナ＆銭湯でととのう

独自のスタイルで、全国のサウナ愛好家からも注目を集めるサウナ＆銭湯を厳選ピックアップ。非日常と癒しをたっぷり満喫できる“ととのい体験”にハマること必至！

新鋭サウナ

サウナーの夢が詰まった多彩なサウナ室

自然光が差し込む、開放的な外気浴スペース

サウナCHECK！
- アウフグース
- ウィスキング
- 水風呂
- 外気浴 など

＼サウナハットもゲット！／

オリジナルのサウナハット（6820円～）はフロントロビーにて販売

サウナの新聖地が渋谷に誕生！

渋谷SAUNAS

しぶやサウナス

サウナブームの火付け役ともなった書籍『サ道』の原作者タナカカツキ氏が総合プロデュースし、趣向を凝らした9つのサウナ室、4つの水風呂を有する。ウィスキングというリラクゼーションの施術も、コアなファンを喜ばせている。

渋谷区桜丘町18-9 ☎非公開 営8:00～24:00 休不定休 料3080円（150分）、土・日曜・祝日3850円（150分）、朝割1980円（平日11:00までの80分） 交JR渋谷駅西口から徒歩5分

渋谷 ▶MAP 別P.14 C-3

1サウンドシステムが搭載され、音を浴びる感覚を楽しめるサウナ室「SOUND」 2茶室をイメージした「TEETÄ」 3ヴィーガンレストランも

How to

サウナの楽しみ方 入門編

安全に効果的に楽しくととのうために、まずは基本の「き」を押さえておこう。

1 入り方

一般的に、サウナ→水風呂→外気浴の基本セットを3回ほど繰り返すのが効果的とされる。

2 効果・効能

温熱効果で血行が促進。さらに体や脳がリラックスすることで集中力アップも期待できる。

3 入る時の注意点

こまめに水分を補給し、飲酒後・満腹時の利用は避ける。サウナ前は体を洗うなどマナーも厳守。

自分のペースで楽しめる個室タイプ

幅2mのベンチで寝そべることもできる

サウナCHECK！
- セルフロウリュ
- シャワー
- 休憩スペース など

1個室のほか、最大3人収容可能なグループルーム（同性のみ利用可）も用意 2おしゃれな外観 3併設のカフェでは絶品の“サ飯”を楽しめる。バターチキンカレー1200円

不動の人気を誇る個室サウナの先駆け

ソロサウナ tune

ソロサウナ チューン

完全個室のフィンランド式サウナ施設。本場のサウナストーブにより体の芯から温まり、白樺のアロマ水を使ったセルフロウリュも楽しめる。またBGMには屋久島の大自然で収録した音源が使われている。着替えから冷水浴、休憩まで人目を気にしなくてOK。

新宿区天神町23-1 UNPLAN Kagurazaka 1F ☎非公開 営7:50～23:15 休無休 料シングルルーム60分4000円～ 交地下鉄神楽坂駅2番出口から徒歩3分

神楽坂 ▶MAP 別P.28 ⑪

ネオ銭湯

フロント横に設置されたおしゃれな番台バー

©Yurika Kono

バー名物のオリジナルクラフトビール600円

サウナCHECK!
- オートロウリュ
- 水風呂
- 外気浴

など

本格サウナを備える新感覚な銭湯

黄金湯

こがねゆ

1932年創業の銭湯を2020年に大改造。麦飯石とヒバを用いたオートロウリュサウナ、さらには宿泊施設、ビアバー、DJブースなどを備え、従来の枠にとらわれない新時代の銭湯と話題に。人気漫画家ほしよりこ氏による壁絵も必見。

🏠墨田区太平4-14-6 金澤マンション1F ☎03-3622-5009 ㊮6:00～9:00、11:00～翌0:30、土曜6:00～9:00、15:00～翌0:30 ㊡第2・4月曜 ㊕入浴520円、サウナ 男性530円/女性330円（土・日曜・祝日は男性580円/女性350円） ㊋JR錦糸町駅北口から徒歩6分

錦糸町 ▶MAP 別P.28 ⑭

©Yurika Kono

広々とした浴場には熱湯、中温湯、低温炭酸泉、水風呂の4種類の浴槽が備わる

©Yurika Kono

1 麦飯石に覆われたサウナ室 2 2階のカフェでは麦飯石を用いドリップするロウリュコーヒー2100円も

ロウリュ式の薬草サウナと露天風呂が名物

オレンジ色の"ほっ"のロゴが目印!

堀田湯

ほったゆ

リニューアルにあたり、かつてのタイル画を残しながら内湯と露天風呂、サウナがアップデートされた。"ととのえ親方"ことプロサウナー・松尾大氏が監修したロウリュ可能な薬草サウナは、温浴効果がさらに高まると注目度大。

サウナCHECK!
- アウフグース
- オートロウリュ
- 水風呂
- 外気浴

など

🏠足立区関原3-20-14 ☎03-3852-4126 ㊮14:00～24:00、土・日曜・祝日8:00～ ㊡第2木曜 ㊕入浴520円、サウナ 男性450円/女性300円 ㊋東武スカイツリーライン西新井駅西口から徒歩7分

西新井 ▶MAP 別P.28 ⑧

1 女湯の浴場には歌川広重の「千柱の大はし」のタイル画が 2 "この街を、温める。"がコンセプト

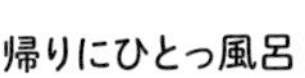

2022年12月開業

富士山や飛行機を望む展望天然温泉

泉天空の湯 羽田空港

いずみてんくうのゆ はねだくうこう

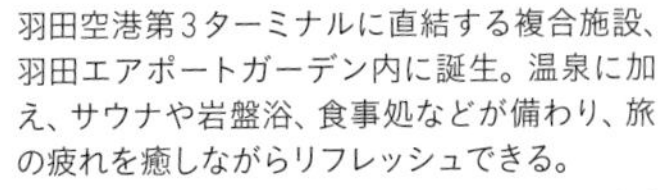

羽田空港第3ターミナルに直結する複合施設、羽田エアポートガーデン内に誕生。温泉に加え、サウナや岩盤浴、食事処などが備わり、旅の疲れを癒しながらリフレッシュできる。

🏠大田区羽田空港2-7-1 ☎03-6459-9770（ヴィラフォンテーヌグランド羽田空港） ㊮24時間（10:00～13:00は入浴不可） ㊡不定休 ㊕4800円（フェイスタオル・バスタオル、館内着、岩盤浴付き） ㊋各線羽田空港第3ターミナル駅から徒歩1分 **羽田空港** ▶MAP 別P.5 D-3

1 男湯「銀翼の湯」からは飛行機を、女湯「富士見の湯」からは富士山を眺められる 2 サウナは、ドライサウナと写真の漢方蒸しサウナの2種類

ロウリュとはサウナ入浴法のひとつで、サウナストーンに水などをかけて熱い蒸気を発生させ、室内の温度を上げて発汗を促す。

HIGHLIGHT 06

次どこ行く？の隙間時間に便利♪

シェアスペースを賢く活用！

仕事はもちろん、読書に没頭したり、コーヒーを飲んだり、ゆったりくつろいだり……。その場でサクッと好きな時間だけ利用できる、ドロップインOKなシェアスペースに注目。気軽に利用してみよう。

書店に併設され
国内最大級の広さを誇る

居心地最高♪

2フロア吹き抜けの開放的な空間が広がる

1 仕切りのある個室ブースのほか、友人同士での集まりにも使用できる会議室兼プライベートルーム（要事前予約）もある 2 天井が高く開放感抜群

220席を有する国内最大の店舗

TSUTAYA BOOKSTORE MARUNOUCHI SHARE LOUNGE

ツタヤ ブックストア マルノウチ シェアラウンジ

“発想が生まれ、シェアする場所”をコンセプトに国内外に店舗を展開するSHARE LOUNGEが丸の内に進出。約8万冊をそろえる生活提案型書店に併設され、東京の玄関口、東京駅を行き交う人たちの新たな拠点に。

千代田区丸の内2-4-1 丸ビル3・4F
☎03-6206-3767
㊔8:00～22:00 ㊡丸ビルに準ずる
㊕60分1650円～、1日5500円、個室60分7150円～ ㊋JR東京駅丸の内南口から徒歩1分
丸の内 ▶MAP 別P.6 B-2

活用のヒント！

多彩なジャンルの書籍が読み放題！

ラウンジ内の本は読み放題。併設書店で販売されている会計前の本をラウンジ内に持ち込むことも可能。

フリードリンク＆スナックを楽しむ

種類豊富なドリンクに加え、スナック、スイーツ、パンなどフードも充実。別料金でアルコールも楽しめる。

東京駅舎を一望できる穴場スポット

国の重要文化財にも指定されている赤レンガ造りの東京駅丸の内駅舎を目の前に望む特等席。夜景も美しい。

1 2階は喫茶店、3階は図書館をイメージ 2 カフェメニューも充実。選べるカフェラテ594円～ 3 ホットサンドやスイーツも用意

下北エリアの新拠点として注目

(tefu) lounge

テフ ラウンジ

開発が進む下北沢駅南西口エリアに誕生した複合施設。2・3階のカフェ&ラウンジ「(tefu) lounge by KITASANDO COFFEE」では、読書や語らいなど思い思いの時間を過ごせる。

住 世田谷区北沢2-21-22 ☎ 非公開 営 9:00～21:00(カフェ&ラウンジ) 休 無休 料 60分900円(30分ごとの自動延長、スペシャルティコーヒー飲み放題)、1日3000円 交 小田急線下北沢駅南西改札口直結

下北沢 ▶MAP 別P.21 E-1

活用のヒント!

施設2階のシネマで映画鑑賞

ミニシアター「シモキタ - エキマエ - シネマ K2」は全71席。魅力的な作品を随時上映する。

内装にはアップサイクル素材を採用

Kant.

カントドット

1階にカフェ&ミュージックバーラウンジ、2・3階にワークラウンジ、4・5階にシェアオフィスを有する複合施設。オールフリーアドレスの2階にはくつろぎスペースもある。

住 港区六本木4-8-5 ☎ 03-5843-1762 営 8:00～23:00 休 不定休 料 1時間770円、3時間2200円、1日3300円 交 地下鉄六本木駅6番出口から徒歩1分

六本木 ▶MAP 別P.22 C-2

活用のヒント!

ヨガレッスンに飛び入り参加

2階のフローリングスペースでは、ヨガ教室を不定期開催。ヨガマットはレンタル可。

1 "すこやかに働く"が施設のコンセプト 2 レンタサイクルも利用可(ワークラウンジ利用者のみ)

麻布十番・一の橋交差点でひと際目を引くビルに入る

次世代のコワーキングスペース

SHARE M-10

シェア エム じゅう

建築家・隈研吾氏が建物と内装を設計。フリードリンクが付き30分から利用できる。オンライン予約制で、決済や入退室のスマートキーの発行が事前に完了し、席の確保もスムーズ。

住 港区麻布十番4-1-1 MAXPLAN AZABU10 2・3F ☎ 03-6435-4296 営 24時間 休 無休 料 30分300円、1時間600円、1日2400円、会議室30分500円～ 交 地下鉄麻布十番駅4番出口から徒歩1分

麻布十番 ▶MAP 別P.29 ㉖

活用のヒント!

クリエイティブな発想を生み出す

家具や植栽によって個々の距離を適度にキープ。洗練された空間デザインに感化される。

一部のシェアスペースでは専用のアプリサービスを導入。利用予約・事前決済はもちろん、座席やドリンクの予約ができる場合も。

EAT 01

ちょっと遅起きが三文の得？

東京めぐりはブランチからスタート

朝は少しゆっくり起きて、ブランチから一日をスタートしてみては？
お腹もココロも満たされて、ハッピーな気分で東京遊びを満喫できるはず！

東京のど真ん中で優雅なひと時

menu
クロックムッシュ
1870円

とろりと溶けるチーズがたまらない人気メニュー

アンティーク家具を配し、オーセンティックな魅力にあふれる店内

Brunch Time
全日
9:00～17:00

ローストチキンサラダ
1980円
野菜たっぷりのヘルシーな一品

オシャな朝にピッタリ

Buvette

ブヴェット

朝も夜もオールデイで使えるフレンチ食堂。まるでパリの街角にトリップしたかのようなオシャレな店内で、フランスの伝統料理をカジュアルに楽しめる。

千代田区有楽町1-1-2 東京ミッドタウン日比谷1F ☎03-6273-3193 営11:00～22:00(LO21:00)、土・日曜9:00～ 休施設に準ずる 交地下鉄日比谷駅直結

銀座 ▶MAP 別P.8 A-1

世界各地のオーガニック食品なども販売

Brunch Point
体に優しいヴィーガンメニューが楽しめる

ピーナッツバタートースト
600円

朝食にピッタリのオープントースト

ヘルシーな食事で一日ハッピーに♪

menu
ベジバーガープレート
1600円

野菜たっぷり！挽き割り小麦を使ったパテの食感が◎

体にも地球にも優しい

アリサンパークカフェ

オーガニック・ベジタリアンの食材を使いながら、ボリュームも味も満足感のある料理を提供。代々木公園の自然を眺めながら心もカラダも健康的に一日を始めよう！

渋谷区代々木5-63-12 ☎090-9680-7331 営8:30～18:00 休水・木曜 交地下鉄代々木公園駅から徒歩6分

代々木公園 ▶MAP 別P.27 ②

ハギスとチェダーチーズ、キャラメルオニオンなどをサンドし香ばしく焼き上げる

カフェラテ
600円
世界中にファンの多い「オールプレス・エスプレッソ」の豆を使用

ロンドンの街角へトリップ♪

DEENY'S TOKYO

ディーニーズ トーキョー

ロンドンのストリートフード発祥の店が日本にも誕生。スコットランドの伝統料理である羊の内臓と多くのスパイスを使った「ハギス」をサンドしたトースティが人気。

🏠 渋谷区神宮前4-4-4 B-Flat COMMUNE内 ☎なし 営 11:00〜22:00(LO21:00) 休 不定休 交 地下鉄表参道駅A2出口から徒歩1分
表参道 ▶MAP 別P.13 D-2

Brunch Point
開放的な空間でブランチを堪能!

1 WAYというフードの集合体となる新しい取り組み 2 アーバンな雰囲気も魅力

話題性抜群!

ブランチパーク

TBSの人気番組「王様のブランチ」がプロデュースする次世代型レストラン。ポップな番組の世界観を楽しみながら話題のフードやスイーツが楽しめる。

🏠 港区赤坂5-4-7 THE HEXAGON 1F
☎非公開 営 11:00〜17:00(LO16:00)、18:00〜23:00(フードLO21:30、ドリンクLO22:00)、日曜11:00〜18:00(LO17:00) 休 施設に準ずる 交 地下鉄赤坂駅から徒歩1分
赤坂 ▶MAP 別P.22 C-1

Brunch Point
最旬フードやスイーツ、エンタメ企画が体験できる!

牛すじ肉や牛すね肉を使用した濃厚&大人な味わい

1 明るくて開放的な店内 2 赤坂駅徒歩1分とアクセスも◎ 3 テーブルで仕上げるのが楽しい。自分で作る!生しぼりモンブラン1650円

各店舗ごとに、ブランチタイムやメニュー構成が異なるので、オープンの時間やメニューは個別にチェックを!

EAT 02

いち早くチェックしたい 日本初上陸グルメを満喫！

老舗の気品とカジュアルが融合する魅力的な空間は見どころのひとつ

陽光が差し込む開放的な店内。気取らずに過ごせる雰囲気も魅力

本格イタリアンを気軽に♪

LINA STORES 表参道店

リナストアズ

1944年にロンドン・ソーホー地区で創業し、絶大な人気を誇る名店の英国外初の旗艦店。看板メニューのフレッシュパスタは毎日店内のパスタ工房で手作り。

🏠 港区北青山3-10-5 スプリングテラス表参道 1F ☎ 03-6427-3758 営 レストラン11:00～23:00（LO 22:00）、デリカテッセン11:00～22:00 休 無休 交 地下鉄表参道駅から徒歩1分

表参道 ▶MAP 別P.13 D-3

1 デリカテッセンでは、厳選した食料品やスイーツを販売 2 テラス席でゆったりランチ＆ディナーも贅沢

居心地抜群のカフェ

ERIC ROSE

エリック・ローズ

ハワイで愛される名店カフェのオーナーの名を冠したカフェ。"美味しいもの以外は提供しない"という信念のもと、こだわりのフードやドリンクを提供する。

🏠 港区北青山3-4-3 ののあおやま1F F区画 ☎ 03-6384-5666 営 9:00～19:00 休 無休 交 地下鉄表参道駅A3出口から徒歩5分

表参道 ▶MAP 別P.13 D-2

1 メープルナッツラテ780円 2 北青山の静かなエリアに位置し、都会のオアシスのような居心地のよさ

トレンドをチェックするなら、日本初上陸(再上陸も!)のお店は見逃せない! 東京にいながら本場の味と雰囲気を楽しんじゃおう♪

What is

東京で楽しむ世界旅行

日本初上陸の新店舗はインテリアや空間演出も見どころ。発祥の国に思いを馳せて旅するような特別感を楽しんで。

from Paris

パリで愛される世界的ブーランジェリー

パリの朝食
1397円
パンのおいしさを堪能できる人気メニュー。バターをたっぷり塗るのが◎

店内は明るくて落ち着いた雰囲気。ゆっくりくつろげる

from Hong Kong

遊び心あふれる香港発クラフトビール

(左)フィールズ グット マン グラス 1000円
(右)クレイジー リッチ ルブリンズ グラス 1000円
(左)口当たりがいい爽快ウィートビール(右)フルーティーな一杯

ポップでおしゃれなタップルーム。カウンターとテーブル席がある

世界に約60店舗を展開

GONTRAN CHERRIER 青山店

ゴントラン シェリエ あおやまてん

2021年7月に再上陸。厳選した材料で作るパンは噛めば噛むほど旨み、甘味が広がり、一度食べたら忘れられなくなるおいしさ。一番人気はクロワッサン。

🏠 渋谷区神宮前5-51-8 ラ・ポルト青山1・2F ☎ 03-6450-6184 営 7:30〜19:30 休 不定休 交 地下鉄表参道駅B2出口から徒歩2分

表参道 ▶MAP 別P.12 C-3

❶パイン、マンゴ、レモン、オレンジジュース825円 ❷1階ではパンのほか自家製ジャムの購入も可能

ビールの概念が変わるかも?!

Carbon Brews Tokyo

カーボン ブリュース トウキョウ

香港発ブリュワリーが手がけるクラフトビアバー。クリエイティブなレシピで造るビールはどれも絶品。 ビールの常識を超える味・楽しさを体感できる。

🏠 港区赤坂3-14-2 B1F ☎ 03-6426-5332 営 17:30〜24:00(LO22:30)、土曜15:00〜22:00(LO21:00) 休 日曜 交 地下鉄赤坂駅から徒歩2分

赤坂 ▶MAP 別P.28 ⑱

❶ビールと合うフードも充実。各560円〜❷クラフトビール各種はグラス1000円〜もオーダー可

お店の歴史や日本上陸の経緯などもぜひ併せて楽しんでみよう。料理やドリンクの味わいが変わってくるかも?!

EAT 03

めっちゃあちこち増えてます！
東京スタイルで今夜も乾杯♪

蒸留所併設のバーからルーフトップバー、角打ちまで。
今、東京でアツいお酒の飲み方はここまで幅広く進化している！

01 蒸留所で

ウイスキー&ジン

HINOMARU WHISKY 800円～

ジンソーダ割 850円

Distillery

クラフトジン

Distillery

老舗酒造所の蒸留酒

常陸野ブルーイング 東京蒸溜所

ひたちのブルーイング とうきょうじょうりゅうじょ

1823年創業「木内酒造」が手がけるダイニングバー。蒸留所を併設し、ウイスキーやジン、クラフトビールが豊富にそろう。ウイスキーの飲み比べなどもできて楽しい。

千代田区神田練塀町13-1SEEK BASE01区画 ☎03-3527-1977 営11:00～22:00(LO21:30) 休無休 交JR秋葉原駅電気街口から徒歩3分

秋葉原 ▶MAP 別P.28 ⑬

広々落ち着いた雰囲気の店内。奥には迫力満点の蒸留器が鎮座する

Yummy

ソーセージ3種盛り合わせ 1580円

パリッとジューシー！

持続可能なものづくりを追求

Stage by The Ethical Spirits & Co.

ステージ バイ エシカルスピリッツ アンド カンパニー

“エシカル”をキーワードに余剰材料、未活用資源をリユースすることでクラフトジンを生産する「エシカル・スピリッツ」のジンと、ジンに合うフードを提案するバー&ダイニング。

台東区蔵前3-9-3 臼井ビル2F ☎非公開 営18:00～23:00 休月～水曜(不定休あり) 交地下鉄蔵前駅から徒歩3分

蔵前 ▶MAP 別P.26 B-2

ブルーが映えるスタイリッシュな外観。1Fではジンやグッズを販売

1オリジナルジカクテルも人気 2ジンに合うおいしいフードも充実

02 ルーフトップバーで

東京を一望できる

アンダーズ 東京

アンダーズ とうきょう

虎ノ門ヒルズの最上階にあり、東京の絶景とラグジュアリーホテルの雰囲気が存分に味わえる。ミクソロジストによる季節の食材を用いたクリエイティブなカクテルが楽しめる。

🏠 港区虎ノ門1-23-4 虎ノ門ヒルズ 森タワー 52F ☎ 03-6830-7739 ㊔日～木曜17:00～24:00(LO23:30)、金・土曜17:00～翌1:00(LO 翌0:30) ㊡無休 ㊋地下鉄虎ノ門ヒルズ駅直結

虎ノ門 ▶MAP 別P.29 ㉒

1ルーフトップバーの醍醐味はやはり夜景 2大人のカクテルでラグジュアリーに。清姫甘酒2530円(サ別) 3テラス、ラウンジ、カウンターの3つのエリアがある

03 ウワサの角打ちで

酒屋の片隅で飲める「角打ち」を体験しよう！

酒屋の店内で買った酒をその場で飲める「角打ち」。ちょっとツウなお酒の楽しみ方として最近人気が高まっている。

とびきりの美酒に出合える

学大ますもと Saké&Apéro

がくだいますもと サケ アンド アペロ

昭和8年創業の老舗酒販店の2号店。四合瓶を中心に品数豊富で、店内奥には角打ちスペースが。レアなシャンパンや日本酒がグラスで飲めるなど、酒好き界隈で話題を呼ぶ人気店だ。

🏠 目黒区鷹番2-19-23 サンビームプラザビル1F ☎ 03-3710-2020 ㊔10:30～20:00、日曜・祝日～19:00 ㊡月曜 ㊋東急東横線学芸大学駅から徒歩3分

学芸大学 ▶MAP 別P.29 ㉘

酒も会話も弾む♪

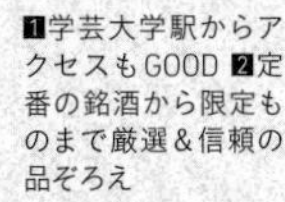

1学芸大学駅からアクセスもGOOD 2定番の銘酒から限定ものまで厳選＆信頼の品ぞろえ

アンリ・ジローオマージュ・オー・ピノ2000円、お好み珍味3種盛り(写真は鯖のへしこ、鰹の酒盗、豆酩)1000円、酒粕クリームチーズ400円

EAT
04

胸熱な夜のお供は
立ち食いグルメがトレンド！

味も雰囲気も、スタイリッシュな店がどんどん増えている東京の立ち食いグルメ。
その醍醐味は、実際に味わってこそ！肩肘張らずに過ごせる雰囲気込みで楽しんで。

おでん

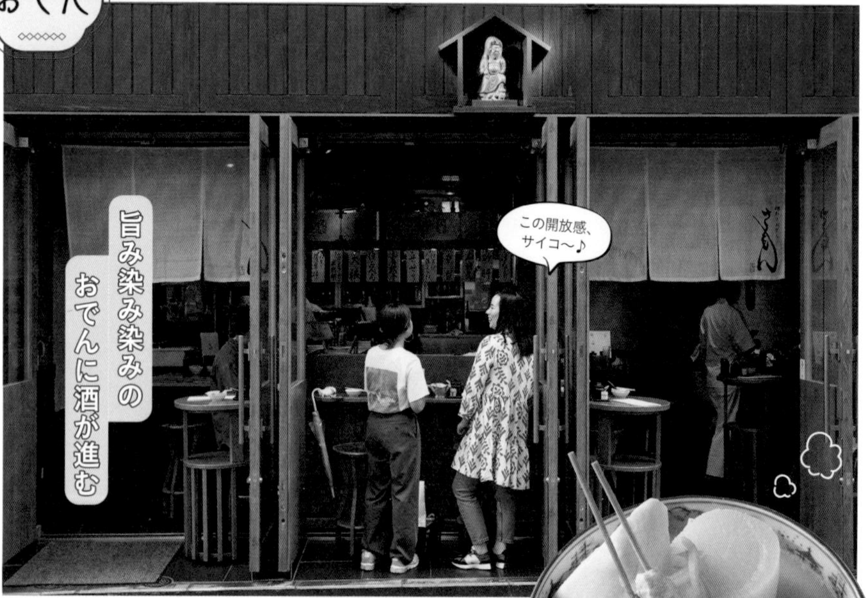

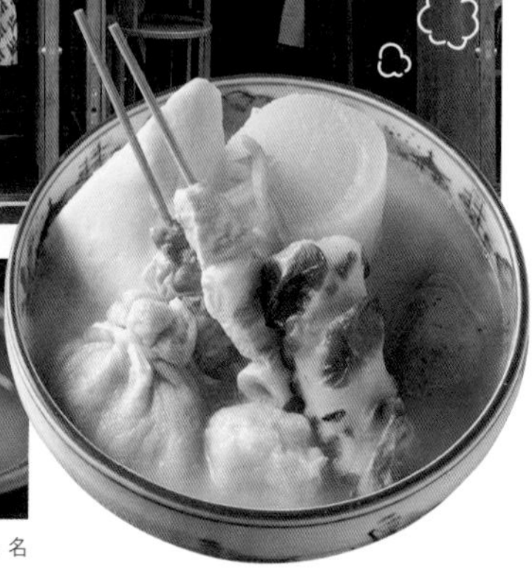

旨み染み染みのおでんに酒が進む

この開放感、サイコ〜♪

白濁おでんは深優しい味♪

鶏だしおでん さもん 中目黒店

とりだしおでん さもん なかめぐろてん

駅の高架下に店を構えるおでん専門店。鶏と野菜などで半日かけてとった「鶏だし」で作るおでんはさっぱりと軽やか。日本酒とも相性抜群でいくらでも食べられそう！

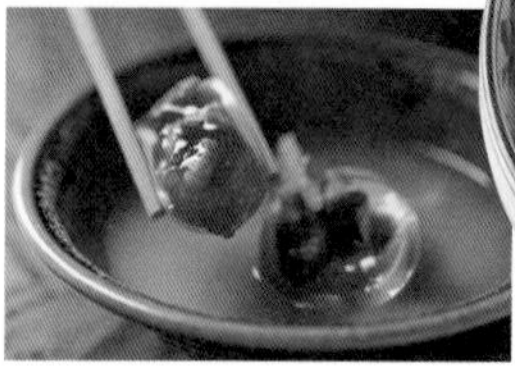

目黒区上目黒3-5-31 中目黒高架下
☎ 03-6712-2818 営 16:00〜翌2:00（フードLO翌1:00、ドリンク翌1:30）、金・土曜〜翌3:00（フードLO翌2:00、ドリンク翌2:30） 休 無休 交 各線中目黒駅から徒歩3分

中目黒 ▶MAP 別P.16 A-3

さっぱりと上品な味わいが人気の秘密。名古屋コーチン半熟卵380円

おでん盛り合わせ（大根360円、はんぺん330円、餅きんちゃく340円、海老しんじょ320円、手造りこんにゃく320円、竹輪320円、ねぎ間鶏むね350円、もも350円）

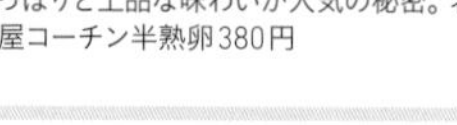

• OTHER MENU •

鶏だしおでん		特選鶏串おでん	
●東京揚げ	360円	●砂肝	340円
●車麩	320円	●手羽先	390円
●トマト	360円	●ぼんじり	340円

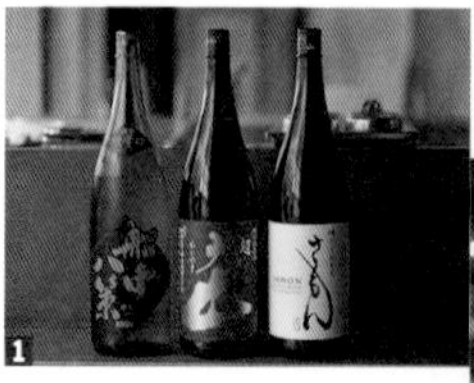

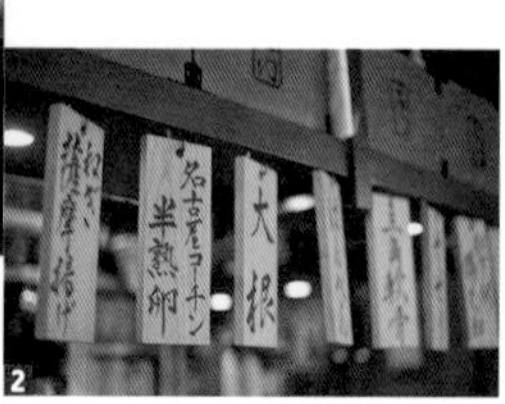

1おでんによく合う日本酒も多数取り揃えている。1合900円〜 **2** どれを食べるか迷うのも楽しい

店先には鶏だしに浸かったおでんダネが並ぶ

味も値段も圧倒的！

立ち喰い鮨 ブラボー

たちぐいずし ブラボー

ブラボーな魚だけで仕立てる極上江戸前鮨

鮨

立ち食い店とは思えないクオリティで話題の気鋭店。大将おまかせでいただく12貫はなんと6500円。その美しい握りには江戸前鮨の業、丁寧な仕事が凝縮されている。

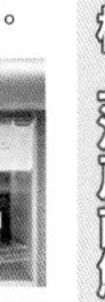

🏠 世田谷区池尻2-30-12 OSビル1F ☎070-8368-9525 ㊖12:00～14:00（LO13:30）、17:30～22:30（LO22:00） ㊡月・土・日曜 ㊋東急田園都市線池尻大橋駅南口から徒歩1分 池尻大橋 ▶MAP 別P.29 ㉑

※2023年11月時点閉店

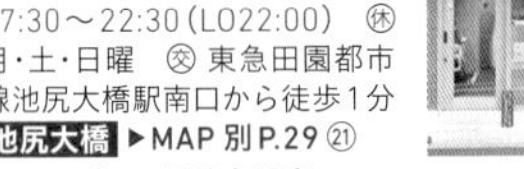

• OTHER MENU •

●鯵	680円	●赤身	580円
●小肌	580円	●中とろ	780円
●穴子	780円	●とろたく巻き	1080円

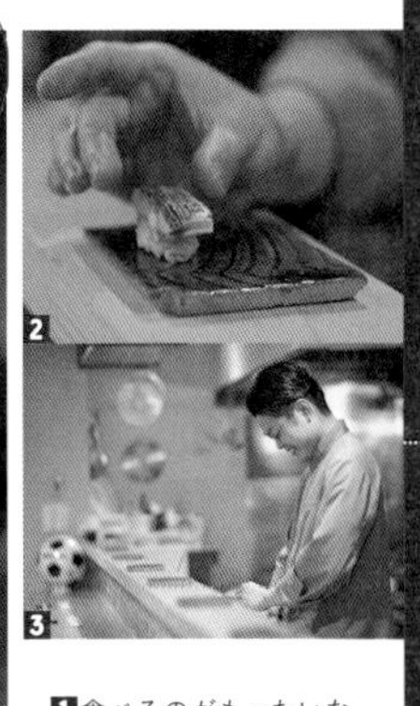

1 食べるのがもったいないほど美しいカマトロ漬け980円 2 旨みと香りが口の中で広がる太刀魚680円 3 大将との会話も楽しみのひとつ

カレー激戦区に新風を吹き込む！

SANZOU TOKYO

サンゾウ トーキョー

マニアも唸る唯一無二の極旨カレー

カレー

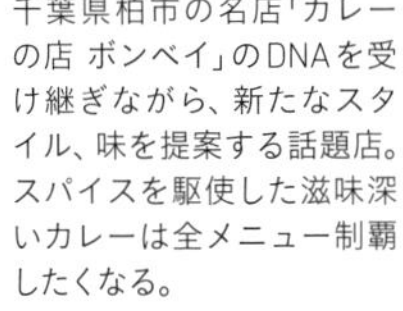

千葉県柏市の名店「カレーの店 ボンベイ」のDNAを受け継ぎながら、新たなスタイル、味を提案する話題店。スパイスを駆使した滋味深いカレーは全メニュー制覇したくなる。

🏠 世田谷区北沢3-19-20 reload1-7 ☎03-5738-7744 ㊖11:00～20:00（LO19:30、テイクアウト～19:45） ㊡不定休 ㊋各線下北沢駅から徒歩5分 下北沢 ▶MAP 別P.21 F-1

• OTHER MENU •

●カシミールカレー	1000円
●セドナカレー	1500円
●サンセットカレー	1200円
●チキンカレー	900円

1 じわじわ広がる辛味＆旨みにクセになる人続出のウルルカレー1200円 2 カレーに合うワインもそろう。グラス600円 3 スタイリッシュな店内

立ち飲みでも名店の味を

銀座しまだ

ぎんざしまだ

全国津々浦々の旬をうまい酒とともに堪能

ミシュラン三つ星の味を引き継いだ日本料理店。その日仕入れた旬の食材で仕立てる美味の数々を、立ち飲みスタイルで贅沢に楽しむことができる。

🏠 中央区銀座8-2-8 高坂ビル1F ☎03-3572-8972 ㊖16:00～22:30（LO21:45） ㊡日曜・祝日、不定休 ㊋各線新橋駅銀座口から徒歩4分 銀座 ▶MAP 別P.8 B-2

ズワイガニのクリームコロッケ1400円

日本料理

1 気こぢんまりと落ち着いた雰囲気の店内 2 からすみソバ1600円は定番人気の一品

• OTHER MENU •

6月メニュー例

●サバ寿司	一貫400円
●雲丹の伊勢海老ジュレがけ	1800円
●毛ガニつまみ	1600円

味はお墨付き、値段もリーズナブルという"レベチな立ち食い"は体験する価値あり！

EAT 05

大人女子も大満足！

オシャなグルメ横丁でハシゴ！

女子が気軽に立ち寄れるオシャレでおいしいものだらけのグルメ横丁が都内に続々と誕生。東京初進出や新業態で話題のお店が勢ぞろい。ハシゴをして横丁の美食を堪能しよう♪

日比谷OKUROJI

横丁DATA

オープン日 2020年9月10日

店舗数 41店舗

大人な雰囲気漂う300mの通り道

隠れ家的な商業施設

日比谷OKUROJI

ひびやオクロジ

JR有楽町駅と新橋駅の間の高架下の路地、銀座コリドー街の裏手に位置する商業施設。まるで隠れ家のような雰囲気の中、大人が集う飲食やファッション、雑貨のショップが並ぶ。

千代田区内幸町1-7-1

☎営休 店舗により異なる

交 各線日比谷駅・銀座駅・有楽町駅・新橋駅・内幸町駅から徒歩6分

日比谷 ▶MAP 別P.8 B-2

サーモン料理

salmon atelier Hus

サーモン アトリエ フース

ノルウェー北部の北極圏で育った高品質の生サーモンのみを使用。新鮮＆濃厚なサーモンを様々なテイストの料理で楽しめる。

☎03-3528-8828 営11:30～14:00（土・日曜・祝日～14:30)、17:30～23:00（日曜・祝日～22:00） 休月曜

蓋を開ける瞬間も楽しい♪

メープルシロップで！

1 サーモンのみずみずしさはそのままに、スモークの香りもしっかり楽しめる一品 2 サーモン本来の味わいを堪能できるプランクBBQ

そうめん

そうめん そそそ ～その先へ～

そうめん そそそ ～そのさきへ～

恵比寿のそうめん専門店「そそそ」の2号店。最上級の小豆島の手延べそうめんを使い、その可能性を広げた創作メニューは絶品。

☎03-6205-7172 営11:30～23:00、土・日曜・祝日～22:00 休第1月曜

ヘルシーな新感覚のそうめん！

麻炭とトリュフのメレンゲがのったトリュフ香る黒釜玉そうめん2750円

和菓子

おみやにもぴったりなお団子

DANGO210円～。味はみたらし、くるみ味噌など全5種類

和菓子 楚々

わがし そそ

老舗の味を守りつつ新しいスタイルを提案する新感覚の和菓子店。和菓子にぴったりな水出しコーヒーや無農薬煎茶のドリンクも。

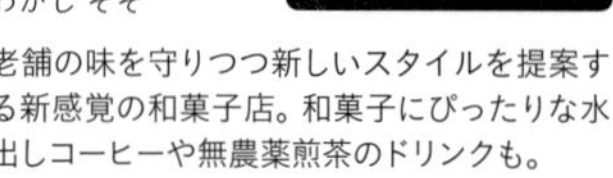

☎03-6205-7174 営11:00～20:00 休第1月曜

虎ノ門横丁

横丁DATA
(オープン日) 2020年6月10日 (店舗数) 26店舗

東京の名店や人気店が大集結！

気軽に立ち寄れるおしゃれ横丁
虎ノ門横丁
とらのもんよこちょう

虎ノ門ヒルズに誕生した食と飲みのパラダイス「虎ノ門横丁」。これまで多店舗展開をしてこなかった東京の人気店26店が軒を連ね、おいしい料理でハシゴ酒が楽しめるフロアに。

港区虎ノ門1-17-1
☎営休 店舗により異なる
交 地下鉄虎ノ門ヒルズ駅直結
虎ノ門
▶MAP 別P.29㉒

辛さがクセになるタイ東北料理

辛さの調節もOK！

イサーンスペシャルセット1650円

ソムタム ダー 虎ノ門店
ソムタム ダー とらのもんてん

タイ本店・ニューヨーク店の味を再現。タイ東北料理の特徴である辛みと酸味、旨みが絶妙なバランスでリピート間違いなし。

☎ 03-6550-9667 営 11:30～15:00 (LO14:30)、17:00～23:00 (LO22:20) 休 無休

東京発のクラフトジンでカンパイ♪

居酒屋

ここでしか飲めないサワーや季節限定メニューも

酒食堂 虎ノ門蒸留所
しゅしょくどう とらのもんじょうりゅうじょ

店内の蒸留所で造られるオリジナルジン「COMMON」をベースにしたサワーやハイボールが人気。名物の焼ナポや東京島料理にも注目。

☎ 03-6205-7285 営 11:00～15:00 (LO14:30)、17:00～23:00 (LOフード22:00、ドリンク22:30)、日曜・祝日11:30～15:00 (LO14:30)、17:00～22:00 (LOフード21:00、ドリンク21:30) 休 無休

王道&美味なる横浜中華街の味

中華料理

横浜中華食祭
よこはまちゅうかしょくさい

中華街の人気メニューをはじめ、職人が手作りする逸品をカジュアルに楽しめる。紹興酒などお酒も多数。

☎ 03-6302-1388

溢れるチーズ麻婆豆腐 1429円

韓国の本場ソウルフードを堪能！

韓国料理

ボリューム満点！

韓国食祭
かんこくしょくさい

新宿にいながら韓国気分を満喫できる。スンドゥブなどの王道から最新韓流グルメまで、韓国のソウルフードが大集合。

☎ 03-6380-3567

チュクミサムギョプサル（一人前）1759円

Shinjuku Kabuki hall

日本全国のグルメが勢ぞろい！

横丁DATA
(オープン日) 2023年4月14日
(店舗数) 10店舗

次世代エンターテインメントフードホール！
新宿カブキhall～歌舞伎横丁
しんじゅく カブキホール

"祭り"をテーマにした食と音楽と映像が融合した食祭街。北海道から九州、沖縄、韓国まで各地のソウルフードが集結。毎晩さまざまなパフォーマンスやイベントを開催。

東京都新宿区歌舞伎町1-29-1 ☎ 店舗により異なる
営 6:00～翌5:00 (店舗により開店準備時間あり) 交 西武新宿線西武新宿駅から徒歩1分。JR各線・小田急線・京王線新宿駅から徒歩7分。東京メトロ 丸ノ内線/副都心線・都営新宿線新宿三丁目駅から徒歩8分。都営大江戸線新宿西口駅から徒歩6分
新宿 ▶MAP 別P.19 D-1

東京初出店のグルメ店も多く並ぶので、遠出しなくても地方の味が気軽に楽しめる。

EAT 06

見た目もかわいいご褒美スイーツ

魅惑のパフェ&かき氷

子どもも大人も大好きな永遠の憧れスイーツ・パフェ。ゴージャスなトッピングや珍しいフレーバーが楽しめるかき氷は、一年中食べたい新定番スイーツ!

パフェ

センスが光るアートなパフェ♡

アート度 No.1

5000円~

月替わりのパフェ A (ドリンク付き)

写真はトロピカルフルーツやハーブを合わせた夏限定のパフェ

一度は味わいたい伝統の味!

クラシック No.1

2200円~

ストロベリーパフェ B

時期ごとに厳選した国産いちごを使った定番のパフェ

オシャレ No.1

蝶の形のチョコレートをON!

1800円

いちごパフェ C

たっぷりのいちごを使ったキュートなパフェ。マカロンは手作り

850円

チョコバナナパフェ C

アイスだけでなく板チョコなどのトッピングも楽しめる一品

旬のフルーツを召し上がれ

A PÂTISSERIE ASAKO IWAYANAGI

パティスリィ アサコ イワヤナギ

シェフパティシエール岩柳麻子氏によるアート作品のようなスイーツが楽しめるお店。季節によってメニューが異なり、イートイン利用は完全予約制。

世田谷区等々力4-4-5 ☎03-6432-3878 営11:00~18:00 休月・火曜 交東急大井町線等々力駅北口から徒歩3分

等々力 ▶MAP 別P.29 ㉞

憧れの老舗パーラー

B 資生堂パーラー 銀座本店 サロン・ド・カフェ

しせいどうパーラー ぎんざほんてんサロン・ド・カフェ

銀座のシンボル的老舗カフェ。旬のフルーツを使う王道のパフェや、代々受け継がれてきた味わいのアイスクリームで優雅な時間を。

中央区銀座8-8-3 東京銀座資生堂ビル3F ☎03-5537-6231(予約不可) 営11:00~21:00(LO20:30)、日曜・祝日~20:00(LO19:30) 休月曜(祝日の場合は営業) 交地下鉄銀座駅A2出口から徒歩7分

銀座 ▶MAP 別P.8 C-3 →P.47、124

メルヘンな見た目にうっとり

C kapi parlor

カーピーパーラー

旬のフルーツを使ったパフェが話題を集めているカフェ。特に春限定のいちごパフェのかわいいビジュアルがSNSで話題を集めている人気店。

目黒区中根2-5-10 ☎03-6459-5895 営10:30~18:00 休水曜、不定休 交東急東横線都立大学駅南口から徒歩7分

都立大学 ▶MAP 別P.29 ㉗

進化形かき氷！

今や夏だけではなくオールシーズン人気を集めるかき氷。季節限定メニューや豪華なトッピングのハイレベルかき氷も見逃せない。

かき氷

SNS映え No.1

メロンと生クリームがてんこ盛り！

4400円

まるごとめろんみるく3段 D

メロンと生クリームがたっぷりのったかき氷パフェ

焼き氷 F

メレンゲでコーティングされたかき氷が炎に包まれる

かわいさ No.1

ぷるぷるプリン×フルーツが絶品

2900円

フルーツ温泉　いちご E

中には北海道牛乳で作ったソフトクリームがたっぷり

香りづけのラム酒がファイヤー！

1540円

旬の高級メロンを贅沢に

D 浅草よろず茶屋444

あさくさよろずぢゃやヨンヨンヨン

一般のお店では入手困難な高級フルーツをふんだんに使用したかき氷やパフェを提供しているカフェ。季節ごとに使うフルーツや品種を変えている。

🏠台東区浅草4-4-4 ☎03-5808-9408 営10:30～17:00(LO16:00)、土・日曜・祝日10:00～ 休不定休 交つくばエクスプレス浅草駅A1出口から徒歩10分

浅草 ▶MAP 別P.10 C-1

TikTokで話題の激かわスイーツ店

E くまちゃん温泉 おやすみ処

くまちゃんおんせん おやすみどころ

SNSで人気のくまちゃん鍋が、かき氷になって登場。旬のフルーツを贅沢に使ったかき氷は、ソースをかけて味変を楽しむのもおすすめ。

🏠渋谷区渋谷1-8-10 1F ☎03-6427-1613 営11:00～21:00(LO20:00) 休不定休 交各線渋谷駅から徒歩5分

渋谷 ▶MAP 別P.15 E-2

予約必須の燃えるかき氷

F Café Lumiere

カフェ ルミエール

アットホームな雰囲気の内装と、見た目のインパクトがSNS映え間違いなしの「焼き氷」が人気のカフェ。売り切れ次第終了なので、予約は必須。

🏠武蔵野市吉祥寺南町1-2-2 東山ビル4F ☎0422-48-2121 営12:00～20:00(LO19:30)、土・日曜・祝日11:00～18:00(LO17:30) 休不定休 交各線吉祥寺駅公園口から徒歩1分

吉祥寺 ▶MAP 別P.27 ⑤

かき氷はフォトジェニックなトッピングがトレンド。写真は真正面から撮ると高さが出て映える！

EAT 07

早起きしたらいいことあるかも?!

朝の時間も有意義＋贅沢に

いつもより少し早起きして、話題の朝食スポットへ足を運んでみよう。朝の時間を有意義に過ごせれば、一日の充実度は格段にアップするはず！

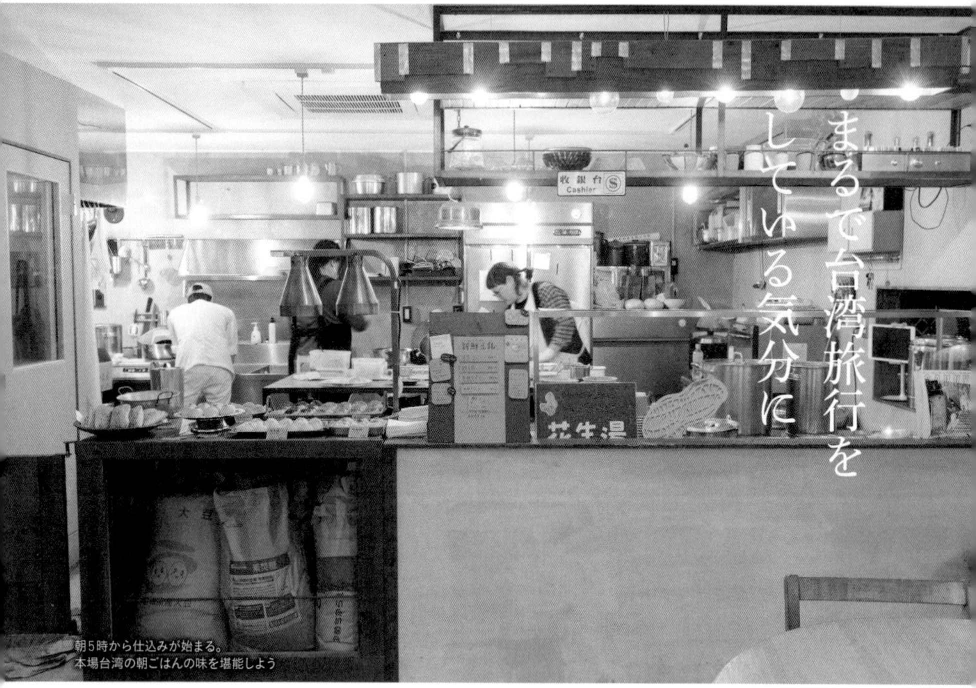

まるで台湾旅行をしている気分に

朝5時から仕込みが始まる。本場台湾の朝ごはんの味を堪能しよう

台湾式の朝食で至福の時間を！

東京豆漿生活

とうきょうとうじゃんせいかつ

台湾式朝ごはんを堪能できる人気店。定番の豆漿(豆乳)をはじめ、台湾式のパン、焼餅、饅頭など本場の味は全て自家製。台湾グルメで始まる一日は、テンションも上がること間違いなし。

🏠 品川区西五反田1-20-3 MKYビル1F ☎03-6417-0335 営 8:00～15:00、土・日曜・祝日9:00～(売り切れ次第閉店) 休 無休 交 東急池上線大崎広小路駅から徒歩2分、JR五反田駅西口から徒歩5分

五反田 ▶MAP 別P.29 ㉟

干しエビやネギをトッピング。饅頭と一緒に

できたての焼餅や饅頭は1個250円～

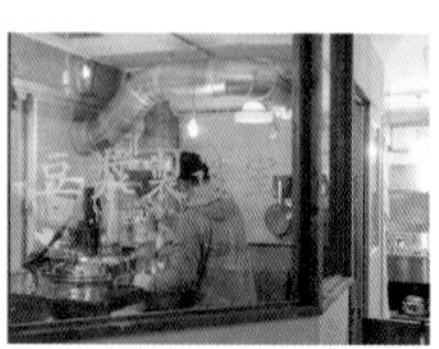

豆乳は機械で毎日手作りしている

カイルア発のヘルシークレープ

Crepes NoKa'Oi

クレープス ノカオイ

ハワイアンクレープダイナーの日本1号店。食事系12種、スイーツ系9種いずれもボリューム満点！

パステルカラーを基調とした店内。テラス席も

🏠世田谷区奥沢2-37-10 ホームズ自由が丘1F ☎03-5726-9904 ㊔8:00～19:00 ㊡第3水曜 ㊋各線自由が丘駅北口から徒歩5分

自由が丘 ▶MAP 別P.29 ㉝

MENU
ティキトーチ
1680円

モーニング
8:00～

手作りクレープで朝時間を堪能

ニューヨークマガジン絶賛の朝食

NY流
エッグ
ベネディクト

CLINTON ST. BAKING COMPANY TOKYO

クリントン ストリート ベイキング カンパニー トウキョウ

NYの超人気店が東京に上陸。毎朝店で作られるバターミルクビスケットを使ったエッグベネディクトは、終日オーダーできる。

スコーンやマフィンの販売もある

🏠港区南青山5-17-1 YHT南青山ビル ☎03-6450-5944 ㊔9:00～LO17:00 ㊡無休 ㊋地下鉄表参道駅B1出口から徒歩6分

表参道 ▶MAP 別P.13 E-3

MENU
エッグ
ベネディクト
1870円

モーニング
9:00～

NY発のカジュアルダイニング

野菜がおいしいヘルシーな朝食

ヘルシー
フード

Mr.FARMER 駒沢オリンピック公園店

ミスターファーマー こまざわオリンピックこうえんてん

"美と健康は食事から"をテーマに、素材を生かしたサラダやバーガーなど数多くのメニューをそろえる。店内は明るく開放感がある。

店内には緑を多く配置している

🏠世田谷区駒沢公園1-1-2 ☎03-5432-7062 ㊔7:00～21:00(LO20:00) ㊡無休 ㊋東急田園都市線駒沢大学駅公園口から徒歩15分

駒沢公園 ▶MAP 別P.29 ㉛

MENU
ヴィーガン
グリーンサラダ
プレート
1089円

新鮮野菜をモリモリ！

モーニング
7:00～11:00

アメリカの伝統的な朝食

egg 東京

エッグ とうきょう

NYの人気レストラン「egg」の日本1号店。こだわりの食材を使用した、本場のアメリカンブレックファストを一日中楽しめる。

清潔感あふれる店内

🏠豊島区東池袋1-18-1 Hareza Tower1F ☎03-5957-7115 ㊔10:00～21:00(LO20:00) ㊡施設に準ずる ㊋JR池袋駅東口から徒歩4分

池袋 ▶MAP 別P.26 B-1

MENU
エッグロスコ
1760円

モーニング
10:00～

朝から幸せなワンプレートを

店によっては、週末は朝食メニューとは別のブランチメニューを用意しているところもあるので要チェック。

EAT
08

焼きたてが最高！ ベーカリーカフェでパン！

店内いっぱいに広がるパンの香りに包まれながら、お店自慢のパンやトースト、おしゃれモーニングが楽しめるベーカリーカフェに出かけよう。

バリスタが淹れる！ コーヒー派

売り切れ必至のこだわりパン

パンとエスプレッソと

約30種類のパンは国産、フランス産、カナダ産など5種類の小麦粉を使い分けて作られる。ハード系のパンでももっちりやわらかい食感が楽しめる。

🏠 渋谷区神宮前3-4-9 ☎ 03-5410-2040
㊗ 8:00～19:00(LO18:30) ㊡ 無休 ㊝ 地下鉄表参道駅A2出口から徒歩5分
表参道 ▶MAP 別P.13 D-1

8:00～15:00提供のパニーニセット1500円

ムー
400円
濃厚バターが香る10cm角のリッチな食パン

チーズブール
370円
バケット生地に練り込んだゴーダチーズがアクセント

ラムレーズン
340円
自家製ラムレーズンバターとミルクパンが好相性！

濃厚な香りとほろ苦さがパンによく合う
エスプレッソ・ソロ
350円

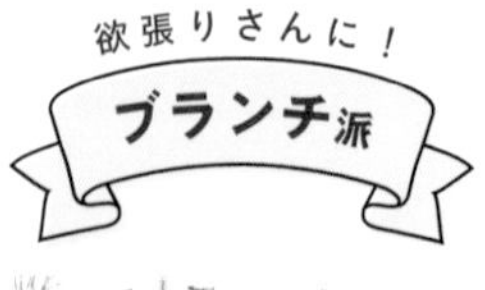

欲張りさんに！ ブランチ派

体に優しいこだわりのパン

ル・パン・コティディアン 芝公園店

ル パン コティディアン しばこうえんてん

ベルギー発ベーカリーレストランの日本1号店。ブランチのメインはハムとサラミかサーモンの2択。パンはパン オ ショコラ、クロワッサンから選べる。

🏠 港区芝公園3-3-1 ☎ 03-6430-4157
㊗ 7:30～21:00(LO20:00) ㊡ 無休 ㊝ 地下鉄御成門駅A1出口から徒歩2分
御成門 ▶MAP 別P.29 ㉙

サーフ&ターフ
ブランチ
2450円
チーズや半熟卵などがどっさり

贅沢！

1 明るい雰囲気の店内は、東京タワーを望める席も。長テーブルのジャムバーからジャムを好きなだけどうぞ **2** 緑豊かなテラス席

ダッチパンケーキ 生ハムとブッラータ 1850円
まろやかなチーズと生ハムの塩気が絶妙にマッチ

Relax

朝食から楽しめるレストラン

PATH
パス

ダッチパンケーキが絶品の人気ビストロ。原シェフ、後藤パティシエの2人の職人によるこだわりが詰まっている。一日中魅力的なメニューを楽しめる。

🏠 渋谷区富ケ谷1-44-2 ☎ 03-6407-0011 (営) 8:00～14:00(LO13:00)、18:00～23:00(LO22:00) (休) 月曜、ブレックファースト火曜、ディナー日曜 (交) 地下鉄代々木公園駅1番出口から徒歩1分

代々木公園 ▶MAP 別P.27 ②

1 自然光が差し込む明るい店内に焼き上がったパンが並ぶ 2 外国の郊外にあるレストランをイメージしている

What is

おしゃれなパン飲みに注目！

パンとお酒を自由に組み合わせて楽しむ新しいトレンド。パンの新しい味わい方を広げてみよう。

自家製パンとビオワインが自慢

馬場FLAT HANARE
ばばフラット ハナレ

お通し代で食べ放題の自家製のパンに、シェフが仕入れるこだわりのワインを中心にお酒も楽しめるベーカリーカフェ。パンは店向かいの系列ベーカリー「馬場FLAT」から届く。

🏠 新宿区大久保3-10-1 オレンジコート内 ☎ 03-6273-8022 (営) 11:00～21:00 (休) 第2月曜 (交) 地下鉄早稲田駅2番出口から徒歩5分、地下鉄高田馬場駅7番出口から徒歩6分

高田馬場 ▶MAP 別P.28 ⑩

1 テーブル席、カウンター席のほかテラス席もある 2 ワインは自然派のものを中心に常時約20種類そろえている 3 パン盛り(お通し代)550円、エビとキノコのアヒージョ780円、自家製サングリア(赤)580円

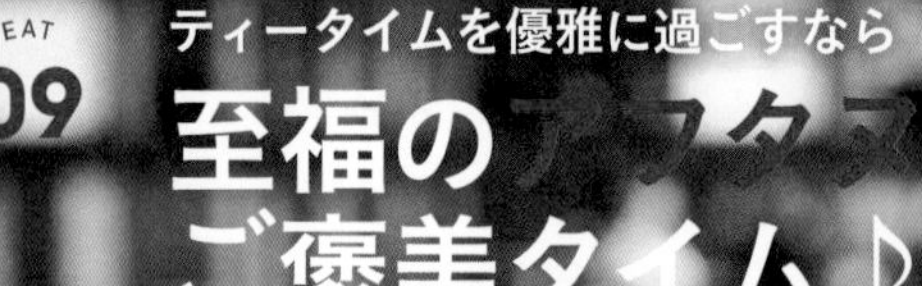

EAT 09

ティータイムを優雅に過ごすなら

至福のアフタヌーンティーでご褒美タイム♪

伝統あるカフェや一流ホテルのラウンジなどでハイクラスのティータイムを楽しめるのが東京の魅力。華やかなスイーツとともにとっておきの昼下がりを満喫しよう。

シックな空間で堪能する
至高のティータイム

アフタヌーンティー1人9500円
※内容は季節により異なる

旅している気分を演出

ザ・ラウンジ by アマン

ザ・ラウンジ バイ アマン

壁一面ガラス張りのリュクスな空間で、ダークカラーのインテリアに合わせた黒竹スタンドのアフタヌーンティーが楽しめる。ドイツの老舗「ロンネフェルト」の最高級茶葉も豊富。

千代田区大手町1-5-6 大手町タワー アマン東京33F ☎03-5224-3339 営11:00～22:00※アフタヌーンティーは11:00～18:00(LO16:30)※2時間制 休無休 交地下鉄大手町駅直結

大手町 ▶MAP 別P.6 B-1

東京の眺望を楽しみながらゆったりとしたひと時を

※アフタヌーンティーの内容は季節により異なる。

刷新を続けるアフタヌーンティーが人気

District - Brasserie, Bar, Lounge

ディストリクト ブラッスリー・バー・ラウンジ

クリエイティブな料理が話題のモダンブラッスリーで、ニューヨークのアートシーンから着想を得た目にも鮮やかなアフタヌーンティーが楽しめる。

新宿区西新宿3-4-7 キンプトン新宿東京2F ☎03-6258-1414 営7:00～23:00(フードLO21:00、ドリンクLO22:00) ※アフタヌーンティーは11:30～、14:30～※2時間制 休無休 交JR新宿駅南口から徒歩12分

新宿 ▶MAP 別P.18 A-3

開放感あふれる店内で味わうアフタヌーンティーは1人5500円、土・日・祝日6490円(サ別)2時間制

東京湾の絶景と一緒に

トゥエンティエイト

トゥエンティエイト

コンラッド東京28階のバー＆ラウンジで提供されるのは、伝統的な英国式と異なるアフタヌーンティー。ガラスのプレートに料理が並ぶ。内容は季節により異なる。

港区東新橋1-9-1 コンラッド東京28F ☎03-6388-8745 営10:30～24:00(LO23:30)※アフタヌーンティーは11:00～16:30 ※2時間制(最終受付16:30) 休無休 交地下鉄汐留駅9番出口から徒歩1分 汐留 ▶MAP 別P.25D-1

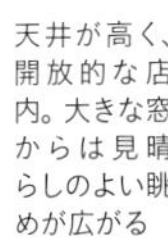

天井が高く、開放的な店内。大きな窓からは見晴らしのよい眺めが広がる

スタンダードアフタヌーンティー 1名6500円～

優雅なシルエットのストロベリーパフェ2200円～

憧れの老舗で至福のひと時を

資生堂パーラー 銀座本店サロン・ド・カフェ

しせいどうパーラー ぎんざほんてんサロン・ド・カフェ

創業1902年の老舗。デザートに使われるフルーツは産地にこだわり、一年を通じてさまざまなおいしさを味わえる。代々受け継がれるアイスクリームも絶品。

中央区銀座8-8-3 東京銀座資生堂ビル3F ☎03-5537-6231(予約不可) 営11:00～21:00(LO20:30)、日曜・祝日～20:00(LO19:30) 休月曜(祝日の場合は営業) 交地下鉄銀座駅A2出口から徒歩7分

銀座 ▶MAP 別P.8 C-3

1 白いテーブルクロスと赤い壁のコントラスト 2 銀座のシンボル「東京銀座資生堂ビル」

人気のアフタヌーンティーは予約必須。提供する時間帯や時間制限がある店も多いので、事前の確認を。

EAT 10

こだわりのコーヒーを飲みに

奥渋谷で大人のコーヒータイム

渋谷駅から少し離れた場所にある「奥渋谷」。落ち着いたカフェやショップが並ぶ注目のエリアだ。ここは大人のための街。おいしいコーヒーを飲みながら、ゆっくり過ごそう。

朝早くから夜遅くまでオープンしている

オスロ発の高品質コーヒー

オスロの老舗カフェの海外1号店

フグレントウキョウ

店内のインテリアや陶器は全てノルウェーのヴィンテージデザイン。心地よい空間で、こだわりのコーヒーを楽しもう。コーヒーに合うスイーツやパンなどもある。テイクアウトも可能。

🏠 渋谷区富ケ谷1-16-11 ☎03-3481-0884 (営) 7:00～22:00、水～日曜～翌1:00 (休) 無休 (交) 地下鉄代々木公園駅 2番出口から徒歩 4分

奥渋谷 ▶MAP 別P.14 A-1

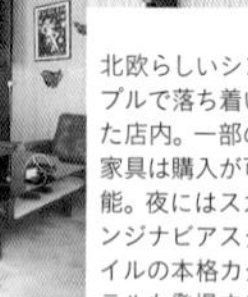

北欧らしいシンプルで落ち着いた店内。一部の家具は購入が可能。夜にはスカンジナビアスタイルの本格カクテルも登場する

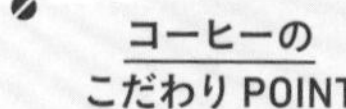

コーヒーのこだわり POINT

定番は日替わりで提供している「本日のコーヒー」。神奈川県登戸にロースタリーを構え、自家焙煎している。

ハンドブリューコーヒー550円

入口手前の広いテラス

中東風のインテリア。棚にはシーシャ（水タバコ）があり吸うこともできる

異国情緒あふれるカフェ

広いテラスが心地よい

Cafe BOHEMIA

カフェ ボヘミア

無国籍な雰囲気でくつろげるカフェ。40坪の広さのオープンテラスがあり外国人客も多く、渋谷にいることを忘れてしまいそう。料理はヘルシーな中東料理やイタリアンメニューが楽しめる。

🏠 渋谷区宇田川町36-22 ノア渋谷 PartⅡ 1F ☎03-6861-9170 (営) 11:30～翌4:00、金・土曜・祝前日～翌 5:00、日曜・祝日 11:30～23:30 (休) 無休 (交) JR渋谷駅ハチ公口から徒歩7分

奥渋谷 ▶MAP 別P.14 B-2

ドリップコーヒー 770円

コーヒーのこだわり POINT

こだわり抜いた豆を使い毎日お店で自家焙煎したオリジナルブレンドは、濃厚ながらもすっきりした味わい。

What is

奥渋谷

渋谷駅から東急百貨店本店を抜けた神山町、宇田川町、富ケ谷の周辺を指す。にぎやかな渋谷駅前から離れ、落ち着いたカフェやギャラリーが集まる注目のエリア。

スイーツが自慢

宇田川カフェ suite

うだがわカフェスイート

古民家をリノベーションした女性好みの内装。ハンドメイドのスイーツはメニュー豊富でコーヒーとの相性も抜群。食事メニューも充実していてランチはドリンク付きで1000円台と手頃。

🏠 渋谷区宇田川町 36-12　☎ 03-3464-4020　営 12:00〜23:30　休 無休　交 JR渋谷駅ハチ公口から徒歩6分

奥渋谷 ▶MAP 別P.14 B-2

大きなボードには手書きのメニューが

おしゃれな店内にワクワク

宇田川ブレンド 715円、ケーキ 660円

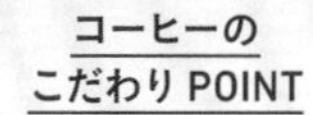

コーヒーのこだわり POINT

京都の老舗コーヒー店「玉屋コーヒー」に、独自のレシピにのっとったブレンドを依頼。豆の香りも豊かな一杯。

スイーツはテイクアウト可能

オリジナルサンドが大評判

CAMELBACK sandwich & espresso

キャメルバック サンドウィッチ アンド エスプレッソ

元寿司職人の作るサンドイッチとラテアートで有名なカフェで修業したバリスタがタッグを組む。サンドイッチは具に合わせて3つのパン屋のバゲットを使い分けるというこだわりよう。

🏠 渋谷区神山町42-2 KAMIYAMAビル1F　☎ 03-6407-0069　営 8:00〜18:00　休 不定休　交 地下鉄代々木公園駅2番出口から徒歩7分

奥渋谷 ▶MAP 別P.14 A-1

バッグンにおいしいサンドイッチとコーヒー

自家製ラムベーコン、自家製ドライトマトとパクチー 1100円(左)、すしやの玉子サンド 550円(右)

オーダーを受けてから丁寧に作る。柚子や大葉など和のテイストも大切にしているという

Camel Black(アメリカーノ) 450円

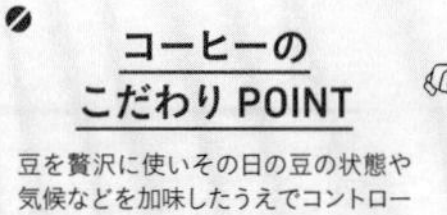

コーヒーのこだわり POINT

豆を贅沢に使いその日の豆の状態や気候などを加味したうえでコントロール。ベースは全てエスプレッソ。

「奥渋谷」は「裏渋谷」とも言われるが、エリアによって「奥渋谷」「裏渋谷」と分けて使うこともある。

まだまだ話し足りないから……

でおしゃべり！

こだわりのコーヒーや〆に食べたい夜パフェ専門店など、日常を忘れてのんびりカフェタイム。隠れ家的な空間でオトナの時間を楽しもう。

夜こそ行きたい！ コーヒーのワンダーランド

カフェDATA

メニュー	約50種
ドリンク	約50種
アルコール	約50種

3F 日本初展開の本格的なバーではオリジナルカクテルを味わえる

2F 選び抜かれた茶葉がそろうティースクープバー

1F バリスタがその都度最適な豆と抽出方法を提案してくれる。ベーカリーではイタリアと日本の食材を組み合わせたフードも

バレルエイジド コールドブリュー
1350円
ウイスキー感覚の後味爽やかなコーヒー

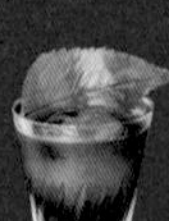

ニュートーキョーファッション
2200円
バーボンベースにウイスキーと梅酒をアレンジ

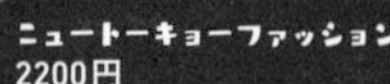

石臼抹茶 ティー ラテ
1050円
お店で挽いた抹茶で、丁寧に仕上げた抹茶ドリンク

STARBUCKS RESERVE® ROASTERY TOKYO

スターバックス リザーブ ロースタリー トウキョウ

1杯のコーヒーができ上がるまでの工程を学べる工場のような空間に、ティーフロアなどがあり、新しいスターバックスの世界を体感できる。3階のバーではカクテルなどを味わえる。

目黒区青葉台2-19-23 ☎03-6417-0202 営7:00～22:00 休不定休 交各線中目黒駅正面出口から徒歩14分

中目黒

おとぎ話の世界のようなノスタルジックな空間

APPARTEMENT 301

アパルトマン サンマルイチ

フランスの田舎町のアパートをイメージしたカフェ。レトロなインテリアに囲まれ、独特の世界観を楽しむことができる。

新宿区新宿3-10-10 要会館3F ☎03-3561-0620 ㊖12:00～23:30 ㊡無休 ㊋地下鉄新宿三丁目駅C6出口から徒歩1分

新宿

葡萄牛のローストビーフステーキと彩り野菜のグリル
1833円

グリーンマスタードが添えられた人気のグリル

カフェDATA

メニュー	42種	スイーツ	8種
ドリンク	32種	アルコール	100種以上

茶亭 羽當

ちゃてい はとう

渋谷の街なかにあるとは思えない静かな空間が迎えてくれる大人の隠れ家的喫茶店。丁寧に淹れた一杯をゆったり楽しんで。

渋谷区渋谷1-15-19 二葉ビル2F ☎03-3400-9088 ㊖11:00～23:00(LO22:30) ㊡無休 ㊋各線渋谷駅20a出口から徒歩1分

渋谷

レアチーズケーキ
500円
羽當オリジナルブレンド
850円

カップ＆ソーサーはマイセンやリチャード・ジノリなど、50～100年前に生産されたものも

ペーパードリップで淹れたコーヒーの香りに包まれて

カフェDATA

メニュー	30種	スイーツ	10種	ドリンク	10種

一日の締めにふさわしい！
計算しつくされた至高パフェ

夜パフェ専門店 Parfaiteria beL

よるパフェせんもんてん パフェテリア ベル

“一日の締めに美味しいパフェ”をコンセプトにしたパフェ専門店。素材の甘さや苦みのバランスを計算し、季節ごとにメニューを展開する。

渋谷区道玄坂1-7-10 新大宗ソシアルビル3F ☎03-6427-8538 ㊖17:00～24:00、金曜・祝前日～翌1:00、土曜15:00～翌1:00、日曜・祝日15:00～24:00(LO各30分前) ㊡不定休 ㊋各線渋谷駅西口から徒歩4分

渋谷

浮ついた苺の気持ち
2580円

苺とレモンカードを使った爽やかな味わい

ピスタチオとプラリネ
1980円

パフェのメニューは季節により変わる

カフェDATA

パフェ	6種	ドリンク	16種	アルコール	40種

夜パフェ専門店 Parfaiteria beLではアルコール入りのパフェメニューも楽しめる。

SHOPPING 01

行列必至の人気者をGETしよう！

最旬東京みやげをチェック

わざわざ足を運んででもGETしたいのが話題の東京みやげ。
「これ欲しかった！」と喜ばれること間違いなしの逸品を手に入れよう。

ビスケット缶

No. 1 Shizuka Biscuit
5768円

"しあわせのお菓子"を追求

シヅカ洋菓子店 自然菓子研究所

シヅカようがしてん しぜんがしけんきゅうじょ

環境への負荷が少ない原料をできるだけ使用し、シンプルな工程で作り上げたお菓子が特徴。素材の旨み、おいしさが口の中に広がる。

港区三田5-4-10 ☎ 03-6381-7770 営 11:00～18:00 休 火曜 交 地下鉄白金高輪駅から徒歩9分

白金台 ▶MAP 別P.29 ㉔

これが推しポ！
6種類のビスケットが楽しめる。美しさとおいしさを兼ね備えた逸品

全面ガラス張りの明るい店内。純白の外壁が目印

バスクチーズケーキ

これが推しポ！
チーズケーキとスイートポテトの二層からなる贅沢な味わいが絶品

さつまいもの旨みたっぷり

& OIMO TOKYO

アンド オイモ トウキョウ

日本各地の厳選したさつまいものみを使った熟成蜜芋スイーツ専門店。しっとり甘い蜜芋の味わいはまさに絶品。

千代田区有楽町1-8-1 ザ・ペニンシュラ東京B1F ☎ 050-5491-2865 営11:00～19:00、日曜11:00～18:00 休 月曜 交 各線日比谷駅A7出口直結

銀座 ▶MAP 別P.8 B-1

ペニンシュラ東京内に店舗を構える

蜜芋バスクチーズケーキ
3980円

チョコレート

これが推しポ！
中にマシュマロとクルミが入っていて、食感もおいしさも3倍増し！

マ・ボンヌ ミニ
1403円

ミント
916円

これが推しポ！
ミント×チョコレートの美味しさを堪能できる人気商品

創業以来の味を守り続ける

Chocolatier Erica

ショコラティエ エリカ

創業1982年のチョコレート専門店。優良なカカオ豆を使用し、職人が手作りするチョコレートは口溶けがよく、上品で大人な味わいを奏でる。

港区白金台4-6-43 ☎ 03-3473-1656 営 10:00～18:30 休 8/1～8/31、12/31～1/3 交 地下鉄白金台駅から徒歩8分

白金台 ▶MAP 別P.29 ㉔

製造から販売までを1店舗のみで行っている

見目麗しい個性豊かなおはぎ

タケノとおはぎ 世田谷本店

タケノとおはぎ せたがやほんてん

店舗近くの工房で手作りするおはぎは、定番のこしあん、つぶあんに加え日替わりの全7種類。味や食材の組み合わせが斬新な楽しいおはぎに思わず心も躍る。

世田谷区用賀3-5-6 アーニビル1F ☎03-6805-6075 営12:00～18:00(売り切れ次第終了) 休月・火曜 交東急田園都市線桜新町駅から徒歩10分 桜新町 ▶MAP 別P.29 ㉚

軒先はいつも客足が途絶えない

紫陽花。日替わりは季節イメージのものも

おはぎ

これが推しポ！ 7種類ものオリジナル日替わりのおはぎを楽しめる♪

日替わり7種セット 1860円

フィナンシェ

あんバタフィナンシェ 1620円(6個入り)

餡とバターの見事なコラボ

岡田謹製 あんバタ屋

おかだきんせい あんバタや

北海道の人気店「ルタオ」がプロデュースする、あんバター菓子の専門店。餡とバターが織りなす逸品をぜひ。

千代田区丸の内1-9-1東京駅八重洲北口 ☎0120-323-022 営9:30～20:30、土・日曜・祝日9:00～ 休無休 交各線東京駅八重洲北口からすぐ 東京駅 ▶MAP 別P.30

餡とバターの最強コンビが楽しめる。他商品もそろう

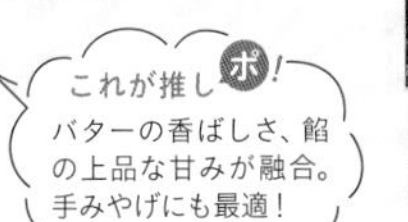

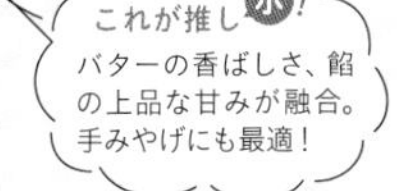

これが推しポ！ バターの香ばしさ、餡の上品な甘みが融合。手みやげにも最適！

添加物不使用の手作りチーズ

& CHEESE STAND

アンド チーズ スタンド

毎日届く新鮮なミルクを使って、店内奥に併設される工房でフレッシュチーズを手作りしている。自家製チーズを使ったバーガーやサンド、オリーブオイルなども取りそろえるセレクトショップ。

渋谷区富ケ谷1-43-7 ☎080-9446-8411 営11:00～20:00、土・日曜～18:00 休月曜(祝日の場合翌平日休) 交地下鉄代々木公園駅2番出口から徒歩4分 代々木公園 ▶MAP 別P.27 ②

チーズに合うワインや蜂蜜などの食材も扱う

これが推しポ！ できたてのフレッシュチーズは感動のおいしさ！安心、安全なのも◎

フレッシュチーズ

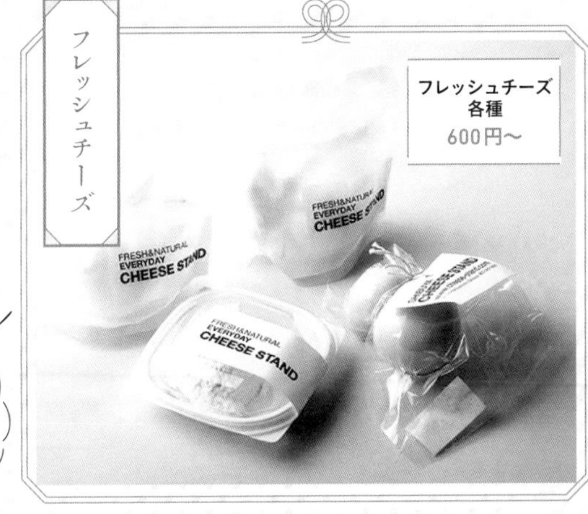

フレッシュチーズ各種 600円～

せっかくお店へ行ったのに売り切れだったということがないよう、人気商品は早めに購入するか予約をするなど、確実にGETしよう。

SHOPPING 02

ディープな専門店ワールドにどっぷり浸る！

沼グッズを手に入れる♪ マニアック探訪

東京にあるのは最新＆トレンドだけじゃない！マニアに愛され、プロも御用達の専門店やサブカルの聖地には、心惹かれるモノとの出会いが待っているはず。

プロも御用達！

CHECK

かっぱ橋道具街®

浅草と上野の中間にある南北約800mの商店街に並ぶ専門店の数は約160。調理道具から製菓用品、食器まで食にまつわるモノが何でもそろう。プロも通う日本有数の問屋街。

☎ 03-3844-1225(東京合羽橋商店街振興組合)
㊡ 店舗により異なる

よりよい道具を求めて進化を続ける

飯田屋
いいだや

あらゆるキッチンツールがそろう道具の宝庫。仕入れだけでなく商品開発にも注力し、おろし刃の角度や持ちやすさにこだわったエバーシリーズが人気爆発中。

台東区西浅草2-21-6 ☎ 03-3842-3757 営10:00～18:00 ㊡無休 ㊋地下鉄田原町駅から徒歩7分 浅草 ▶MAP 別P.10 A-1

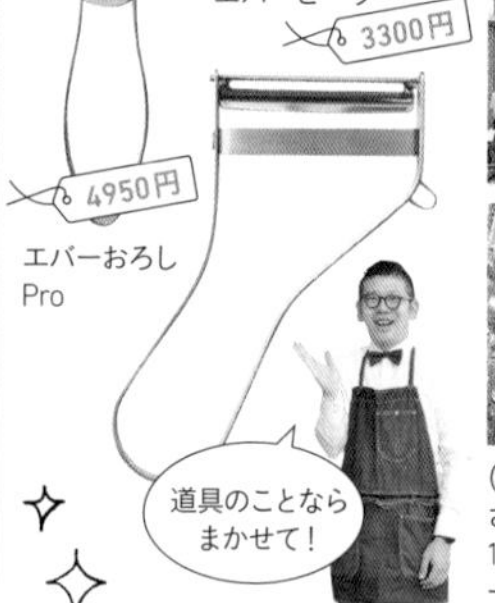

(上) ぎっしり道具が陳列された様子は圧巻(下) 1cc刻みのレードルはラーメン店などに大好評

実物よりもおいしそう?!

サトウサンプル

大正14年創業。ハンバーグやうどん、カレーなどがずらりと並ぶ店内を見るだけでも楽しい。天丼やお寿司はおみやげに人気があるので見つけたら即買いがマスト！

台東区西浅草3-7-4 ☎ 03-3844-1650 営10:00～17:00 ㊡金曜 ㊋地下鉄田原町駅から徒歩7分 浅草 ▶MAP 別P.10 A-1

店頭で出迎えてくれる特大カレーが目印。おいしそうな食品サンプルがいっぱい！

世界最大規模のアニメショップ

アニメイト池袋本店

アニメイト いけぶくろほんてん

リニューアルによって売り場面積を大きく拡大し、アイテム数、扱うジャンルもパワーアップ。地下2階から地上9階まで、アニメやマンガの世界をさまざまな形で体感できる。

🏠 豊島区東池袋1-20-7 ☎ 03-3988-1351
営 11:00～21:00、土・日曜・祝日10:00～20:00
休 無休 交 各線池袋駅東口から徒歩5分
池袋 ▶MAP 別P.26 B-1

リニューアルしたサブカルの聖地は必見！

フロアガイド

9F	animate hall BLACK／WHITE
8F	Space Galleria
7F	animate ONLY SHOP
6F	CD・DVD／Blu-ray・ゲーム
5F	キャラクターグッズ
4F	キャラクターグッズ
3F	マンガ・画材
2F	マンガ
1F	キャラクターグッズ・Gratte
B2F	アニメイトシアター

入口を入ると3階まで広がる開放的な吹き抜けがお出迎え。店内も落ち着いた雰囲気で買い物もしやすい

4・5F キャラクターグッズ

4階は主に話題作品のキャラクターグッズを、5階はトレーディング商品などを展開

B2F アニメイトシアター

舞台や朗読劇、トークショーなどさまざまな演目を公演予定の多目的ホール

マニア＋α

＼コラボファッションをGET／

アニメ作品とコラボしたアパレル雑貨は完売前にチェック！

"ものづくり"の材料がすべて揃う！

クリエイションの種を扱う

On-travelling

オントラベリング

多種多様なワッペンやチロルテープ、輸入ボタンなど、センスあふれる商品が多数そろう。どう使うか考えるだけでも楽しい！

🏠 荒川区東日暮里5-25-1 今村ビル
☎ 03-6426-0958 営 11:00～17:00
休 不定休 交 JR日暮里駅から徒歩7分
日暮里 ▶MAP 別P.28 ⑦

turbo ♪

300円～

オリジナルのワッペンを目当てに来店するお客も多い

400円～

色や柄が個性的なアフリカンプリントのカットクロス

CHECK

日暮里繊維街

繊維資材の専門店が約90店舗並ぶ。店同士で連携し、街をあげて"作る人"を応援する温かい雰囲気も魅力。

☎ 090-2192-6684（東京日暮里繊維卸協同組合）
休 店舗により異なる

インド伝統技法の温もりをお届け

humongous

ヒューモンガス

手彫りの木版でパターンを作り、染色も全て手作業で行う木版プリント生地の専門店。店主セレクトの愛らしいクラフトパーツなども人気。

🏠 荒川区東日暮里3-28-4 ☎ 03-6316-9707 営 10:30～17:00（短縮～16:00）
休 日曜・祝日 交 JR日暮里駅から徒歩10分 日暮里 ▶MAP 別P.28 ⑦

一期一会の出会いを楽しみに♪

手作りならではの風合いを楽しみたい。生地は1m2200～3000円

各1100円

自分へのおみやげにもピッタリのハンカチ

プロが使うようなツールやパーツでも、アイデア次第で意外な使い道があるもの。遊び心を開放するとよりマニアックワールドを堪能できる。

SHOPPING 03

ワンフロア丸ごと！　ココって台湾!?

誠品生活で台湾トラベリング

台湾を代表する名店「誠品生活」は、書店や文具店、コスメなど独自のカラーが魅力のカルチャーショップ。台湾へトリップしたような気分で買い物が楽しめる。

台湾POINT!

本

台湾の誠品書店は"アジアで最も優れた書店"と評価を受けている！

愛読書をみつけよう♪

目利きスタッフ厳選の書籍

誠品書店

せいひんしょてん

読書を楽しめる長さ30mの廊下が見どころ。月替わりの推薦図書も実施。

☎03-6225-2871　営11:00～20:00、土・日曜・祝日10:00～

不織布バッグ（GREEN、RED）各603円

しっかり素材で、書籍の持ち運びにピッタリ

台湾POINT!

文具

世界の文具が集結する「誠品文具」にはワンランク上の商品が並ぶ

逸品をじっくり選ぶ

SAILOR 墨水　2200円

高級ブランド、セーラー万年筆のボトルインク

LIFE NOBLE NOTE（誠品緑、誠品紅）各1760円

なめらかな書き心地で、万年筆でもにじまない

クリエイティブな文具を扱う

誠品文具

せいひんぶんぐ

台湾をはじめとして日本や世界各地からセレクトされた独創的な商品が並ぶ。

☎03-6225-2871　営11:00～20:00、土・日曜・祝日10:00～

台湾POINT!

石鹸

阿原のユアンソープは天然素材で一つひとつ手作りされている！

木本マウスウォッシュ　3300円

マイルドな使い心地で口内を爽やかに

月桃ソープ　2420円

年齢肌を優しくケア。やわらかな肌へ導く

素材にこだわる美肌用品

阿原 YUAN

ユアン

台湾の石鹸ブランド。無農薬のスキンケア商品で、美肌に導く。お試しコーナーで試供も可能。

☎03-3527-9565　営11:00～20:00、土・日曜・祝日10:00～

台湾発のカルチャーショップ
誠品生活日本橋
せいひんせいかつにほんばし

書店を中心に生活雑貨や飲食店など、多様な台湾文化を発信。50を超える台湾ブランドが進出しており、アジア文化の交流を目指す。

中央区日本橋室町3-2-1 コレド室町テラス2F ☎03-6225-2871 ㊖店舗により異なる ㊡施設に準ずる ㊋JR新日本橋駅地下直結、地下鉄三越前駅地下直結
日本橋 ▶MAP 別P.7 D-1

誠品生活
誠品グループは台湾を拠点とし"世界で最もクールな百貨店"と称される。日本初進出となる誠品生活日本橋は2019年9月にオープン。

Uplift Ginger Syrup 3280円

8種類の和漢植物で体をポカポカにする

EAT BEAU TEA-My Favorite Things 2680円

ナツメや黒豆などを食べながら飲むお茶（詰め替えは3850円）

台湾POINT! 漢方
食べられる薬膳茶やサプリメントで、女性の体を整える

女性目線の漢方ショップ
DAYLILY
デイリリー

台湾発の漢方のライフスタイルブランド。漢方をもとに作られたドリンクやコスメなどが人気。
☎03-6265-1816 ㊖11:00～20:00、土・日曜・祝日10:00～

台湾POINT! パイナップルケーキ
台湾の定番みやげのパイナップルケーキが日本でも楽しめる！

オーベアクッキー（12個入）1782円

台湾観光局のキャラクターとコラボした商品

100%オリジナルパイナップルケーキ（6個入り）2656円

パイナップルの果肉が詰まったケーキ

老舗パイナップルケーキ店
郭元益
グォユェンイー

創業150年の伝統をもつパイナップルケーキ店が日本初上陸。伝統菓子や日本限定品も販売。
☎03-6665-0499 ㊖11:00～20:00、土・日曜・祝日10:00～

台湾グルメも忘れずに！
お買い物を満喫したら台湾グルメでお腹をいっぱいにしよう。本場のシェフが作る本格的な台湾料理が楽しめるのはココ！

《ウーロン茶》

三峡碧螺春緑茶セット（茶菓子付き）1410円

パイナップルウーロンフルーツティー 1320円

創業150年のティーサロン
王徳傳
ワンダーチュアン

こだわりの台湾ウーロン茶が味わえるカフェ。台湾人スタッフが目の前でお茶を淹れてくれる。
☎03-6262-3995 ㊖11:00～20:00、土・日曜・祝日10:00～

《台湾料理》

豚バラ肉の角煮 2980円（税込）

洗練された台湾料理を味わう
富錦樹台菜香檳
フージンツリー

創作台湾料理とシャンパンを楽しめるスタイリッシュなレストラン。人気メニュー、豚バラ肉の角煮は絶品。
☎03-6262-5611 ㊖11:00～22:00（LO21:00）

誠品グループが中華圏以外に初めて出店したのが誠品生活日本橋。

SHOPPING 04

新作も続々登場中！
お気に入りのコスメを探しに

人気コスメブランドの大型店舗を楽しめるのも東京ならでは。コスメがズラリと並ぶ空間はまさに宝箱のよう。お気に入りのアイテムを見つけて女子力を上げちゃおう！

人気コスメが大集合

ネット×リアルの新体験コスメショップ

最新コスメもたくさん試せる

運命コスメに出合える

@cosme TOKYO

アットコスメ トーキョー

化粧品口コミサイト@cosmeのフラッグシップショップ。プチプラからデパコスまで600以上のブランド、20000点以上の商品がそろう。

渋谷区神宮前1-14-27 ☎なし 営11:00～21:00 休不定休 交JR原宿駅東口から徒歩1分

原宿 ▶MAP 別P.12 A-1

コスメ探しにオススメ！

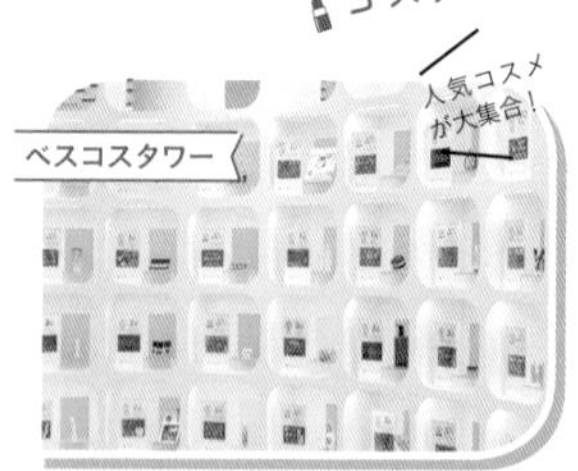

ベスコスタワー

ベストコスメアワードを受賞した商品や殿堂入り商品など歴代のベストコスメがズラリと並ぶタワー。

カウンセリング

スタッフから一人ひとりに合った商品の提案をしてもらえたり、メイクアップを学んだりできる。

FLOOR GUIDE

3F	イベントスペース、他
2F	TESTER BAR／ランキングコーナー／サービスカウンターなど
1F	サービスカウンター／TESTER BAR／ランキングコーナー など

イベントスペース

さまざまなブランドの世界観が体験できる1階イベントスペース。メイク体験、ガチャガチャなど、商品の購入以外にも楽しい仕掛けがいっぱい！

美活＋α

リアルな美容情報をゲット！

注目のコスメ・美容情報を発信するスタジオ型スペース。収録風景を見学できるかも?!

代官山初のCBD専門店

HealthyTOKYO CBD SHOP & CAFE DAIKANYAMA

ヘルシートーキョーシービーディショップアンドカフェダイカンヤマ

国産CBD製品のパイオニア的な会社が経営。自社ブランド品はもちろん、CBDオイルを配合したヴィーガンメニューを提供。

渋谷区代官山町10-10 ☎03-6452-5682 営11:00～20:00(LO19:30) 休無休 交東急東横線代官山駅北口から徒歩5分
代官山 ▶MAP 別P.16 C-1

各1万9500円
CBDオイル6%1200
(左)ゆず、(右)ハッカミント各20ml

コスメとカフェで心と体を癒す

3500円
HealthyTOKYO CBD
ハンドクリーム 150mg in 30g モイストライジングゆず

1万2800円 8800円
CBDTokyo
(左)CBDナイトグミ 1粒に26.1mg、(右)CBDモーニンググミ 1粒に15.4mg

自家製ケーキも料理もすべてヴィーガン。ラザニア(CBDドリンクセット)1950円

自然派コスメ

大人女子の声を集めた体が喜ぶコスメ

style table 渋谷ヒカリエ ShinQs店

スタイルテーブル しぶやヒカリエ シンクスてん

“エシカル×サスティナブル×ヴィーガン”をテーマにしたコスメ＆フードを取り扱う。自然派コスメで美を手に入れよう。

渋谷区渋谷2-21-1 ☎03-6434-1740 営11:00～21:00 休施設に準ずる 交各線渋谷駅直結
渋谷 ▶MAP 別P.15 D-3

人気アイテム

9240円
CAMYU CBD
フェイス＆ボディローション 90g

3630円
subi
マルラオイル 21ml

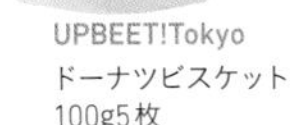

702円
UPBEET!Tokyo
ドーナツビスケット 100g5枚

美活＋α
とっておきを探す！

ギフト向けアイテムやラッピングも充実。ショッピングと併せてプレゼント選びに活用しても◎！

3店舗は近接エリアにあるので、コスメショップをハシゴしてツアーを楽しんでみよう。

SHOPPING 05

空前のパンブーム
話題のパンをお持ち帰り♪

オープンサンド

野菜、フルーツ、ハムなどをのせたパン

旬の食材たっぷり!

サバとフムスのタルティーヌ 389円

フムスや玉ねぎたっぷり。もとはまかない

タルティーヌ 389円

野菜やフルーツなど季節ごとに具材が変わる

見た目も華やか!

常時20～25種類のパンが並ぶ

Comète
コメット

パリの名店で修業した店主が手がけるブーランジェリー。

🏠港区三田1-6-6 ☎03-6435-1534 ㊖9:30～18:00 ㊡日・月曜 ㊯地下鉄麻布十番駅3番出口から徒歩5分

麻布十番 ▶MAP 別P.29 ㉖

(左)爽やかな水色の壁とガラス扉が目印
(右)棚の奥に作業の様子が見える

クロッカンショコラ

キュートでおいしいこだわりの看板商品

サクサクとした食感が楽しい

クロッカンショコラ 422円

ブリオッシュ×パールチョコの食感が絶妙!

フルーツサンド

生クリームとフレッシュなフルーツを味わう

彩り豊かなジューシー果実

断面萌え♪

フルーツサンド 950円

ふわふわ食パンに大ぶりのフルーツがマッチ

美味しくて美しいパンがずらり

365日

国産食材にこだわり、無添加で安心できるパンが並ぶ。

🏠渋谷区富ケ谷1-2-8 ☎03-6804-7357 ㊖7:00～19:00 ㊡2月29日 ㊯地下鉄代々木公園駅1番出口から徒歩1分

代々木公園 ▶MAP 別P.27 ②

(上)店主・杉窪さんが厳選した食材の販売も
(下)ハムやベーコンなども厨房で作る

昔ながらのフルーツサンドが鉄板

パーラーシシド

100年の歴史をもつ老舗青果店がパーラーとして営業。

🏠世田谷区松原3-29-18 ☎03-3325-4410 ㊖フルーツショップ10:00～19:00、パーラー10:30～17:30(LO17:00) ㊡フルーツショップ火・水曜(月曜はテイクアウトのみ)、パーラー月～木曜 ㊯京王線下高井戸駅北口から徒歩1分

下高井戸 ▶MAP 別P.28 ⑨

(上)バラエティに富んだ果物を販売している
(下)2階のパーラーでは飲食が楽しめる

東京にはクオリティの高いオシャレなベーカリーが点在。フルーツサンド、高級食パン、バインミーサンドなど、好みのパンを探してみよう。

What is

高級食パン

生地はふわふわで耳までやわらかく、トーストせずにそのまま食べられるのが特徴。

とろける甘さで話題。1～2斤から販売

上品で美しい2斤

創業乃が美 900円（レギュラー・2斤）

口溶けのよさが圧倒的で上品な甘さがある

ふわふわとろける食感がたまらない

高級「生」食パン専門店 乃が美 麻布十番店

こうきゅうなましょくパンせんもんてん のがみ あざぶじゅうばんてん

カナダ産高級小麦粉、生クリーム、体に優しいマーガリンなどを使用。

🏠港区麻布十番1-9-7 ☎03-6441-3188 営11:00～19:00 休不定休 交地下鉄麻布十番駅5a番出口から徒歩1分

麻布十番 ▶MAP 別P.22 C-3

（左）白い大きな看板が目印（右）和を感じる店内。パンに合うこだわりのジャムも販売

バインミー

具だくさんのベトナム定番サンドイッチ

チーズと野菜のバインミー 750円

パクチーたっぷり！ ベトナム風の味が◎

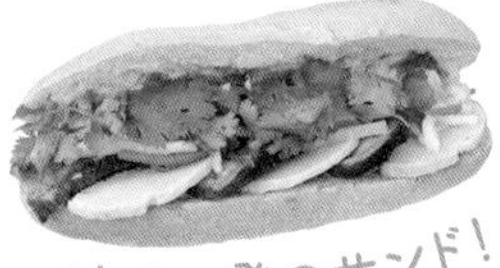

ベトナムハムとレバーペーストのバインミー 800円

レバーペースト×ベトナムハムが美味

ベトナム発のサンド！

にゃんこフォルム♡

ねこねこ食パン（プレーン）590円

ミルク100％でほんのり甘く豊かな味わい

ねこ形食パン

かわいいのはもちろん、味も申し分なし！

SNSで人気沸騰！

小麦の味を感じる自家製バゲットが絶品

nico☆バインミー

ニコ☆バインミー

日本人の口に合うように考えられたバインミーが食べられる。

🏠中央区日本橋小舟町11-3 大村ビル1F ☎03-6339-6664 営11:00～14:00、土曜～16:00（売り切れ次第終了） 休日～火曜 交地下鉄人形町駅A5出口から徒歩5分

日本橋 ▶MAP 別P.7 F-1

（上）ガラス扉の開放的な店内（下）バインミーが描かれた看板がお店の前にある

食べてしまうのがもったいない?!

ねこねこ食パン

ねこねこしょくパン

国産小麦仕立て、外はサクもち、中はふわもちなねこ形本格派食パン。

🏠北区赤羽西1-7-1 イトーヨーカドー赤羽1F ☎03-5948-6730 営10:00～21:00（売り切れ次第終了） 休施設に準ずる 交JR赤羽駅から徒歩1分

赤羽 ▶MAP 別P.28 ⑥

（上）カットすると白い猫に変身する（下）パンの耳は薄めの仕上がりで食べやすい

バインミーはベトナム発祥のサンドイッチで、ベトナム語で"パン"という意味。

SHOPPING 06

“コレが欲しい！”が止まらない！

ときめく雑貨を集める！

センス抜群のアイテムがそろう

A PAPIER TIGRE

パピエ ティグル

2012年にパリでスタートしたステーショナリーを中心にものづくりを行うプロダクトブランド。オシャレで実用的、遊びゴコロあふれるオリジナルアイテムが並ぶ。

住 中央区日本橋浜町3-10-4　☎03-6875-0431　営12:00～19:00　休月・火曜（祝日の場合は営業）　交地下鉄浜町駅A2出口から徒歩8分

日本橋 ▶MAP 別P.29 ㉓

ユニークなアイテムが充実

B TOKYO!!!

トーキョーミッツ

グランスタ東京の1階、改札内にある雑貨店。「東京」をコンセプトに3秒、3分、3時間の時間軸で表現した雑貨やお菓子がそろい、贈り物選びに最適。

住 JR東京駅 1F新幹線北乗換口前 グランスタ東京内　☎03-5218-2407　営8:00～22:00、日曜・祝日～21:00、祝前日～22:00　休無休　交JR東京駅丸の内北口改札内

東京駅 ▶MAP 別P.30

心躍るアイテムに胸キュン！

とにかくかわいくて、見ているだけでもテンションが上がる、ときめく雑貨たち。
大切な人へのプレゼントや自分へのご褒美にぴったりなアイテムを探しに行こう！

ZAKKA C セレクト雑貨

Select Item☆

各440円 
Herbal Bath Salt
(Bathtime Remedies)

3万3000円
パジャマセット
(SLEEPY JONES)

各1210円  
ヘアクリップ
(CouCou Suzette)

各4400円
Hand Towell
(Dusen Dusen)

1万9800円 
iphone crossbody
(COMING OF AGE)

ZAKKA D 韓国雑貨

Kawaii Zakka♪

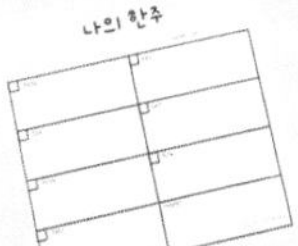

500円
Somsatang
オリジナルハングルメモ

1200円
tokki candle

各1200円 
Bear mirror

150円 
Somsatang original
pomtini sticker

2000円
big bear candle

心惹かれる出合いが待っている

C THE MOTT HOUSE TOKYO

モットハウス・トーキョー

ユーズドの服からアクセサリー、タオルやバッグまで、上質さとかわいらしさを併せもつさまざまなアイテムと出会える。店主の"ツウな"セレクトにファンも多い。

🏠渋谷区千駄ヶ谷3-27-8 ☎03-6325-2593 ㊔12:00～19:00 ㊡不定休 ㊯地下鉄北参道駅から徒歩5分

渋谷 ▶MAP 別P.28 ⑯

ふわかわグッズにキュンとしちゃう

D Somsatang

ソムサタン

ソムサタンは韓国語で"わたあめ"という意味。ふわふわとしたかわいらしさをコンセプトに、ハンドメイドやインポートアイテムを扱う韓国雑貨店。

🏠世田谷区若林3-17-6 ☎非公開 ㊔11:00～16:00 ㊡不定休 ㊯東急世田谷線松陰神社前駅から徒歩2分

松陰神社前 ▶MAP 別P.4 B-2

気になるアイテムがあったら、店主やスタッフにいろいろと聞いてみては？モノやブランドの背景がわかるとより愛着が湧くはず！

SHOPPING 07

持っているだけで気分が上がる

ステーショナリーを入手

大小さまざまな文房具メーカーが集まる東京には、高感度な文房具ショップがたくさん。
お気に入りのステーショナリーを手に入れたら、難しい勉強や手のかかる作業もすいすい進むかも。

朱印帳
筆触りのよさにこだわったオリジナルの逸品
2310円
B

440円

ヴィンテージ消しゴム
手になじむソフトラバー製
A

右手クリップ
資料をしっかりまとめるユニークなクリップ
600円
D

400円〜

スケッチブック (0Fサイズ)
全6色・6サイズ展開で紙の種類も選べる
D

各462円
C

ニューレトロ 紙せっけん
昭和レトロなイラストがかわいい

双頭繰り出し式ペンシル
A
1本で赤青2種類の芯を入れられる

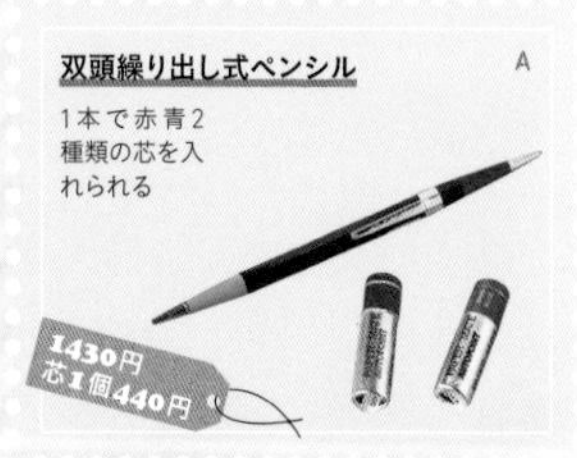

1430円
芯1個440円

C

各1958円

ニューレトロ ミニ水筒
お出かけのお供に

月光荘カラーコンテ
窓ガラスに描けるクレヨンタイプの画材
2600円

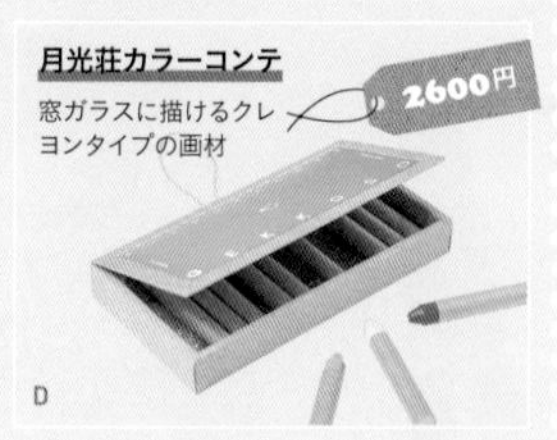

D

榛原ノート
180度開く糸かがり製本で使い勝手よし
1540円

B

アメリカ製の希少なヴィンテージ文具

A THINGS'N'THANKS

シングス アンド サンクス

店内のいたる所にアイテムが並ぶヴィンテージ文具の宝庫。文具はアメリカ製が中心で、新品のまま倉庫で長期間眠っていた商品や製造中止になったものがほとんど。

非公開(www.things-and-thanks.com もしくは電話で要予約) ☎080-9216-4611
営 11:00〜19:00 休 月・火曜(祝日の場合は営業)

創業200年以上の和紙舗

B 榛原

はいばら

日本橋に200年以上前から店を構える和紙舗。日本各地の良質な和紙を使用した上級品がそろう。紙だけでなくレターセットやノートなど、ちょっとした文房具も充実。

中央区日本橋2-7-1 東京日本橋タワー ☎03-3272-3801
営 10:00〜18:30、土・日曜〜17:30 休 祝日 交 地下鉄日本橋駅B6出口から徒歩1分

日本橋 ▶MAP 別P.7 D-2

味のあるアイテムがぎっしり!

心をつかまれるモノばかり

棚に陳列された商品は展示物のよう

モダンな暖簾掛けの入口

ユーモアカード
一枚一枚手刷りのカードには小さくポエムも

D

B

江戸古地図レターセット
江戸時代の木版刷りの地図模様が粋

A

アメリカの1980年代のレターセット
花柄の便箋＆封筒のセット

ラッピングペーパー 50.5×65.5㎝
アイデア次第でさまざまな使い方ができそう

A

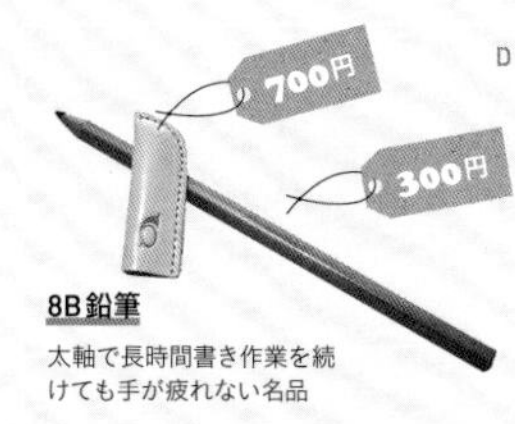

D

8B鉛筆
太軸で長時間書き作業を続けても手が疲れない名品

ニューレトロ巾着袋
身の回りの小物整理に◎
C

オリジナルエコバッグ
コンパクトにたためて持ち歩きもしやすい
C

絵はがき〈竹久夢二〉
竹久夢二生誕130周年を記念した絵はがき
B

ちいさい蛇腹便箋 麻の葉
便箋60枚綴りとぽち袋5枚入り。贈り物にも◎

B

豊富な自社ブランド品が大集合

C HIGHTIDE STORE MIYASHITA PARK

ハイタイドストア ミヤシタパーク

福岡を拠点に海外にも展開する文具・雑貨メーカーの関東初の直営ショップ。機能性やデザイン、素材にこだわったオリジナルブランド品が一堂に会す。

渋谷区神宮前6-20-10 MIYASHITA PARK South 2F
☎ 03-6450-6203 営 11:00〜21:00 休 施設に準ずる
交 地下鉄渋谷駅B1出口から徒歩1分

渋谷▶MAP 別P.12 A-3

ホルンが目印の画材店

D 月光荘画材店

げっこうそうがざいてん

1917(大正6)年創業の老舗画材店。100周年を迎え、店舗をリニューアル。1階には絵具やスケッチブックなどの画材用具が中心に並ぶ。地下には貸ギャラリーを併設している。

中央区銀座8-7-2 永寿ビル1・B1F ☎ 03-3572-5605
営 11:00〜18:00、土・日曜・祝日10:00〜17:00 休無休
交 地下鉄銀座駅A2出口から徒歩7分

銀座▶MAP 別P.8 B-3

店内にはラインナップが勢揃い！

洗練された雰囲気

整然と並ぶ画材の数々をずっと眺めてしまいそう

リニューアルされた店内

品切れやうっかり買い忘れがあっても大丈夫。榛原と月光荘画材店はオンラインショップも営業。詳細は各店舗公式サイトへ。

SHOPPING 08

定番は絶対外せない
JR東京駅のBESTみやげ

首都圏のターミナル駅のため、見た目も味も大満足なスイーツが驚くほど充実しているJR東京駅。ここでしか買えない限定アイテムや人気の味をもれなくチェックして。

フィナンシェ［ゴルゴンゾーラ＆ヘーゼル］

濃厚なゴルゴンゾーラと皮付きヘーゼルナッツのナッティーな味わいを詰め込んだ新商品。

1296円（5個入）

日持ち50日

A THE DROS
ザ・ドロス
☎0120-39-8507

サンドクッキー ヘーゼルナッツと木苺

ヘーゼルナッツペーストと木苺ペーストをチョコレートでコーティングし、クッキーでサンド。

東京駅限定

日持ち30日

A COCORIS
ココリス
☎0120-39-8507

1296円（6個入）

価格変更の可能性あり

フルーツ生トリュフ〈苺〉

北海道原乳のホワイトチョコの中から苺のコンポートがとろけ出す。1日30個限定。

とろ～り♡

日持ち3日

A テラ・セゾン
☎03-3211-6160

1296円（3個入）

東京ジャンドゥーヤチョコパイ

軽い食感のパイ生地とジャンドゥーヤチョコレートの濃厚な味わいを楽しめるチョコパイ。

1620円（12個入）

東京駅限定

日持ち21日

A カファレル
☎03-3284-2121

東京駅限定クロッカンシュー

カリカリのクロッカンシューに、石川県産の珠洲の塩の優しい塩味をプラス。

東京駅限定

当日中

B 和楽紅屋
わらくべにや
☎03-3211-8930

東京レンガぱん

東京駅舎のレンガと同じ大きさ！こしあんと特製ホイップクリームは絶妙な甘さ。

東京駅限定

1個 380円

日持ち3日

B 東京あんぱん 豆一豆
とうきょうあんぱん まめいちず
☎03-3211-9051

エキナカ&エキソトのおみやげゾーン

JR東京駅のおみやげゾーンは改札内の「エキナカ」店舗、改札外の「エキソト」店舗がある。

A グランスタ東京
グランスタ とうきょう
☎050-3354-0710 営8:00～22:00、日曜・祝日～21:00、祝前日～22:00（一部店舗により異なる） 休無休
東京駅 ▶MAP 別P.30、31

B エキュート東京
エキュートとうきょう
☎03-3212-8910 営8:00～22:00、日曜・祝日～21:00、祝前日～22:00（一部店舗により異なる） 休無休
東京駅 ▶MAP 別P.30

C 東京ギフトパレット
とうきょうギフトパレット

☎03-3210-0077 営9:30～20:30、土・日曜・祝日9:00～（一部店舗により異なる） 休無休
東京駅 ▶MAP 別P.30

クレームブリュレタルト

ほろ苦いカラメルソースとバニラ香るプディング風クリームが絶妙にマッチ。

864円（4個入）

日持ち14日

A 喫茶店に恋して。
きっさてんにこいして
☎0120-207-730

東京Suicaのペンギン クリームサンドクッキー

Suicaのペンギンの焼印がかわいいクッキー生地にバニラとチョコ2種のクリームをサンド。

東京駅限定

972円（10枚入）

日持ち180日

A DOLCE FELICE
ドルチェフェリーチェ
☎03-5220-5981

©Chiharu Sakazaki/JR東日本/DENTSU SuicabyJR東日本
Suicaは JR東日本の登録商標です。

メープルカスティーラ

スティック状で食べやすく、しっとりじゅわっと新感覚を味わえる東京駅限定のカステラ。

1080円（6個入）

日持ち約2週間

東京駅限定

A nuevo by BUNMEIDO
ヌエヴォ バイ ブンメイドウ
☎03-3287-0002

東京鈴せんべい

東京駅の「銀の鈴」の形で、だし醤油、揚げ塩、揚げせん甘醤油、かつお七味の4種類の味。

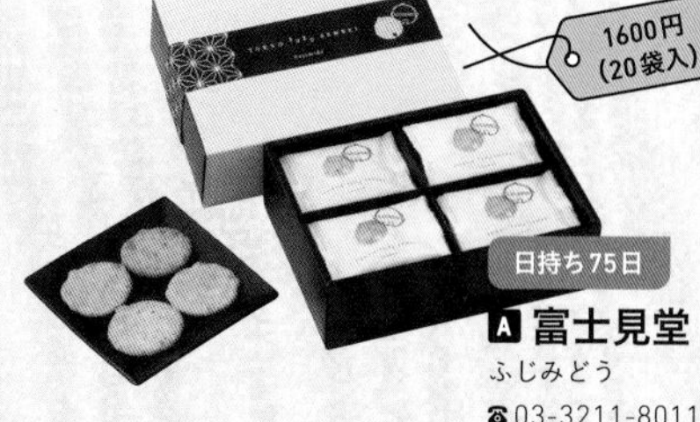

1600円（20袋入）

日持ち75日

A 富士見堂
ふじみどう
☎03-3211-8011

プティデニッシュ アソート

プレーン・ショコラ・祇園辻利抹茶あん・マロン（善兵衛栗）の4フレーバーが楽しめる。

日持ち約7日

1350円（4枚入）

C プティマーブル
ぷてぃまーぶる
☎03-6206-3737

ピスタージュ

ピスタチオバタークリームと、ローストしたピスタチオが相性抜群のサンドクッキー。

東京駅限定

日持ち4日

1728円（4個入）

C PISTA & TOKYO
ピスタ アンド トーキョー
☎03-6268-0878

2020年8月にオープンした東京ギフトパレット。新ブランドのお店など約30店舗が出店している。

TOURISM 01

参拝、開運、遊んでスッキリ

浅草寺と周辺をとことん楽しむ

“浅草の観音様”として親しまれる浅草寺や仲見世をはじめ、江戸の庶民文化を体感できる楽しいスポットがいっぱいの浅草。昔に思いを馳せつつ、浅草めぐりを始めよう。

下町観光といえば浅草寺！

扁額
浅草寺の山号である「金龍山」と書かれた扁額が掛かっている

大ちょうちん
高さ約4m、重さ約700kgの大きさを誇る。2020年に掛け替えられた

雷神
浅草寺の守護神。赤い体で皮のふんどしを締め、太鼓を打ち鳴らす

風神
右側が風神。風を起こすための大きな袋を持った青い姿の像

龍の彫刻
大ちょうちんの底には浅草寺を守る神のひとつとされる龍の彫刻が

観光客で大にぎわいの雷門前。年間約3000万人の参拝客が訪れる、浅草観光の出発地点だ。この先に仲見世が続いている

What is

雷門

浅草寺の総門で、浅草のシンボル的存在。942年に平公雅が建て、鎌倉時代以降現在の場所に移築された。現在の門は1960(昭和35)年に松下幸之助氏の寄進によって再建されたもの。正式名は「風雷神門」。

都内最古の寺院

浅草寺

せんそうじ

628年、漁師の兄弟が隅田川で引き揚げた観音像を祀ったのが始まり。本尊は絶対秘仏の聖観世音菩薩。

台東区浅草2-3-1 ☎03-3842-0181 営6:00〜17:00、10〜3月 6:30〜 休無休 料参拝自由 交地下鉄浅草駅1番出口から徒歩5分

浅草 ▶MAP 別P.10 B-1

着物で参拝してみよう

レンタル着物でお参りすれば、まるで江戸時代にタイムスリップしたかのような気分を味わえる。

当日の予約もOK。学割プランがあるのもうれしい！

若い女性や外国人の間で大人気

種類も充実の和服レンタル店

梨花和服 浅草店

りかわふく あさくさてん

800種類以上の豊富な着物や浴衣がそろう。スタッフに着付けとヘアセットをしてもらえるので安心。着付けのみのお得なプランもあり。

台東区雷門2-16-9 HULIC&New雷門6F ☎050-3204-4859 営9:00〜18:00(最終着付け受付15:30、最終返却17:30) 休不定休 交地下鉄浅草駅2番出口から徒歩3分

浅草 ▶MAP 別P.10 B-2

参拝モデルコース

雷門からスタートし、浅草寺をぐるり一周。参拝にかかる所要時間の目安は1時間程度

1 雷門

巨大なちょうちんの前で記念撮影。風神・雷神、龍の彫刻を見るのを忘れずに

2 仲見世通り

多くの人でにぎわう浅草寺への参道。江戸情緒を感じながらの散歩や買い物が楽しい

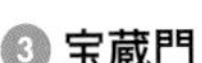

2500kgもの藁を使って作られた大わらじ

3 宝蔵門

仲見世の先にある山門。裏側にある巨大な大わらじを見ておこう

4 五重塔

942年創建の塔で、1973(昭和48)年に再建。ライトアップされる夜も美しい

5 常香炉

本堂前の香炉。参拝前に煙をかけてお清めをするためのもの

6 本堂

観音堂とも呼ばれる。1945(昭和20)年に空襲で焼失し後に再建された

浅草寺のおみくじには"凶"が多い？

浅草寺のおみくじは3割が凶と言われる。これは古来のおみくじそのままの割合だそう。一方大吉は17%。

浅草寺周辺のおもしろスポット

浅草寺宝蔵門から徒歩約5分

日本最古の遊園地

浅草花やしき

あさくさはなやしき

花園として誕生し2023年に開園170周年を迎えた。懐かしさと新しさが融合した雰囲気を楽しめる。

台東区浅草2-28-1 ☎03-3842-8780 営10:00〜17:30（季節・天候により変動あり） 休メンテナンス休園 交つくばエクスプレス浅草駅A1出口から徒歩3分

浅草 ▶MAP 別P.10 B-1

1953年に設置された「ローラーコースター」は日本現存最古のコースター

浅草寺宝蔵門から徒歩約6分

下町の娯楽場、寄席に行こう！

浅草演芸ホール

あさくさえんげいホール

落語や漫才、曲芸などを楽しめる大衆演芸場。その場でチケットを購入。

台東区浅草1-43-12 ☎03-3841-6545 営11:30〜21:00 休無休 交つくばエクスプレス浅草駅A1出口から徒歩1分

浅草 ▶MAP 別P.10 B-2

浅草寺宝蔵門から徒歩約13分

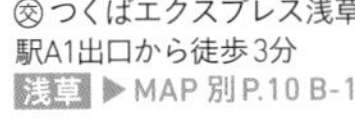

(上)ニイミ洋食器店の巨大オブジェ (左)(下)国産から輸入物まで調理器具が何でもそろう

プロも通う日本有数の問屋街

かっぱ橋道具街®

かっぱばしどうぐがい

かっぱ橋道具街通りの商店街で、南は浅草通りから北は言問通りまで。キッチン用品などの店が連なり、食品サンプルを売る店も。

☎03-3844-1225（東京合羽橋商店街振興組合） 休店舗により異なる

浅草 ▶MAP 別P.10 A-1

東京大空襲の際、浅草寺の本堂は失われたが、本尊は地中に埋めて隠され、焼失を免れたという。

TOURISM 02

世界一の高さを誇る自立式電波塔がある

東京スカイツリータウン® 必訪のエンタメスポットへ

まずは東京スカイツリーで空中散歩。
雲の上を歩くような不思議な感覚の余韻に浸りながら
次に向かうべきは、幻想的なエンタメスポット！
水の中や宇宙に入り込んで異世界を体感しよう。

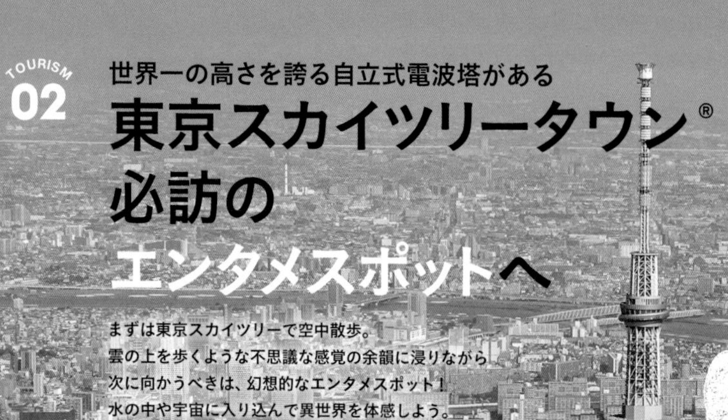

昼 高さを実感しながら天空散歩

夜 夜景がきらめく光の世界を歩く

高さ450mの天望回廊からはるかかなたの地上を見渡す

天気がよければ富士山が見えることも

東京スカイツリー®

とうきょうスカイツリー

自立式電波塔として世界一高い634mは、かつての東京周辺を表す旧国名「武蔵(むさし)」にちなんでいる。2つの展望台から360度の大パノラマを見渡せる。

墨田区押上1-1-2 ☎0570-55-0634(東京スカイツリーコールセンター／11:00～18:00) 営10:00～21:00(最終入場20:00) 休無休 交東武スカイツリーラインとうきょうスカイツリー駅正面口／各線押上〈スカイツリー前〉駅B3出口から徒歩1分

押上 ▶MAP 別P.11 E-2

天望回廊へ行くには

公式サイトからセット券を、または天望デッキの自動券売機で当日券を購入しよう。

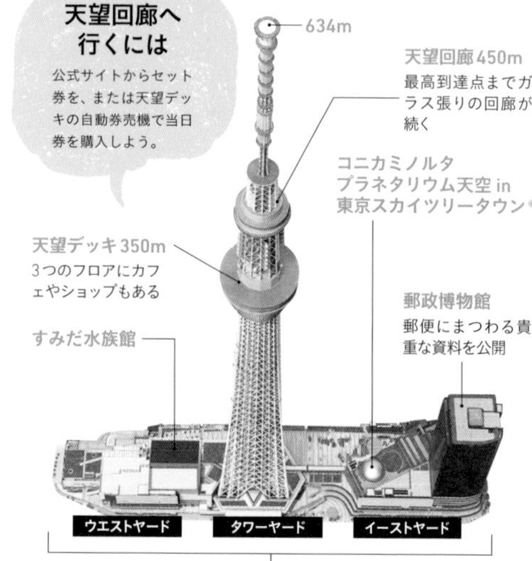

 ©TOKYO-SKYTREE ©TOKYO-SKYTREETOWN

How to
東京スカイツリー®のチケットの買い方

チケットの種類はさまざま。予定に合わせて上手に選ぼう。

当日券
4階チケットカウンターにて当日購入、または公式サイトで購入。

前売券
公式サイト（www.tokyo-skytree.jp）と国内のセブン-イレブンで購入可。

券種	天望デッキ 前売券	天望デッキ 当日券	セット券 当日券
大人（18歳以上）	平日 1800円	平日 2100円	平日 3100円
	休日 2000円	休日 2300円	休日 3400円
中人（12～17歳）	平日 1400円	平日 1550円	平日 2350円
	休日 1500円	休日 1650円	休日 2550円
小人（6～11歳）	平日 850円	平日 950円	平日 1450円
	休日 900円	休日 1000円	休日 1550円

※セット券は天望デッキと天望回廊の入場券がセットになったチケット

What is
東京スカイツリー公式キャラクター

東京スカイツリーのさまざまな魅力を3人それぞれの視点で紹介する。天望デッキや限定イベントに登場することも!?

©TOKYO-SKYTREE

ソラカラちゃん　テッペンペン　スコブルブル

隅田川と下町を背景にそびえ立つランドマーク

感動必至の美しさ！クラゲエリアに注目

ふわふわと漂うクラゲは幻想的

クラゲの質感も観察できる

幻想的なクラゲの世界にはまる
すみだ水族館
すみだすいぞくかん

約500匹のミズクラゲを真上から覗ける長径7mの水槽や飼育の様子を公開するラボなどでクラゲの魅力を体感。

☎03-5619-1821 営10:00～20:00、土・日曜・祝日9:00～21:00 休無休 料2500円

1 普段はなかなか見られないクラゲの生態がわかる
2 かわいいマゼランペンギンも人気

全世界で注目を集める対戦型ARスポーツを身近に体験！

©TOKYO-SKYTREETOWN

専用のデバイスを頭と腕に装着してプレイ

東京ソラマチ®5階に新オープン
HADO ARENA 東京ソラマチ店
ハドー アリーナ とうきょうソラマチてん

リニューアルした東京ソラマチ イーストヤード5階に誕生。AR（拡張現実）技術を用いたテクノスポーツに大興奮必至。

☎070-3100-4088 営10:00～21:00（最終入場20:00）※プレイにより異なる 休無休 料＜30分/4回プレイ＞1人1400円、土・日曜・祝日1人1600円（学校の長期休暇期間は土・日曜・祝日料金）

超リアルな星空が迫るプラネタリウムでヒーリング体験

星空とともに、映像・音響に包み込まれる非日常体験もできる

上映作品に合わせたアロマが香る
コニカミノルタプラネタリウム天空 in 東京スカイツリータウン®
コニカミノルタプラネタリウムてんくう イン とうきょうスカイツリータウン

プラネタリウムのトップメーカー、コニカミノルタが、迫力の星空をリアルに再現。季節ごとに異なるプログラムを上映する。

☎03-5610-3043（10:00～19:00） 営10:30～22:00、土・日曜・祝日9:30～（上映時間は季節により変更する場合あり） 休不定休 料作品や座席により異なる

東京スカイツリータウン9階の郵政博物館。郵便配達が疑似体験できる"「郵便」ノ世界"など、ユニークな7つの世界で郵便の歴史を紹介。

TOURISM 03

100年の歴史を誇る東京駅丸の内駅舎で
名建築を味わい尽くす

首都東京の玄関にふさわしい、美しく重厚な駅舎。100年の時を経てよみがえった建物は、立ち止まって眺めるだけではもったいない。グルメやショッピングも楽しもう。

歴史と風格が感じられる赤レンガの建物

What is

東京駅丸の内駅舎

1914(大正3)年竣工の旧駅舎を復原。明治日本を代表する建築家辰野金吾の作品が、装飾の彫刻などを含めてよみがえった。

赤レンガ駅舎は国指定の重要文化財。外観は化粧レンガと白い大理石で構成され、ヨーロッパの駅舎を思わせる

まずは南北ドームでレトロ建築を鑑賞

たくさんの見どころがある駅舎だが、一番注目したいのが高さ30m以上ある美しいレリーフで飾られた八角形の2つのドーム。

鷲のレリーフ

幅2.1m。躍動感あふれる羽を広げた鷲の姿は八角形の各頂点に配されて下を見下ろす

鳳凰のレリーフ

2つの矢束に挟まれた動輪の上にのる鳳凰。細かな彫刻が印象的

創建時の石膏パーツ

戦災で失われ半世紀以上装飾がなかったホールに創建時の華やかさが戻った

干支のレリーフ

干支の彫刻は戦前の写真を参考に復元。十二支のうち八支が配置されている

無料で楽しめるレリーフ見学

東京駅丸の内駅舎・南北ドーム

とうきょうえきまるのうちえきしゃ・なんぼくドーム

南北改札口の外側。構造、装飾は同じだが、南ドームの一部には改修時に発見された創建時の部材がはめ込まれている。

⌂千代田区丸の内1-9-1　㊡㊡㊎見学自由(1Fから)　㊛JR東京駅丸の内中央口直結

東京駅 ▶MAP 別P.6 B-2

開業時の東京駅丸の内駅舎

1914（大正3）年開業当時の東京駅。現在、丸の内駅舎は1・2階をそのまま保存、3階と屋根部分を創建当時の姿に復原。

北ドーム
ドームの屋根の高さは約35m

駅舎外壁
赤レンガは創業時の色を忠実に再現した

中央玄関
利用できるのは皇室、国賓、公賓のみ

南ドーム
ドームの屋根は天然ストレート葺き

東京ステーションホテル
1915（大正4）年創業で2015年に100周年を迎えた名門ホテル

スイーツのほか、フードも充実。ディナータイムも利用したい

クラシカルなロビーラウンジで優雅なひと時を過ごす

駅舎内にあり、朝食からディナータイムまで利用できる。ゆったり過ごすだけでなく、鉄道に乗る前の空き時間や待ち時間でひと息入れるにも絶好のスポット。

フレンチトーストのセット
3900円

じっくりと焼き上げられ、ふわふわの食感
※写真はイメージ

Other Menu

ティータイム
スイーツセット
3300円

TORAYA TOKYOの「あんペースト」を入れたアイスカフェオレ
2100円

重要文化財の中にあるホテル

東京ステーションホテル ロビーラウンジ

とうきょうステーションホテル ロビーラウンジ

高い天井とシャンデリアがヨーロッパの老舗ホテルをイメージさせる気品あるラウンジ。宿泊客以外でも利用可能。

🏠東京ステーションホテル1F ☎03-5220-1260（直通） 営8:00～19:00（LO18:30）、金・土曜・祝前日～20:00（LO19:30）※変更の場合あり。詳細は公式サイトを要確認 休無休 交JR東京駅丸の内南口直結

東京駅 ▶MAP 別P.6 B-2

駅舎がモチーフのナイスデザイングッズを買う

さまざまな企画展が行われる東京ステーションギャラリーの2階。展示会図録ほか、オリジナルグッズがそろう。

1650円

TRAINIART×にじゆら東京駅舎手ぬぐいライトアップ
夜の東京駅舎がモチーフ
※JR東日本商品化特許済

クリアファイル
ブルーがA4、ピンクがA5サイズで中仕切り付き ※JR東日本商品化特許済

左A4ブルー418円
右A5ピンク387円

限定グッズをゲットしよう

ミュージアムショップ TRAINIART

ミュージアムショップ トレニアート

鉄道マニアじゃなくても欲しくなる、オシャレで機能的なグッズが豊富にそろう。東京駅をモチーフにした限定グッズに注目。

🏠東京ステーションギャラリー内 ☎03-3211-0248 営10:00～18:00、金曜～20:00 休月曜（祝日の場合は翌日休）※詳細は公式サイトを要確認 料展覧会により異なる（入店には東京ステーションギャラリー入館料が必要） 交JR東京駅丸の内北口改札前

東京駅 ▶MAP 別P.6 B-2

3フロアの展示室を結ぶ丸の内北口ドームと同じ八角形の廻り階段

各357円

マスキングテープ
丸の内駅舎がプリントされたオシャレなテープ
※JR東日本商品化許諾済

東京ステーションギャラリーでは、近代美術を中心に幅広いテーマで展覧会を開催。東京駅のレンガ壁を生かした展示室もある。

TOURISM 04

好奇心をかき立てる！
気分アガるミュージアムへ

Go to an Art MUSEUM

興味深い収蔵・展示品はもちろん、貴重な建築や話題の体験型などもあり、東京のミュージアムはバラエティ豊か。五感で楽しむアートを体験してみよう。

館を象徴するモダンな美空間

LOOK AT! ルネ・ラリックによる作品「ブカレスト」のシャンデリア

クラシカルな洋館

LOOK AT! アール・デコ様式が集約された部屋「大客室」

LOOK AT! 本館南側にあるベランダから芝庭が望める

LOOK AT! ルネ・ラリックのガラスレリーフ扉

LOOK AT! 朝香宮邸時代から受け継がれている庭園

緑に囲まれた憩いの美術館

東京都庭園美術館

とうきょうとていえんびじゅつかん

1933年に建設されたアール・デコ様式の旧朝香宮邸と、緑豊かな庭園を楽しめる美術館。建物全体にアートのような空間が広がる。

♠港区白金台5-21-9 ☎050-5541-8600（ハローダイヤル） 営10:00～18:00（最終入館17:30） 休月曜（祝日の場合は翌日休） 料展覧会により異なる（庭園のみ入園の場合200円） 交各線目黒駅東口から徒歩7分、地下鉄白金台駅1番出口から徒歩6分

目黒 ▶MAP 別P.4 C-2

カフェも要チェック！

café TEIEN（テイエン）

和スイーツや日本茶など和を感じるメニューがおすすめ。旬の食材や展覧会をテーマにした限定メニューも登場する。

☎03-6721-9668
営10:00 ～ 18:00
休施設に準ずる

800円

TEIENティラミス

ほろ苦い抹茶とコクのあるマスカルポーネチーズが相性抜群！

写真提供:国立西洋美術館

有名な《考える人》も展示

国立西洋美術館

こくりつせいようびじゅつかん

実業家・松方幸次郎のコレクションを中心に、中世から20世紀にかけての西洋美術作品を展示。建造物は近代建築の巨匠ル・コルビュジエが設計。

台東区上野公園7-7　☎050-5541-8600(ハローダイヤル)　営9:30～17:30、金・土曜～20:00(最終入館は各30分前)　休月曜(祝日の場合は翌日休)　料常設展500円(企画展は別途)　交JR上野駅公園口から徒歩1分

上野 ▶MAP 別P.23 E-2

LOOK AT!
門の中央付近には《考える人》の姿が！

撮影:©上野則宏

オーギュスト・ロダン
《地獄の門》
1880～1890年頃／1917年(原型)、1930～1933年(鋳造)
ブロンズ
国立西洋美術館
松方コレクション

LOOK AT!
池の水面のみを描き情景の美しさを表現

クロード・モネ
《睡蓮》
1916年
油彩、カンヴァス
国立西洋美術館
松方コレクション

アジアの優れた美術品を収蔵

東京国立博物館

とうきょうこくりつはくぶつかん

1872(明治5)年創立の伝統ある博物館。主に日本美術を展示する本館、東洋美術の東洋館など6つの展示館に分かれている。

台東区上野公園13-9　☎050-5541-8600(ハローダイヤル)　営9:30～17:00(最終入館16:30)※公式サイトを要確認　休月曜(祝日の場合は翌日休)※特別展や時期により異なる　料1000円(特別展は別途)　交JR上野駅公園口から徒歩10分

上野 ▶MAP 別P.23 E-1

LOOK AT!
蓋に龍の頭をあしらい、胴に4頭の天馬が刻まれている

竜首水瓶
国宝
飛鳥時代・7世紀
東京国立博物館蔵

展示品は随時入れ替えが行われている
写真提供:東京国立博物館

華やかな装飾

LOOK AT!
女子を表した人物埴輪としては、まれな全身像の作品

埴輪 盛装女子
重要文化財
群馬県伊勢崎市豊城町横塚出土
古墳時代・6世紀
東京国立博物館蔵

独自のスタイルを貫くアート発信地

ワタリウム美術館

ワタリウムびじゅつかん

建築家マリオ・ボッタ氏の設計による私設美術館。現代アートを軸に建築、映像、デザインなど多彩なジャンルの展覧会を開催。

渋谷区神宮前3-7-6　☎03-3402-3001　営11:00～19:00　休月曜(祝日の場合は開館)　料展覧会により異なる　交地下鉄外苑前駅3番出口から徒歩8分

表参道 ▶MAP 別P.13 D-1

LOOK AT!
メインの2階展示室。高い吹き抜けが印象的

Very interesting!

ショップも要チェック！

オン・サンデーズ

美術館併設のショップ1階には文房具やオリジナル商品などが並ぶ。地下書店にはギャラリースペース、カフェも開設。

☎03-3470-1424　営11:00～20:00　休無休

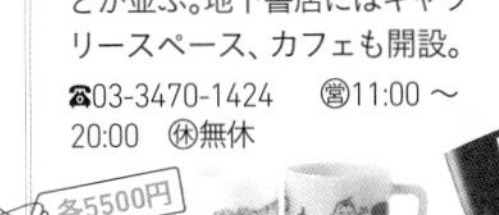

各5500円

ミルクグラスマグカップ
ゆかりのあるアーティストとコラボした商品

各2200円～

ダイアリー
表紙のデザイン違いで種類豊富にそろう

news

世界を魅了したあの人気アートミュージアムが移転！

森ビル デジタルアート ミュージアム：エプソン チームラボボーダレス

デジタルテクノロジーを駆使した最先端の現代アートミュージアムが、麻布台ヒルズにて2024年1月に移転開業予定。

© チームラボ

港区麻布台1-2-4 麻布台ヒルズ ガーデンプラザB B1F　☎非公開　営休料公式サイトを要確認(https://www.teamlab.art/jp/e/borderless_azabudai/)　交地下鉄神谷町駅／六本木一丁目駅直結

麻布台 ▶MAP 別P.29 ㉕

TOURISM 05

ちょっと足をのばしても行きたい

ワクワク三大ミュージアムへいざ！

美術館らしからぬ展示方法が人気のミュージアムがある。都心からは少し離れているが、そこでしか体感できない世界観を存分に味わうことができる。

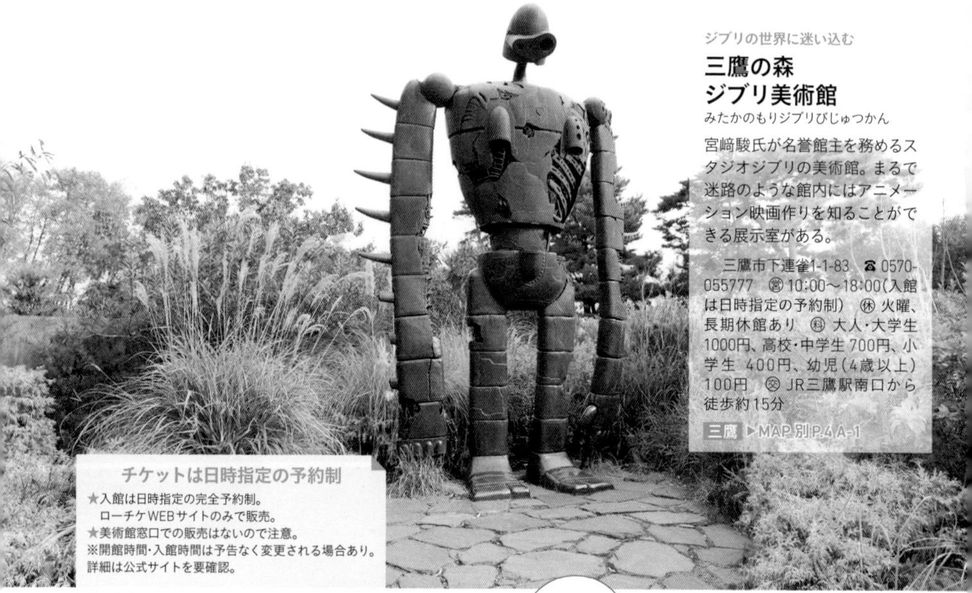

ジブリの世界に迷い込む

三鷹の森 ジブリ美術館

みたかのもりジブリびじゅつかん

宮﨑駿氏が名誉館主を務めるスタジオジブリの美術館。まるで迷路のような館内にはアニメーション映画作りを知ることができる展示室がある。

三鷹市下連雀1-1-83 ☎0570-055777 ㊫10:00〜18:00(入館は日時指定の予約制) ㊡火曜、長期休館あり ㊕大人・大学生1000円、高校・中学生700円、小学生 400円、幼児(4歳以上)100円 ㊋JR三鷹駅南口から徒歩約15分

三鷹 ▶MAP 別P.4 A-1

チケットは日時指定の予約制

★入館は日時指定の完全予約制。ローチケWEBサイトのみで販売。
★美術館窓口での販売はないので注意。
※開館時間・入館時間は予告なく変更される場合あり。詳細は公式サイトを要確認。

緑豊かな庭園が広がる屋上には、約5mの美術館の守り神ロボット兵が待っている

START ハレ旅流の楽しみ方

Go to ジブリの森の世界

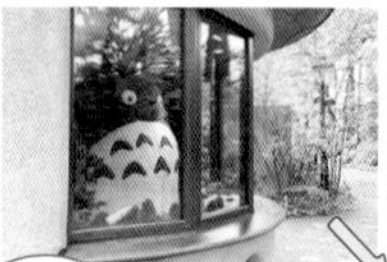

トトロの受付

正面の先にある受付はニセの受付。トトロが本当の受付の場所を教えてくれる

ここがワクワク♪ トトロと一緒に撮影できるよ

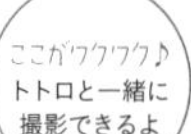

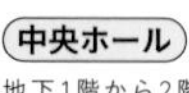

中央ホール

地下1階から2階まで吹き抜けになった光が差し込む大空間

B1F

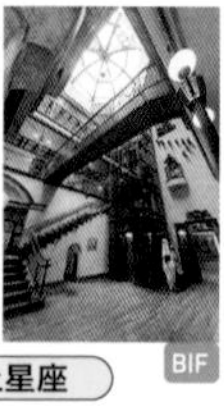

B1F

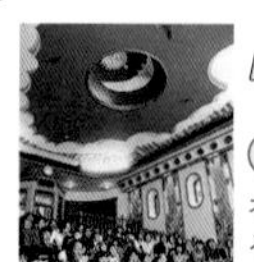

土星座

オリジナルの短編アニメーションが観られる小さな映画館。映画館なのに窓がある

映画の生まれる場所 1F

映画制作の流れがわかる展示室。ものづくりの苦しみや楽しみが垣間見られる

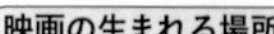

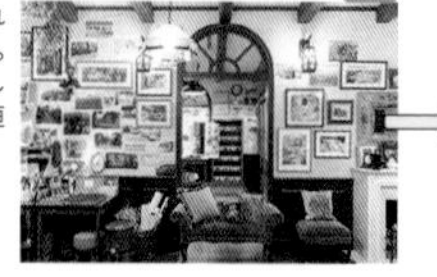

カフェ「麦わらぼうし」 1F

素朴な家庭料理が楽しめる。オレンジ色の壁と赤の窓枠の外観が目印

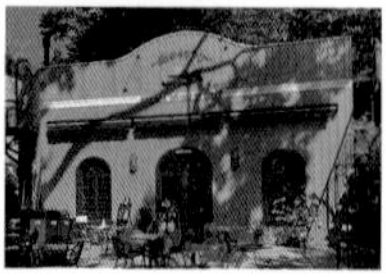

トライホークス 2F

宮﨑駿氏とジブリ美術館が厳選したおすすめの絵本や児童書が読める図書閲覧室

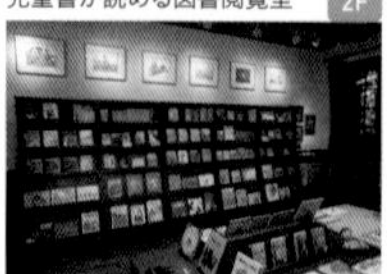

ここがワクワク♪ ふわふわボヨーンのネコバスを体感

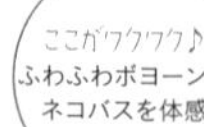

ネコバスルーム 2F

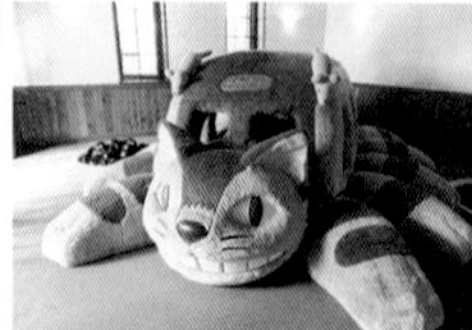

子どもたちが大好きなネコバスは2階に。触ったり寝転んだり思う存分楽しめる(小学生以下のみ乗車可能)

屋上庭園

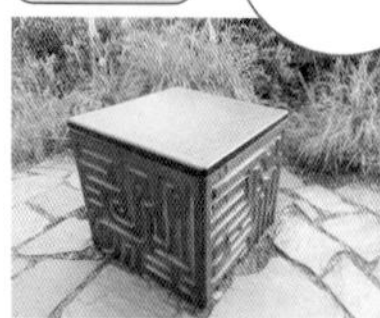

ここがワクワク♪ 天空の城ラピュタに登場した「要石」が!

ミュージアムショップ「マンマユート」 2F GOAL

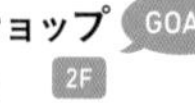

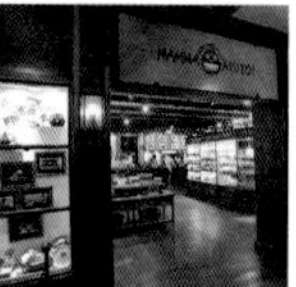

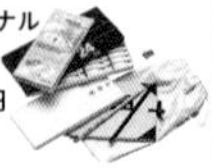

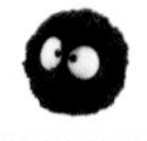

オリジナル水彩画セット 8800円

オリジナルクロスケ 1870円

©Museo d'Arte Ghibli ©Studio Ghibli

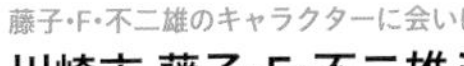
藤子・F・不二雄のキャラクターに会いに

川崎市 藤子・F・不二雄ミュージアム

かわさきし ふじこ・エフ・ふじおミュージアム

藤子・F・不二雄が描いた原画展示、まんがが読めるコーナー、キャラクター尽くしのカフェなどFワールド満載。

神奈川県川崎市多摩区長尾2-8-1 ☎0570-055-245 営10:00〜18:00 休火曜 料大人・大学生1000円、高校・中学生700円、子ども(4歳以上)500円 交JR宿河原駅から徒歩15分、登戸駅からシャトルバス9分(有料)

川崎 ▶MAP 別P.4 A-2

展示室Ⅰ

1F

先生の部屋

まんがの原画が展示されている展示室とF氏が愛用していた仕事机などが展示されている部屋

チケットは日時指定の予約制

★入館は日時指定の完全予約制。
★ミュージアムでの販売はないので注意。

チケットに関する詳細は、右のQRコードより公式サイトを要確認。

Fシアター

2F

まんがコーナー

2階は、子どもも大人も楽しめる仕掛けがいっぱい。Fシアターではオリジナル作品を上映

ここがワクワク♪ やっと会えた！ドラえもん！

芝生に囲まれた屋上の「はらっぱ」は絶好のフォトスポット

© Fujiko-Pro

注目!! 人気のおみやげ＆グルメ

どら焼きBOX (6個入り) 1560円

アンキパンラスク 8枚入り1100円

UDF くつろぎドラえもん 1320円

フレンチトーストdeアンキパン 1080円

大好きなスヌーピーに会いに行こう！

スヌーピーミュージアム

スヌーピーが登場する漫画『ピーナッツ』の世界を存分に楽しめる展示がいっぱい。オリジナルグッズも人気。

町田市鶴間3-1-4 ☎042-812-2723 営10:00〜18:00(最終入館17:30) 休1/1、ほか年2日 料大人・大学生1800円、高校・中学生800円、子ども(4歳以上)400円※全て前売券料金。当日券については要問い合わせ 交東急田園都市線南町田グランベリーパーク駅から徒歩4分 町田 ▶MAP 別P.27④

全長約8mのスヌーピー。ライナスの毛布の上で居眠りをしている

ここがワクワク♪ 愛しのスヌーピーがあっちにもこっちにも！

ピーナッツ・ギャング ピクニックボックス 2480円

トミカ 800円

注目!! ピーナッツの世界観を満喫できる

「ピーナッツ」のギャラリーゾーン

常時展と企画展が楽しめる

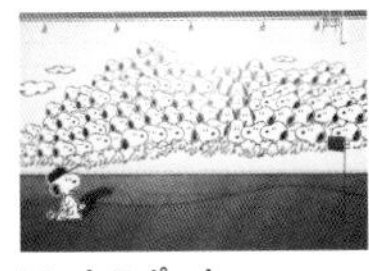
フォトスポット

素敵な記念写真が撮れるスポットもいっぱい

PEANUTS Cafe

スヌーピーたちをイメージしたメニューがそろう

© Peanuts

スヌーピーミュージアムの常設展示ではスヌーピーの魅力を発信。企画展示では日本初公開の原画も含む展示をしている。

TOURISM 06

ワクワクがいっぱいの遊べるテレビ局
フジテレビで興奮の一日を過ごす

お台場のランドマークともいえるフジテレビ。オーシャンビューを眺められる展望室に加え、ユニークなスポットやイベントも盛りだくさん。テレビ局を遊び尽くそう！

お台場のシンボル！
25階の球体展望室「はちたま」

手前にはアクアシティお台場が位置し、入口やインフォメーションはその背後にある

今や観光スポットの定番

フジテレビ本社ビル

フジテレビほんしゃビル

展望室やフジさんテラスからの絶景、局限定のグッズも見逃せない。遊びどころ満載のテレビ局へ足を運んでみよう。

港区台場 2-4-8　☎ 0570-088-081(視聴者センター/ナビダイヤル)　営休 施設により異なる　料 無料(5・24・25Fを除く)　交 ゆりかもめ台場駅南口から徒歩3分

お台場 ▶MAP 別P.20 B-2

球体展望室「はちたま」
営 10:00〜18:00(最終入場17:30)
料 高校生以上700円、小・中学生450円
フジさんテラス　営10:00〜19:00
フジテレビショップ「フジさん」
☎03-5500-6075　営 10:00〜18:00
フジテレビギャラリー
営 10:00〜18:00(最終入場17:30)
料 高校生以上400円、小・中学生100円
サザエさんのお店
☎03-5500-6075　営 10:00〜18:00
※定休日は公式サイトを要確認
https://www.fujitv.com/ja/visit_fujitv/

フジテレビの必見スポットめぐり

エレベーターで7階に上りフジさんテラスで入場券を購入し、25階まで一気に上がって見どころを回りながら降りてくると効率的に見学できる。

START!

1F

まずはインフォメーションで情報をゲット

インフォメーション前広場の「テレビの泉」はフジテレビの新名所。まずはここで記念撮影を

エスカレーター＆エレベーターで昇る

25F

絶景が広がる展望室へ一気にGO!

迫力の大パノラマが広がる

球体展望室「はちたま」
きゅうたいてんぼうしつはちたま

地上100mから臨海副都心を270度見渡せるスポット。富士山、東京スカイツリー、東京タワーも一望。

日々多くの見学者が訪れる展望室はフジテレビのシンボル

「はちたま」からの眺め

エレベーターで降りる

7F 「はちたま」を下から見上げよう

本社ビル建築のおもしろさを実感できる場所だ

球体の真下の屋外スペース

フジさんテラス

イベント会場やライブステージにもなる広々とした屋外空間。あの「はちたま」のちょうど真下に位置し、見上げる球体は迫力満点！

5F ガチャピン・ムックに会いに行こう！

懐かしい貴重な映像がいっぱい

フジテレビギャラリー「ガチャピン・ムックミュージアム」

人気キャラ、ガチャピン・ムックの魅力にあらゆる角度から迫る。限定グッズも購入できる。

エスカレーターで降りる

エスカレーターで降りる

徒歩

7F フジテレビならではの限定みやげをゲット！

935円 ①　715円 ②　4180円 ③

©FUJI TELEVISION

①小犬のラフちゃんマグネット ②フジテレビ社員のオフィスノート ③ビッグめざましくん

おみやげ探しはココで

フジテレビショップ「フジさん」

約5000点が並ぶオフィシャルグッズショップ。番組や映画グッズ、オリジナル商品など豊富な品ぞろえ。

1F 人気番組のグッズもチェックしよう

開放的な吹き抜け。試写会などが開催されるマルチシアターもある

開放感のある空間

フジテレビモール

人気番組のショップがあるので、おみやげを買ったり、休憩スペースとして利用することもできる。

徒歩

1F 日本で唯一！ あの人気キャラクターグッズの店へ

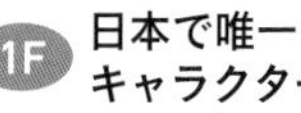

各748円 ①　230円 ②

©長谷川町子美術館

サザエさんグッズなら

サザエさんのお店

サザエさんのおみせ

オリジナルグッズやお菓子のほか、店頭では名物の「サザエさん焼」の実演販売も。

①タママスコットボールペン・シャープペン ②サザエさん焼 月島もんじゃ味

GOAL!

「はちたま」と「ガチャピン・ムックミュージアム」の両方に行くなら、セット券（高校生以上1000円、小・中学生500円）がお得。

TOURISM 07

プラスαのお楽しみ付き

大都会の絶景を見渡す

王道だけど「東京の高層ビル群を独り占めしたい！」という願いを叶えたいならこちらへ。夜に行けば東京ならではの絶景に出合える。

昔も今も東京のランドマーク

東京タワー

とうきょうタワー

東京のシンボルとして親しまれている333mの電波塔。360度の大パノラマが広がる展望台をはじめ、飲食店やショップ、エンタメまで何でもそろった観光施設。

東京タワー 港区芝公園4-2-8 ☎03-3433-5111 営9:00〜22:30(変更する場合あり)※公式サイトを要確認 休無休 料[当日券]大人メインデッキ1200円/トップデッキツアー3000円、高校生メインデッキ1000円/トップデッキツアー2800円、子ども(小・中学生)メインデッキ700円/トップデッキツアー2000円、幼児(4歳以上)メインデッキ500円/トップデッキツアー1400円 [WEB予約※トップデッキツアーのみ]大人2800円、高校生2600円、子ども(小・中学生)1800円、幼児(4歳以上)1200円 ⊗地下鉄赤羽橋駅赤羽橋口から徒歩5分

御成門 ▶MAP 別P.29㉙

333m

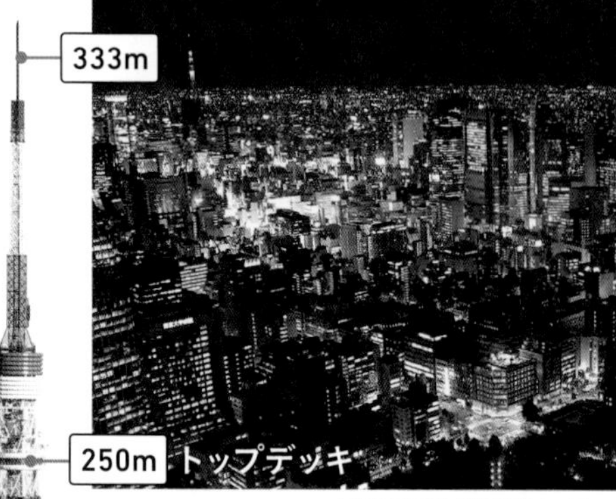

250m トップデッキ

SF的な空間が演出されたトップデッキからは夜景を堪能したい

+α

フットタウン 3階

東京タワーの形をしたペットボトル

TOKYOTOWER ミネラルウォーター 410円

丸みのあるボディがとってもキュート

ぬいぐるみ 小 1650円

What is フットタウン

1階から5階と屋上からなる商業施設。3階にあるショップ「GALAXY」では東京タワーオリジナルグッズなどを購入できる。

©TOKYO TOWER

150m

メインデッキ2階

改装された北面のウィンドウからはよりワイドな景色が望める

メインデッキ1階

145mの真下が覗けるガラスの床「スカイウォークウィンドウ」

RF
4F・5F
3F
2F
1F

※展望台の営業状況については公式サイトを要確認。

View Point

上から見る？ それとも下から見る？

東京タワーをいろんな場所から見てみると、別の表情が見えてくる。近くから見ると迫力満点。大都会の中でライトアップされた姿も美しい。

上から

六本木ヒルズ展望台 東京シティビュー

六本木 ▶MAP 別P.22 B-3

下から

東京タワーの真下

中から

フットタウン屋上からメインデッキへと続く外階段

新宿副都心にそびえ立つツインタワー

東京都庁 &TOWNGATE CORE TOKYO 都SEEN

とうきょうとちょう アンド タウンゲート コア トーキョー とぅーシーン

第一、第二本庁舎、都議会議事堂からなる官公庁。第一本庁舎45階には無料で利用できる展望室があり、202mの高さから都内を一望できる。

東京都庁 新宿区西新宿2-8-1 ☎03-5320-7890(月～金曜10:00～17:00) ㊔[展望室(南展望室)]9:30～22:00(最終入室21:30)※当面の間、北展望室は休室中。最新の営業状況については公式サイトを要確認 ㊡[南展望室]第1・3火曜(祝日の場合は翌日休、都庁舎点検日も休室) ㊕無料 ㊣地下鉄都庁前駅A4出口から徒歩1分

新宿 ▶MAP 別P.18 A-2

TOWNGATE CORE TOKYO 都SEEN 東京都庁南展望室 ☎03-6302-0652 ㊔㊡南展望室に準ずる

新宿 ▶MAP 別P.18 A-2

晴れていれば富士山まで見渡せる

スカイツリーもくっきり見える

写真・東京都提供

+α

TOWNGATE CORE TOKYO 都SEEN

東京ごまだれ餅 450円

都SEEN オリジナルTシャツ 3890円

サンシャイン60展望台 てんぼうパーク

+α

2023年にニューオープン。芝生に座って地上220mからの景色を堪能。

公園をイメージした空間

希少な光景「ダイヤモンド富士」を見られることも

てんくうスムージー 800円

+α

サンシャイン水族館

ビル屋上にあり、趣向を凝らした展示で水辺の生物を観察できる。

屋外エリアの展示"空飛ぶペンギン"

遊びどころ満載の人気施設

サンシャインシティ

サンシャイン60ビルを中心とした大型複合施設。約200店舗のショップやレストラン、劇場、水族館などが入り一日では遊び尽くせないほど。

サンシャインシティ 豊島区東池袋3-1 ☎03-3989-3331 ㊔㊡㊕施設により異なる ㊣各線池袋駅東口から徒歩8分 池袋 ▶MAP 別P.26 C-1

サンシャイン60展望台 てんぼうパーク サンシャインシティ サンシャイン60ビル・60F ☎03-3989-3457 ㊔11:00～21:00(最終入場20:00)※季節により異なるため公式サイトを要確認 ㊡無休 ㊕大人(高校生以上)700円～、小・中学生500円～ 池袋 ▶MAP 別P.26 C-1

サンシャイン水族館 サンシャインシティ ワールドインポートマートビル・屋上 ☎03-3989-3466 ㊔9:30～21:00、秋冬10:00～18:00 ㊡無休 ㊕大人(高校生以上)2600円～、小・中学生1300円～、幼児(4歳以上)800円～ 池袋 ▶MAP 別P.26 C-1

サンシャイン60展望台 てんぼうパークでは、「中秋の名月」や「ダイヤモンド富士」などを観賞する天体イベントを開催。

TOURISM 08

癒しや活力をチャージして運気アップ

パワースポットでご利益ゲット！

木々が生い茂る緑豊かな神社には、神様が授ける不思議議な力や自然のエネルギーが集まっていると言われている。パワーが宿ったスポットに、身も心も癒されに行ってみよう。

原宿にあるとは思えないほど都会の喧噪から離れた厳かな佇まい

清正井（きよまさのいど）

加藤清正が掘ったとされる井戸。湧水を眺めていると心が洗われるとか。

縁結び

第一鳥居（だいいちとりい）

原宿駅から第一鳥居をくぐり、南参道を通ると良縁を引き寄せるとされている。

縁結び

夫婦楠（めおとくす）

2本の御神木「夫婦楠」は夫婦円満を象徴する木として知られる。

散歩をするだけで清々しい気分に

明治神宮

めいじじんぐう

東京有数のパワースポットとして有名。境内には数万本の木々が生い茂り、さまざまな色の草木が目を楽しませてくれる。2020（令和2）年、鎮座百年を迎えた。所要時間の目安はゆっくり参拝して30分。

渋谷区代々木神園町1-1　☎03-3379-5511　㊔日の出～日の入り（月により異なる）　㊡無休　㊕参拝自由　㊋JR原宿駅表参道口から徒歩1分

原宿 ▶MAP 別P.12 A-1

What is 明治神宮

- **明治天皇と皇后の昭憲皇太后を祀る神社**
  1920（大正9）年に両御祭神と特にゆかりの深い、代々木の地に御鎮座となった。
- **常磐の森は70万㎡の面積を誇る**
  全国から献木された約10万本を植栽した人工林。訪れる人の憩いの場になっている。
- **初詣の参拝者数は日本一**
  交通の便のよさもあり初詣の参拝者数は毎年300万人を超え、全国第1位。
- **おみくじには吉凶がない**
  おみくじ「大御心」は、明治天皇と昭憲皇太后の和歌30首に解説文を付したもの。

初穂料100円

大御心
おおみごころ
和歌が書かれた明治神宮のおみくじ

開運 木鈴「こだま」
御神木から謹製されている

縁結錦守
良縁の願いが込められたお守り

縁結び♥

伝統的な神前結婚式は東京大神宮から始まった

恋みくじ
初穂料 200円
恋愛成就の助言が記されている

縁結び鈴蘭守
初穂料 800円
鈴蘭の花言葉は“幸福が訪れる”

良縁を願う人におすすめ

東京大神宮
とうきょうだいじんぐう

伊勢神宮の遥拝殿として1880(明治13)年に創建。参拝後に良縁に恵まれたとの声も多く、縁結びの神社と言われているため、全国から大勢の参拝者が訪れている。

住 千代田区富士見2-4-1 ☎03-3262-3566 営6:00〜21:00(お守り授与8:00〜19:00) 休無休 料参拝自由 交JR飯田橋駅西口、地下鉄飯田橋駅B2a出口から徒歩5分

飯田橋 ▶MAP 別P.24 C-1

神様の使いである猿が良縁を運ぶ

日枝神社
ひえじんじゃ

音読みが“縁(えん)”に通じることから、猿は良縁結びの象徴として知られる。永田町にあるため政財界関係者が訪れることも多く、仕事運や出世運がアップするとも言われている。

住 千代田区永田町2-10-5 ☎03-3581-2471 営6:00〜17:00(授与所・朱印所8:00〜16:00、祈祷受付・宝物殿9:00〜16:00) 休無休 料参拝自由 交地下鉄赤坂駅2出口から徒歩3分

赤坂 ▶MAP 別P.28 ⑱

こざる守
初穂料 800円
魔が去る(猿)との意味が込められた人気のお守り

神猿みくじ
初穂料 500円
かわいらしいお猿さんのおみくじ

足をのばして

天狗十穀力団子(てんぐじゅっこくりきだんご)
高尾山の名物グルメ

エネルギーチャージ

大自然の中でパワーチャージ

高尾山
たかおさん

今では年間登山者300万人を誇る世界有数の観光地に。薬王院は、大自然と仏の力が融合した不思議なパワーが宿っているとして人気。

住 八王子高尾町 ☎042-661-1115(高尾山薬王院) 営9:00〜16:00 休無休 料参拝自由 交ケーブルカー高尾山駅から徒歩20分

高尾 ▶MAP 別P.27 ③

御朱印ゲット!

御朱印帳に御朱印を集めるのも神社仏閣を参拝する楽しみのひとつ。まずは、御朱印について知ろう。

● 御朱印とは

神社や寺院で、参拝者向けに押印される印章・印影のこと。単なるスタンプとは違い、その社寺に参拝した証としていただく、神仏とのご縁の記録となる。

● 御朱印帳を手に入れよう

神社や寺院の御朱印所や授与所で朱印帳を求める。文具店やインターネットなどでも販売している場合もある。ゆかりのあるモチーフをあしらったもの、モダンなデザインのものなど個性豊か。

イチオシ御朱印帳

1200円 (東京大神宮)
蝶々柄が華やかな趣で人気がある

1500円 (日枝神社)
お猿さんがワンポイント

1500円 (日枝神社)
見ざる聞かざる言わざるのお猿さん

御朱印集めをスタンプラリーと勘違いしないように。きちんとお参りしてからお願いし、墨書きしていただくいる間も静かに待つこと。

TOURISM 09

日本の伝統芸能
歌舞伎デビューを飾る

歌舞伎といえば、ハードルが高そうと感じる人も多いハズ。しかし、そんなことは全くない。特に歌舞伎座には、初めての人も歌舞伎が好きになる秘密のワザがある。

勇壮な親子獅子の毛振りに注目

「親獅子」
動きが俊敏できりっとした姿が大きく美しい片岡仁左衛門の親獅子

豪華できらびやかな衣装も歌舞伎の見どころのひとつ

「仔獅子」
演じるのは仁左衛門の孫の片岡千之助。初々しくはつらつとした舞が見物

©松竹株式会社

連獅子
れんじし

駆け上がってきた仔獅子だけを育てるという言い伝えがある。親獅子が仔獅子を千尋の谷に突き落とすが、勇敢にも仔獅子は駆け上がってき、無事を喜び合う。クライマックスの毛振りは必見。

How to

歌舞伎デビュー入門編

江戸時代を代表する伝統文化のひとつが歌舞伎。そもそも庶民の身近な娯楽として親しまれていたものなので、まずは肩肘張らず、気軽に足を運んでみよう！

一、チケットを買う

クラシックコンサートなどと同じで、事前にWEBや電話などで予約が可能。劇場の切符売り場でも購入できる。残席があれば、当日の開演ギリギリでも販売してくれる。観る席によって料金は異なる。

上演時間について

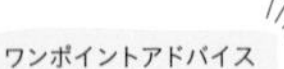

基本は、昼の部と夜の部の二部構成で、共に4時間前後。約30分の休憩や食事時間を何度か挟むので、歌舞伎座内でおみやげを選んだり食事をしたり、思い思いに楽しめる。

© 朝日新聞社

じっくりと鑑賞するなら

長時間なので、少しでも見やすい席を選ぼう

1階席の中央で、前方のよい席のこと。イロハで数えて「とちり」の席は、前から7〜9列目。

花道近く

花道（舞台向かって左）近くの席は俳優の息づかいを間近に感じることができき人気。

桟敷席

1階左右にある特別席。二人席ごとに掘りごたつ式机と座布団が用意されている。

二、服装は普段のお出かけスタイルでOK

かしこまって行く必要はなく、休日のお出かけスタイルで問題ないが、TPOをわきまえた服装を心がけるのは最低限のマナー。ジーンズやビーチサンダルなどは控えよう。着物姿で観劇しても情緒があって◎。

気軽に楽しむなら

一幕見席

好きな幕だけ鑑賞できるため、歌舞伎ビギナーにおすすめの席。劇場内4階に位置し、指定席は70席、自由席は20席。指定席のチケットは一幕見席専用オンラインサイトにて販売。演目によっては一幕約500円〜楽しめる。

 ※状況により内容が変更となる場合があるため、最新情報は劇場へ要問い合わせ。

130年の歴史が刻み込まれた歌舞伎座

歌舞伎デビューにもってこい

歌舞伎座

かぶきざ

1889(明治22)年に誕生。現在の歌舞伎座は第5期にあたる。観劇には音声ガイド(有料)もあるので初めての人でも十分楽しめる。

中央区銀座4-12-15 ☎03-3545-6800 営休上演時間・施設・店舗により異なる 交地下鉄東銀座駅3番出口からすぐ

銀座 ▶MAP 別P.9 E-2

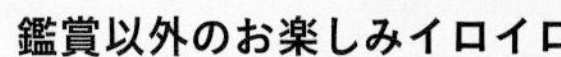

鑑賞以外のお楽しみイロイロ

ショッピング

歌舞伎座ゴーフル

歌舞伎座限定品なのでおみやげにも最適
お土産処 かおみせ
☎ 03-3545-6557

1500円

350円

くまどり屋一門 一筆箋

「隈取」の描かれた歌舞伎座オリジナル一筆箋
お土産処 木挽町

グルメ

芝居御膳

3階のお食事処「花篭」の芝居御膳
お食事処「花篭」
☎ 03-3545-6820
※要予約
(観劇2日前まで受付)

通常価格4000円
オンライン割価格3800円

抹茶セット 上生菓子付き

5階の庭園を眺めながらお茶で一服
寿月堂 銀座 歌舞伎座店
☎ 03-6278-7626
営 10:30～17:30(喫茶LO17:00)

1600円

当日

三、歌舞伎座到着！ まずは筋書と音声ガイドをゲットし、観劇スタート

劇場で販売されている筋書(すじがき)を購入して、ストーリーや見どころ、配役などを予習しておこう。舞台の進行に合わせて解説を同時に行うイヤホンガイドも忘れずに借りよう(有料)。

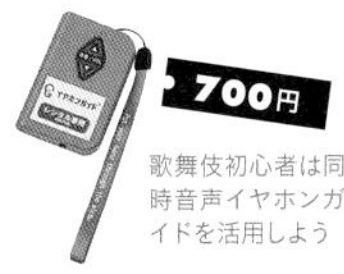
700円

歌舞伎初心者は同時音声イヤホンガイドを活用しよう

四、幕間(まくあい)にひと休み

演目または場面の間には休憩時間があり、お弁当を買って席でゆっくり食べることもできる。ショップも充実しているので幕間に買い物も。

歌舞伎を身近に感じるなら

歌舞伎座ギャラリー

かぶきざギャラリー

ギャラリーは誰でも入場可能！(有料)

舞台で使用される衣裳や小道具などの貴重な品がテーマごとに展示され、歌舞伎に触れたことのない人でも楽しめるギャラリー。いろいろな物に触れて動かして楽しめる体験型展示などもあり、歌舞伎鑑賞とはひと味違った楽しさがある。ギャラリーに併設された「木挽町ホール」の舞台には、第四期歌舞伎座で長年使われていた檜が敷かれている。

営10:30～18:00(最終入館17:00) 休不定休 料600円(当日券のみ) ※2023年7月現在休止中(一部エリア無料開放中)。詳細は劇場に要問い合わせ

舞台に登場する馬に乗って写真撮影ができる

歌舞伎座の屋上庭園に続く五右衛門階段、屋根瓦の中に1枚だけ逆向きの瓦が。見つけられたら幸せになれるとか……。

TOURISM 10

伝統文化×エンターテインメント
粋な下町文化を楽しく体感

東京の下町を訪れたら雰囲気だけでも江戸の娯楽を体感してみよう。両国界隈でお相撲さんに遭遇したり、寄席に行って思い切り笑ったり……。伝統文化の魅力を再発見できるはず。

日本の伝統文化である相撲は国技。相撲の起源は、『古事記』(712年)や『日本書紀』(720年)の中にある力くらべの神話などとされる。もともとは、その年の農作物の収穫を占う祭りの儀式として執り行われていた。後に宮廷の行事となり、300年続くことになる。江戸時代になると相撲を職業とする者も現れ、興行が打たれるようになった。

翔猿(とびざる)
東京都江戸川区出身で、追手風部屋所属の力士。得意技は押し

ココで観られます

相撲の聖地へ
両国国技館
りょうごくこくぎかん

相撲の興行は年6回あり、1月(初場所)と5月(夏場所)、9月(秋場所)の3回が両国国技館で行われる。1場所は15日間連続。チケットは、事前にWEBや電話で購入することができる。

墨田区横網1-3-28 ☎03-3623-5111
㊎㊡8:00〜18:00(日・行事により異なる)
㊋JR両国駅西口から徒歩2分

両国 ▶MAP 別P.26 B-3

※右記のコースは一例。相撲観戦だけなら14:30頃に国技館に着くように行こう

START

力士や部屋の名前が書かれた相撲のぼり

12:00 正面エントランスから入場
場所中は色とりどりののぼりが並ぶ。国技館正面にもぎり台があり、ここから入る。もぎりは親方がしてくれる。

12:30 国技館のちゃんこでランチ
部屋のちゃんこ番が監修している相撲部屋特製のちゃんこ。場所ごとに部屋が変わるので、味や具も変わる。

本格的なちゃんこに舌鼓

13:30 おみやげを探しに国技館探検へ
売店には、相撲公式キャラクターのせきトリくんオリジナルグッズをはじめ、力士グッズが豊富にそろう。

© 朝日新聞社

名物!

国技館焼き鳥
750円
場所中は1日6万本焼いている。

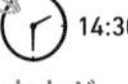

14:30 力士が、国技館入り
力士を間近で見る絶好のチャンス(横綱や大関以外)。未来の横綱に会えるかも!? 力士に触るのはNGなので注意。

出入り自由の寄席なら気軽に落語が楽しめる

© 朝日新聞社

土俵の上で繰り広げられる激戦に夢中

若元春（わかもとはる）
荒汐部屋の力士で、番付は関脇（2023年5月場所）。得意技は左四つ・寄り

© 朝日新聞社

15:00

相撲観戦スタート！

15:00から18:00まで白熱した関取の取組が楽しめる。取組が終わったあとには、弓取式があるので見逃さないで！

全取組終了後に行う弓取式
© 朝日新聞社

落語

落語の始まりは、室町時代末期から安土桃山時代にかけて、戦国大名に仕え、話し相手になり世情を伝える「御伽衆（おとぎしゅう）」と呼ばれる人たちだった。その中の一人が豊臣秀吉の前でおもしろいオチのつく噺をしたのが由来とされている。落語にはオチがつきもので、身振り手振りで噺を進め、一人で何役もこなすシンプルな芸が見もの。

イチオシ 落語家

林家 正蔵
はやしや しょうぞう

高座に姿を見せるだけで場内を明るくさせる数少ない噺家の一人。祖父であった七代目林家正蔵、父・林家三平と親子三代の真打は史上初。古典落語での進境著しく、祖父の名跡「正蔵」を襲名した。テレビ出演も多数あり。

柳家 権太楼
やなぎや ごんたろう

1970（昭和45）年、故柳家つばめに入門。前座名は「ほたる」。1975（昭和50）年には、二ツ目に昇進し「さん光」改名。三代目「柳家権太楼」を襲名したのは、35歳の時。大の巨人ファンで、趣味は巨人軍を応援すること。

柳家 喬太郎
やなぎや きょうたろう

1989（昭和64）年柳家さん喬に入門。前座名は「さん坊」。1998（平成10）年には、NHK新人演芸大賞落語部門大賞を受賞する。2000（平成12）年には真打に昇進。2007（平成19）年には、国立演芸場花形演芸会大賞を受賞。

ココで観られます

老舗の寄席
新宿末廣亭
しんじゅくすえひろてい

新宿三丁目にある人気の寄席。都内の落語定席のひとつで、落語のほかに、漫才や色物芸なども演じられる。名実ともに落語の第一人者が勢ぞろい。

新宿区新宿3-6-12　☎03-3351-2974　㈺12:00～20:30　㈮無休　㈶3000円　㊋地下鉄新宿三丁目駅C4出口から徒歩1分

新宿 ▶MAP 別P.19 F-2

ニューウェイブ
渋谷らくご
しぶやらくご

4名の実力派落語家に30分ずつたっぷり語ってもらう「渋谷らくご」、1時間の企画公演など毎月12公演開催。初心者でも安心して楽しめる落語会。

渋谷区円山町1-5 KINOHAUS 2F　☎03-6675-5681　㈺㈮毎月第2金曜から5日間（一部公演はオンライン配信あり）　㈶演目により異なる　㊋JR渋谷駅ハチ公口から徒歩5分

渋谷 ▶MAP 別P.14 B-2

都内には新宿末廣亭のほかにも落語定席がある。上野の鈴本演芸場、浅草六区の浅草演芸ホール、池袋の池袋演芸場の3つ。

TOURISM 11

進化を続ける夢の世界へいざ！ 東京ディズニーリゾートを満喫する！

2023年に東京ディズニーランドが開園40周年を迎え、さらに魅力倍増中。
東京ディズニーリゾートを丸ごと楽しむ情報やテクをチェックすれば準備万端！

©Disney

パーク内では人気キャラクターやキャストがゲストを温かく迎える

東京ディズニーランド®

とうきょうディズニーランド

舞浜 🏠千葉県浦安市舞浜1-1 ㊎変動あり（公式サイトを要確認） ㊡無休

▶MAP 別P.27 E-1

東京ディズニーシー®

とうきょうディズニーシー

舞浜 🏠千葉県浦安市舞浜1-13 ㊎変動あり（公式サイトを要確認） ㊡無休

▶MAP 別P.27E-2

東京ディズニーリゾート
インフォメーションセンター
☎0570-00-8632（ナビダイヤル）
※受付時間10:00～15:00（年中無休）

移動 ディズニーリゾートライン

東京ディズニーリゾート内の移動はディズニーリゾートラインが便利。普通乗車券260円

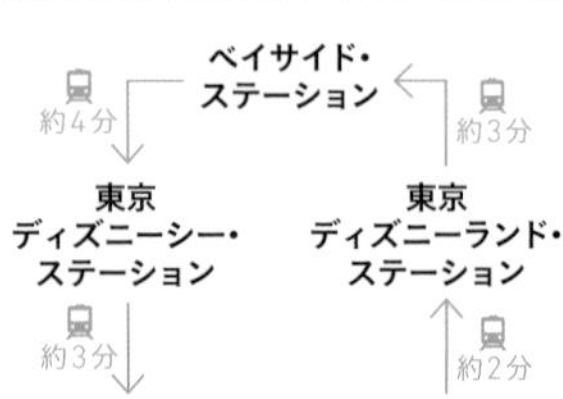

チケット 変動価格制チケット

パークチケットの価格は時間や時期、曜日により変動する。詳細は公式サイトを確認。

名称	大人（18歳以上）	中人（12～17歳）	小人（4歳以上）
1デーパスポート	7900～1万900円	6600～9000円	4700～5600円
アーリーイブニングパスポート（休日15時～）	6500～8700円	5300～7200円	3800～4400円
ウィークナイトパスポート（平日17時～※祝日を除く）	4500～6200円	4500～6200円	4500～6200円

※2カ月先の同日分のチケットを毎日14:00より販売。上記のほかに、障害のある方向けの1デーパスポート、期間限定のパスポートもあり

※2023年7月末時点の情報。内容が変更になる場合あり。また、画像は過去に撮影したもので、現在の運営ガイドラインや安全衛生対策と異なる場合あり。詳細は東京ディズニーリゾート・オフィシャルウェブサイトを要確認。

最新ニュースをチェック！

待望のニューオープン、限定のアニバーサリーイベントなど
東京ディズニーリゾートの気になる最新情報をお届け。

東京ディズニーシーに新テーマポートが誕生！

東京ディズニーシーの新たなテーマポート、ファンタジースプリングスには、"魔法の泉が導くディズニーファンタジーの世界"をテーマに、ディズニー映画を題材とした3つのエリア（写真右）と、ホテル（同下）が登場。

2024年春OPEN！

Artist Concept Only ©Disney

テーマポート内の新施設

- フローズンキングダム
- ピーターパンのネバーランド
- ラプンツェルの森
- 東京ディズニーシー・ファンタジースプリングスホテル

2024年3月末まで開催中

東京ディズニーリゾートで40周年をお祝い！

東京ディズニーランド開園40周年を記念して、2024年3月末（予定）まで、東京ディズニーリゾート全体でスペシャルイベント"ドリームゴーラウンド"を絶賛開催中。

ドリームガーランド 700円

バッグチャーム 各2000円

身につけても楽しめる40周年スペシャルグッズは、必ずゲットしたい

※商品は価格や内容の変更、品切れや販売終了になる場合あり。

パークを楽しむテクニック

東京ディズニーリゾートでより楽しく効率的に遊ぶためのテクニックを紹介。事前に確認して思う存分パークを満喫しよう。

テク_01 東京ディズニーリゾート公式アプリをダウンロード！

Google play　App store
無料

無料でダウンロードできる東京ディズニーリゾート公式アプリには役立つ機能や情報が満載。事前にダウンロードを済ませておこう。

アプリでできる主な内容

- パークチケットの購入・入園
- エントリー受付の申込み
- アトラクション待ち時間の表示
- レストラン事前予約
- パークグッズの購入

テク_02 キャラクターグリーティングはエントリー受付必須の場合も

キャラクターグリーティングやショーを体験するために、対象施設にはアプリで事前受付（抽選）が必要。忘れずに登録しよう。

1 希望のグリーティングやショーを選択

エントリーは入園後から可能。エントリーできる施設一覧が表示されたら希望の施設を選択。

2 入力内容の確認とエントリー

利用したい施設の希望時間、人数を確認して申し込む。アプリに時間が表示されたら当選。

テク_03 気軽に取得できるスタンバイパスで待ち時間を短縮

対象のレストランやショップなどを利用する際に必要なシステム。アプリで取得し、指定時間に対象施設に行くと、スタンバイ列に並ぶことができる。

テク_04 人気施設はディズニー・プレミアアクセスを活用

アトラクションやパレード、ショーなど対象施設を時間指定で予約できる有料サービス。1施設につき1人1回1500～2500円（施設により金額が異なる）。

新テーマポート内に誕生する東京ディズニーシー・ファンタジースプリングスホテルは、国内6番目のディズニーホテル。

TOURISM 12

開園40周年を迎え、さらにパワーアップ

東京ディズニーランドを攻略！

必ず乗りたいお約束アトラクションから、ミッキーやドナルドに会える
キャラクターグリーティング、大興奮必至のパレードやショーまでお楽しみが目白押し。

©Disney

＼絶対乗りたい！／

アトラクション

ティーカップに乗って
物語の世界へ

ファンタジーランド
ディズニー・プレミアアクセス対象
所要時間 約8分

映画の世界観を体験

美女と野獣“魔法のものがたり”

「美女と野獣の城」の中にあるアトラクション。名曲に合わせて踊るように動く魔法のカップに乗り、映画の世界の名シーンを巡る。

ライドで流れるノリノリのオリジナル曲にも注目

トゥモローランド

ディズニー・プレミアアクセス対象
所要時間 約1分30秒

予測不能な動きにハラハラ！

ベイマックスのハッピーライド

映画『ベイマックス』をテーマにした世界初のライドアトラクション。ケア・ロボットが運転するライドに乗ってエンジョイ。

クリッターカントリー
ディズニー・プレミアアクセス対象
所要時間 約10分

愉快な冒険の旅へ出発！

スプラッシュ・マウンテン

丸太のボートに乗って“笑いの国”へ冒険。クライマックスは最大斜度45度、落差16mの急降下。水しぶきが上がり抜群の爽快感。

ファンタジーランド
所要時間 約4分30秒

キュートなプーさんに癒される

プーさんのハニーハント

ハニーポットに乗ってプーさんと仲間たちが暮らす森で大冒険。はちみつを探しに夢の世界をめぐる旅でプーさんに癒されよう。

＼大好きなキャラクターに会える！／

グリーティング

トゥーンタウン

ミッキーマウスとご対面！

ミッキーの家とミート・ミッキー

裏庭のスタジオで撮影中のミッキーに会える。どんなコスチュームのミッキーに会えるかは当日のお楽しみ。

ドナルドたちと2ショット！

ウエスタンランド

ウッドチャック・グリーティングトレイル

野外活動がテーマのエリア「キャンプ・ウッドチャック」で元気いっぱいのドナルド＆デイジーと記念撮影を。

＼思わず一緒に踊りたくなる!?／

パレード＆ショー

色鮮やかなハーモニーの世界へ

パークワイド

ディズニー・プレミアアクセス対象

公演時間 約45分（1日1回）

ディズニー・ハーモニー・イン・カラー

ミッキーマウスやその仲間たちが登場し、さまざまな夢や希望、想いを、色とりどりの花びらとともに表現したデイパレード。

躍動感あふれるステージショー

トゥモローランド

エントリー受付対象

公演時間 約25分（1日4～5回）

クラブマウスビート

人気クラブ「クラブマウス」を舞台に、ミッキーマウスとその仲間たちが繰り広げる興奮必至のライブエンターテインメント。

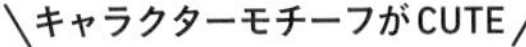

＼キャラクターモチーフがCUTE／

フード

スモークチキンレッグ

キャンプ・ウッドチャック・キッチン／ウエスタンランド

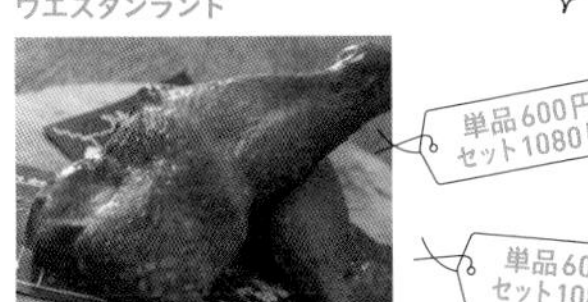

単品600円 セット1080円

エビカツバーガー

単品600円 セット1080円

ヒューイ・デューイ・ルーイのグッドタイム・カフェ／トゥーンタウン

マイクメロンパン（クリーム入り）

スウィートハート・カフェ／ワールドバザール

500円

ミッキーワッフル、メイプルソース付き

グレートアメリカン・ワッフルカンパニー／ワールドバザール

600円

＼自慢したくなるラインナップ／

グッズ＆お菓子

3900円

トートバッグ

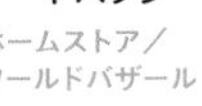

ホームストア／ワールドバザール

ぬいぐるみ

トイ・ステーション／ワールドバザール

各2200円

ボールペンセット

1800円

ビレッジショップス／ファンタジーランド

各2900円

Tシャツ

タウンセンターファッション／ワールドバザール

チョコレートクランチ

ワールドバザール・コンフェクショナリー／ワールドバザール

1200円

ポテトスナック

900円

ワールドバザール・コンフェクショナリー／ワールドバザール

※掲載している商品やメニューは、価格や内容の変更、品切れや販売終了になる場合あり。

TOURISM 13

新テーマポート誕生で話題を席巻 東京ディズニーシーを攻略！

海と神話の世界が広がる東京ディズニーシーには、ワクワクするような体験施設が満載。ダッフィー＆フレンズに会えるキャラクターグリーティングやグッズも要チェック。

©Disney

＼ 壮大なストーリーに感動 ／

ショー

2022年11月OPEN

映画の世界に入ったような気分に！

メディテレーニアンハーバー
ディズニー・プレミアアクセス対象
公演時間 約30分（1日1回）

ハーバー全体が“夢”であふれる

ビリーヴ！～シー・オブ・ドリームス～

ディズニーの仲間たちがあきらめずに信じ続けることで夢を叶えていく様子を描く、ナイトエンターテインメント。ハーバーを最大限に活用した演出は必見。

夜を彩るレーザーやパイロ、プロジェクションマッピング

＼いち早くチェックしたい／

テーマポート

2024年春OPEN予定

Artist Concept Only ©Disney

魔法の泉が導くディズニーファンタジーの世界へ

ファンタジースプリングス

ディズニー映画の名作を題材とした３つのエリアと、１つのディズニーホテルで構成される新たなテーマポート。４つのアトラクション、３つのレストラン、１つのショップが新設される。

気になる ＼3つのエリアはこちら！／

エリア_1 フローズンキングダム

『アナと雪の女王』の世界観が楽しめるエリア。山々に囲まれた村の様子や、雪の女王エルサの氷の宮殿も必見。

エリア_2 ピーターパンのネバーランド

入り江に浮かぶ海賊船や谷間の隠れ家など、映画で観たネバーランドが広がる。冒険心をくすぐる仕掛けが満載。

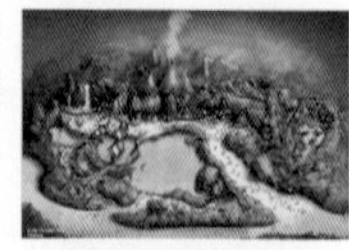

エリア_3 ラプンツェルの森

主人公ラプンツェルが幼少期に暮らしていた塔も登場。ランプやランタンなど夜を彩るライトアップも美しい。

\ 人気キャラクターと記念撮影！ /

グリーティング

ロストリバーデルタ

ミッキー＆ミニーにごあいさつ♪

ミッキー＆フレンズ・グリーティングトレイル

ロストリバーデルタのジャングルで探検家のコスチュームを着たミッキーをはじめミニーやディズニーの仲間たちと写真撮影が楽しめる。

ロストリバーデルタ

もふもふキュートなダッフィー♡

“サルードス・アミーゴス！”グリーティングドック

ラテンアメリカの伝統衣装を身につけたダッフィーがお出迎え。ふわふわで愛くるしいかわいさに胸キュン！

\ 並んででも乗りたい！ /

アトラクション

メディテレーニアンハーバー

ディズニー・プレミアアクセス対象

所要時間 約5分

ライドに乗って世界中を旅する

ソアリン:ファンタスティック・フライト

空を飛ぶ「ドリームフライヤー」に乗って世界の名所や大自然をめぐる、臨場感満点の飛行体験。

アメリカンウォーターフロント

ディズニー・プレミアアクセス対象

所要時間 約7分

おもちゃの世界でゲーム体験！

トイ・ストーリー・マニア！

映画『トイ・ストーリー』の世界で体験する、3Dシューティングゲームのアトラクション。

映画に出てくる新入りおもちゃ気分でトラムに乗車

\ 食べ歩きメニューも充実 /

フード

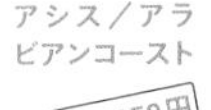

サルタンズサンデー

サルタンズ・オアシス／アラビアンコースト

1個850円

リトルグリーンまん

ザンビーニ・ブラザーズ・リストランテ／メディテレーニアンハーバーほか

1カップ400円

ケープコッド・クックオフのファーストプライズセット

ケープコッド・クックオフ／アメリカンウォーターフロント

1430円／単品950円

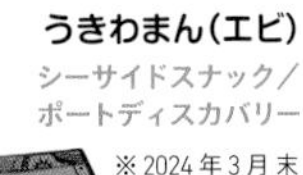

うきわまん（エビ）

シーサイドスナック／ポートディスカバリー

※2024年3月末まで「ミッキーうきわまん（チキン）」を限定販売予定

1個600円

\ トキメクかわいさ♡ /

ダッフィー＆フレンズグッズ

販売場所 マクダックス・デパートメントストア／アメリカンウォーターフロント

ぬいぐるみ 各4000円～

ダッフィー

シェリーメイ　オル・メル

パスケース 1800円

クッキー・アン

メモセット 850円

リーナ・ベル

カチューシャ 各1700円

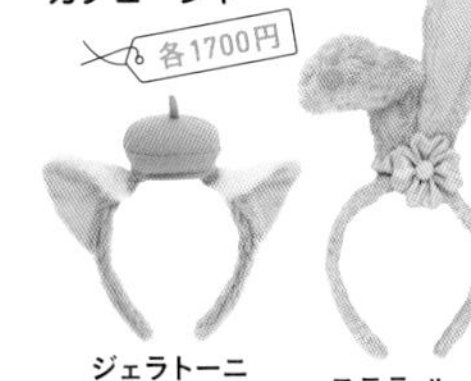

ジェラトーニ　ステラ・ルー

キャンディー 700円

チョコレート 900円

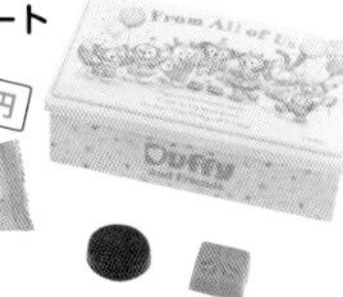

※掲載している商品やメニューは、価格や内容の変更、品切れや販売終了になる場合あり。

ダッフィー＆フレンズにキツネの女の子「リーナ・ベル」が仲間入り。パークで会えるダッフィー＆フレンズは7人に。

和モダンなホテルで

贅沢ステイを叶える

和モダンな空間が心地よい、話題のホテル・旅館をピックアップ。
都会の隠れ家のような雰囲気で、いつもより上質な気分に浸れる東京ステイを楽しもう。

北欧×和デザインの最旬ブティックホテル

HOTEL K5

ホテル ケーファイブ

ホテルが入るマイクロ複合施設K5は、1923(大正12)年に建てられた、日本初の銀行である第一国立銀行の元別館。歴史的建造物の重厚感を生かしながら、北欧と和のテイストを融合させリノベーションしたモダンな空間に注目。

中央区日本橋兜町3-5 K5 2～4F
03-5962-3485 ㊋地下鉄日本橋駅D2出口から徒歩5分
日本橋 ▶MAP 別P.7 F-2

料金 3万5000円～
IN 15:00 OUT 12:00

+α のお楽しみ

1階のライブラリーバーで乾杯

赤い店内が印象的な「Bar -Ao-」では、日本茶や漢方をベースにしたカクテルも楽しめる。

1施設は日本橋兜町の再活性化に貢献 2北欧のデザインユニットがプロデュース

スタイリッシュで快適さも兼ね備えたホテルタイプ

1和がコンセプトの客室シグネチャーツインルーム 2モダンなバスルームには檜風呂も

"美しいモダンな和"がコンセプト

庭のホテル 東京

にわのホテル とうきょう

日本旅館がルーツの人気ホテルが2022年3月にリニューアルオープンし、上質感がさらにアップ。伝統工芸を現代風に取り入れた装飾の館内や、身近に四季を感じられる4つの庭など、美しい和の趣を堪能できる。

千代田区神田三崎町1-1-16
03-3293-0028 ㊋JR水道橋駅東口から徒歩4分 水道橋 ▶MAP 別P.28 ⑫

料金 3万円～
IN 15:00 OUT 11:00

+α のお楽しみ

大きな窓に広がる中庭の風景もごちそう

1階の中庭に面した和洋2つのレストラン。朝食からランチ、ディナーまで絶品料理に舌鼓。

和のおもてなしに心癒されるひと時を

高輪 花香路

たかなわ はなこうろ

グランドプリンスホテル高輪内にある全16室の旅館。客室は襖や雪見障子、畳など日本建築が感じられる一方で、ローベッドやソファを配し、機能的かつ落ち着いた和の空間を演出。宿泊客専用のラウンジやスパも魅力的。

港区高輪3-13-1 グランドプリンスホテル高輪内 ☎03-3447-1117
⊗各線品川駅高輪口から徒歩約5分
品川 ▶MAP 別P.29 ㉜
料金 3万217円〜 IN 15:00 OUT 12:00

+α のお楽しみ

約2万㎡に及ぶ日本庭園を散策

庭園で月を楽しむ体験「高輪廿六夜(たかなわにじゅうろくや)」のライトアップも幻想的。

1 グランドプリンスホテル高輪のロビー奥に花香路専用のエントランスがある 2 こだわりのアメニティも完備

喧噪を忘れる落ち着いた雰囲気の 日本旅館タイプ

1 露天風呂付きなど、客室は7タイプ全35室 2 和の情緒が漂う佇まい

都心から10分！癒しの温泉旅館

由縁別邸 代田

ゆえんべってい だいた

山里の温泉地であるかのような、緑豊かな環境に佇む。客室はコンパクトながら板間、畳間、窓際の広縁からなるレイアウトで、ゆったりくつろげる旅館スタイルの空間。館内には本格割烹や茶寮、離れにはSPAも備わる。

世田谷区代田2-31-26 ☎03-5431-3101
⊗小田急線世田谷代田駅東口から徒歩1分
下北沢 ▶MAP 別P.21 D-2
料金 2万8400円〜(1室あたり)
IN 15:00 OUT 11:00

+α のお楽しみ

大浴場には内湯やヒバの露天風呂が

箱根・芦ノ湖温泉の源泉から運ぶ露天風呂は、肌によいアルカリ性単純温泉。サウナも併設。

© Nacása & Partners Inc.

由縁別邸 代田の大浴場は、日帰り温泉プランでの利用も可能(2日前までの要予約)。

TOURISM 15

思わず自慢したくなる！
ユニークなコンセプトルームに宿泊

おしゃれなデザインにユニークなコンセプト……。個性的なホテルの客室に興味津々！
ひと味違うステイ体験は、旅の思い出の1ページを彩ってくれるはず。

1 首都高や線路の景色を間近に楽しめる 2 ミニマルでおしゃれなスタンダードルーム

ピンク色がかわいい、人気のロフトルーム

都心の景色を見渡せる
9階のカフェラウンジ

カラフルな空間で自分時間を満喫

toggle hotel suidobashi

トグルホテル スイドウバシ

"on/off, your style"をコンセプトに、その時の気分や自分に合ったスタイルで、思い思いの時間を過ごせる。最大5名まで宿泊可能な全84室の客室は、バイカラーの内装がインパクト大。カラー設定はフロアごとに異なる。

千代田区飯田橋3-11-4
☎03-3239-1096　JR水道橋駅西口から徒歩3分
水道橋 ▶MAP 別P.28 ⑫
料金 1万1800円～(1室あたり)　IN 15:00　OUT 11:00

1 最上階のOMOベースからは浅草寺や東京スカイツリー®が見える 2 ご当地商品も販売

高座に上がった噺家の気分で会話も弾む!?

浅草寺東側の馬道通り沿いにあり、便利な"街ナカ"に位置

"粋だねぇ、浅草上手"がコンセプト

OMO3浅草 by 星野リゾート

おもすりー あさくさ ばい ほしのりぞーと

江戸情緒と下町文化の香り漂う浅草の楽しみ方を発信するホテルとして2023年7月に開業。全98室の客室の中で異彩を放つ寄席ツインルームは、赤い絨毯や高座のような紫の座布団を設え、粋な浅草スタイルを表現。

台東区花川戸1-15-5　☎050-3134-8095(OMO予約センター)　各線浅草駅7番出口から徒歩4分
浅草 ▶MAP 別P.10 C-1
料金 1万8000円～　IN 15:00　OUT 11:00

ゆったりくつろげるスイートルームの客室

全室に大型ブロアバス、サウナ(ドライ/ミスト)が設置

1客室にはアロマディフューザーやスピーカーなども備わる 2抜群の利便性を誇る池袋の新拠点

©Nacása & Partners Inc.

おこもりステイにもおすすめ

hotel hisoca ikebukuro

ホテル ヒソカ イケブクロ

2022年3月に池袋西口にオープンしたデザイナーズホテル。客室は優しいダスティカラーの壁面でモダンなインテリアが配され、フォトジェニック。自分らしく、心穏やかに過ごせる空間で、特別なひと時を楽しもう。

豊島区西池袋1-10-4
☎03-6692-8181
Ⓧ各線池袋駅西口または3番出口から徒歩2分
池袋 ▶MAP 別P.26 A-1
料金 2万3100円～(1室あたり)
IN 15:00 OUT 11:00

Photo by Tomooki Kengaku

"泊まれるアート作品"なホテル

BnA_WALL

ビーエヌエー ウォール

さまざまなアート体験を提供する、アートに包まれたオルタナティブホテル。日本を代表するアーティストたちが手がけた26室の客室は、空間そのものが作品。部屋ごとに異なる雰囲気を楽しめるため、リピーターも多い。

中央区日本橋大伝馬町1-1
☎03-5962-3958
Ⓧ地下鉄小伝馬町駅3番出口から徒歩3分
小伝馬町 ▶MAP 別P.28 ⑰
料金 2万5000円～
IN 15:00
OUT 10:00

ポップな絵画が目を引く「桜色の絨毯の部屋」

1スイートルーム「昼がみた夢 -daytime's daydream-」2ロビーラウンジ

見て参加して楽しめる巨大壁画や制作スペースも併設

©Nacása & Partners Inc.

温かみを感じるスリーピングポッド

1スマートチェックインシステムで非対面でのチェックイン・アウトが可能 2女性専用ラウンジ

歴史や伝統をもつ下町・人形町に2022年11月に開業

こだわり満載のミニマルデザイン

ナインアワーズ人形町

ナインアワーズ にんぎょうちょう

デザイン性と利便性を兼ね備えた次世代のカプセルホテルを提案するナインアワーズ。人形町店の内装設計は家具デザイナーの藤森泰司氏が担当。シャワー・睡眠・身支度をつなぐ緩やかな導線設計が心地よい空間を演出。

中央区日本橋人形町3-6-1 ☎050-1807-3325 Ⓧ地下鉄人形町駅A5出口から徒歩2分 人形町 ▶MAP 別P.28 ⑳
料金 4900円～
IN 14:00 OUT 10:00

都内には人気キャラクターの世界観に浸れるコラボルームのあるホテルも。

進化を続けるトレンドタウン

渋谷（しぶや）

SHIBUYA

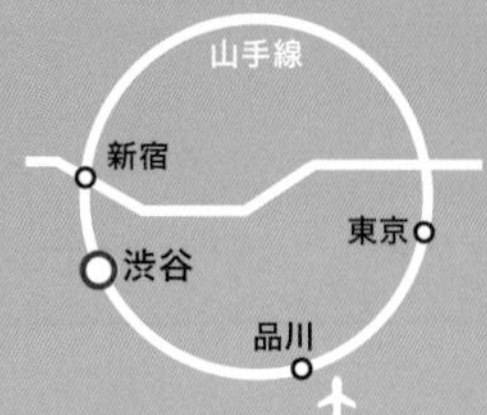

変わり続ける若者の街として知られ、渋谷ヒカリエから始まった渋谷駅の再開発は現在も進行中。ちょっと歩けばツウ好みの奥渋谷もあり、懐の深い街でもある。

このエリアの利用駅
JR山手線、埼京線 渋谷駅
東京メトロ 渋谷駅
東急東横線、田園都市線 渋谷駅 ほか

昼：◎ 夜：◎
日中は新しい複合施設で過ごす。ディナーはカジュアルからフォーマルまで対応可。

SHIBUYA 01

MIYASHITA PARKの屋上へTO GO！

公園×商業施設×ホテルが一体化した渋谷の新ランドマーク。館内の飲食店でテイクアウトして屋上の公園で食べるのもおすすめ。緑に囲まれ、のんびりとグルメを楽しもう。

渋谷区神宮前6-20-10 ㊋店舗により異なる ㊇各線渋谷駅ハチ公口から徒歩3分

MAP▶別P.12 A-3

屋上に再整備された公園エリアには芝生ひろばやスケート場などがある

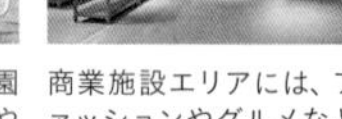

商業施設エリアには、ファッションやグルメなど約90の店舗が並ぶ

台湾カステラのふわふわサンド 生クリームいちご 583円

2F South

CUTE!

各693円

クリームソーダ（ブルーハワイ・メロン・いちご）

とってもカワイイ絶品ソフト♪

MIYASHITA CAFE

ミヤシタカフェ

福岡発、ソフトクリーム専門店の新業態。驚くほどなめらかなソフトクリームは、濃厚だけど後味すっきり。コーヒーメニューやスイーツも充実している。

☎03-6712-5650 ㊋11:00～21:00(LO21:00) ㊡施設に準ずる

渋谷 ▶MAP 別P.12 A-3

528円

香り高いコーヒーはソフトクリームと相性よし

2F South

ムーと鉄板ベーコンエッグ（ドリンク付）※モーニング限定 800円

カフェラテ 680円

鉄板オムレツ（サラダ付） 800円

人気ベーカリーが手がけるカフェ

パンとエスプレッソとまちあわせ

こだわりの卵を使った料理を提供するベーカリーカフェ。オムレツやクロックマダム、キューブ型食パン“ムー”のフレンチトーストなど、できたてアツアツの卵メニューを堪能できる。

☎03-6805-0830 ㊋8:00～21:00(フードLO18:00、スイーツLO19:00、ドリンクLO20:00) ㊡施設に準ずる

渋谷 ▶MAP 別P.12 A-3

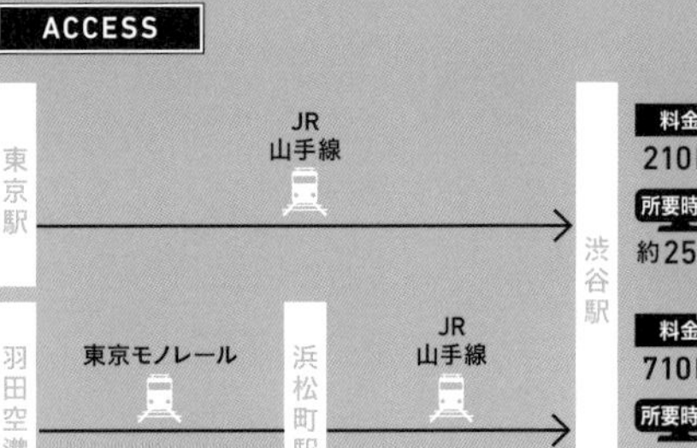

スクランブル交差点
スクランブルこうさてん
1日50万人以上の歩行者が通過すると言われる交差点。渋谷のシンボル

SHIBUYA 02

渋谷PARCOで最新カルチャーを攻める！

東京の旬が感じられるファッションをはじめ、レストラン、ギャラリーなど多種多様な約190店舗がそろい、劇場やミニシアターも入る。最先端の文化に触れられる人気のスポット。

渋谷PARCO

しぶやパルコ

渋谷区宇田川町15-1　☎03-3464-5111(代表)　営店舗により異なる　交各線渋谷駅ハチ公口から徒歩5分

渋谷 ▶MAP 別P.14 C-2

マスコット
スーパーマリオ パワーアップ
各1650円

ニンテンドー
プリペイドカード
(Nintendo TOKYO)
3000円

©Nintendo

8F

アートとカルチャーの情報発信の場！

PARCO MUSEUM TOKYO

パルコミュージアムトーキョー

アートやデザイン、ファッション、サブカルなど、独自目線で新しいコトやモノの魅力あふれる企画展を開催。日本国内、そして世界へ向けたカルチャー情報発信地となっている。

営11:00～21:00(最終入場20:30)　休不定休　料展覧会により異なる

「ほぼ日刊イトイ新聞」のリアルスペース

ほぼ日曜日

ほぼにちようび

日々WEBからコンテンツを届けている「ほぼ日」。ここでは展覧会、イベント、ライブ、トークショーなど「生」の出会いを提供。何が行われるかは「ほぼ日曜日」の公式サイトをチェック！

☎03-5422-3466　営11:00～21:00(2023年7月現在)　休施設に準ずる

ここでしか手に入らないグッズも！

Nintendo TOKYO

ニンテンドー トウキョウ

任天堂の直営オフィシャルストア。ゲーム機、ソフト、豊富なキャラクターグッズなどを販売している。ここでしか買えないオリジナルグッズも目白押し。任天堂ファン必見の店。

☎0570-021-086　営11:00～21:00※6Fは土・日曜・大型連休など10:00～(2023年7月現在)　休施設に準ずる

渋谷みやげなら、渋谷ヒカリエの東横のれん街と渋谷マークシティの東急フードショーの、ハチ公をモチーフにしたおいしいものがおすすめ。

SHIBUYA 03

カオスキッチンのユニークグルメをいただきます!

渋谷PARCO地下は、食・音楽・カルチャーをコンセプトにしたレストラン&カフェとショップが混在した空間。フロアの一角に展示された旧渋谷PARCOのネオンサインも必見。

渋谷PARCO →P.99

しぶやパルコ

YUMMY

いずみ鶏の熟成柿酢仕立て550円。鹿児島産のいずみ鶏を使った一品

お気に入りの日本酒が見つかる

未来日本酒店&SAKE BAR

みらいにほんしゅてんアンド サケ バー

希少な日本酒とペアリングフードを提供。120種類以上の日本酒やリキュールを60分利き酒し放題できるコースも人気。

☎03-6455-3975
営13:00～22:30
休施設に準ずる

塩らぁめん750円
優しい味わいのスープが評判の一杯。豚モモチャーシューも魅力的

醤油らぁめん750円
コシのあるちぢれ麺にあっさり味のスープがよく絡んで美味

ミシュラン獲得店の創作ラーメン

Jikasei MENSHO

ジカセイ メンショウ

コンセプトは"上質なラーメンを渋谷から世界へ"。日本が世界に誇るラーメンを伝統的かつ現代的なメニュー展開で提供する。

☎03-5489-3880
営11:30～22:00、土・日曜・祝日～21:00 休施設に準ずる

獣肉盛り7種3980円。鹿、鴨、カンガルー、ワニなど7種類の肉が味わえる

話題騒然!超個性派の注目居酒屋

米とサーカス

こめとサーカス

"おいしく楽しく"をコンセプトにジビエと昆虫料理を提供。驚きの食材を使ったグルメの数々を、ぜひ体験してみよう。

☎03-6416-5850
営12:00～16:00、17:00～22:30、火曜17:00～22:30
休施設に準ずる

1 屋上展望空間SKY STAGE 2 屋上中央のヘリポート 3 のんびり過ごせるCLOUD HAMMOCK

大都会・渋谷を見渡す絶景体験

SHIBUYA SKY

シブヤ スカイ

開放感抜群の屋上展望空間からは、渋谷上空でしか見られない東京の絶景を眺めることができる。

渋谷区渋谷2-24-12 渋谷スクランブルスクエア14F、45F、46F、階上 ☎03-4221-0229(10:00～20:00) 営10:00～22:30(最終入場21:20) 休1/1※臨時休あり 料WEBチケット2200円 交各線渋谷駅直結 渋谷 ▶MAP 別P.15 D-3

SHIBUYA 04

最旬ジェニックスポットで絶景フォトを撮る

地上229m。渋谷エリア最高峰の高さに位置する、日本最大級の屋上展望空間。東京の街やきらめく夜景をバックに写真を撮るチャンス!

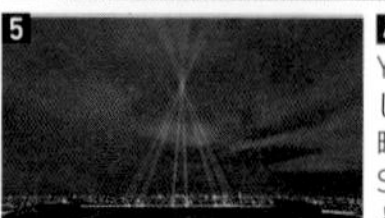

4 46階SKY GALLERYには夜景とお酒が楽しめるバーも 5 夜は時刻を知らせるCROSSING LIGHTが音楽とともに夜空を照らす

奥渋谷をとことこ歩いておしゃカフェめぐり♪

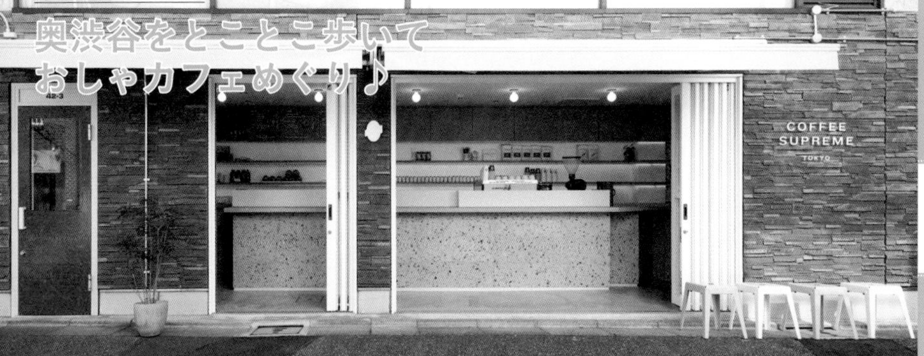

奥渋谷は、おしゃれでフォトジェニックなカフェの宝庫。素敵な空間で過ごす時間は格別。お気に入りの店を見つけたら、"#おしゃカフェ"でインスタにシェアしよう。

誰もが気軽にコーヒーを楽しめる独自のホスピタリティカルチャーを提案している

フラットホワイトは強いコーヒー感で人気

目印の看板には洗練されたデザインのアイコンが

店内ではラテアートも楽しめる

カフェタイムでリラックス♪

Coffee Supreme

コーヒー スプリーム

ニュージーランド生まれのスペシャルティコーヒーロースタリーの国内初店舗。日本では珍しいフラットホワイトが味わえる。

渋谷区神山町42-3 1F ☎03-5738-7246 営8:00～17:00、土・日曜・祝日9:00～(変動あり) 休無休 交地下鉄代々木公園駅2番出口から徒歩6分

奥渋谷 ▶MAP 付録P.14 A-1

1 一汁三菜を基本に、肉がメインの定食mealA1950円 2 看板が目印 3 棚に並ぶ器は、1階のショップで購入することができる

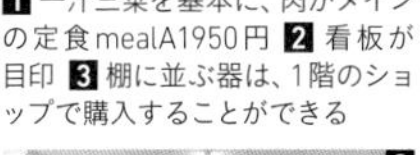

和食と器を合わせて提案

Meals

ミールズ

愛知県瀬戸市の食器メーカー「マルミツポテリ」の直営カフェ。二十四節気を意識した一汁三菜を器とのコーディネートを含めて楽しませてくれる。

渋谷区富ヶ谷1-17-5 2F ☎03-5465-1772 営11:30～18:30(LO17:30) 休水曜 交地下鉄代々木公園駅2番出口から徒歩5分

奥渋谷 ▶MAP 別P.14 A-1

1 キャロットケーキ650円。nephewラテ650円とともに 2 運営するデザインスタジオが内装などを手がける 3 青色のドアが印象的

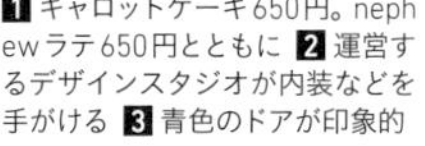

木造一軒家をリノベーション

nephew

ネフュー

手作りスイーツとオーガニック農法の豆を使うコーヒーが人気のカフェ。夕方からはバーになり、大人の時間が流れる。気軽に立ち寄りたい。

渋谷区富ヶ谷1-7-2 ☎03-5738-8908 営10:00～17:00、19:00～翌1:00、金・土・日曜～24:00※火曜はデイタイムのみ 休月曜 交地下鉄代々木公園駅2番出口から徒歩2分

奥渋谷 ▶MAP 別P.27 ②

洗練されたカフェだけでなく、昔ながらの商店が残るのも奥渋谷の魅力。交通量も少なく散歩に絶好。

ハイセンスとKAWAIIが共存する街

原宿(はらじゅく)・表参道(おもてさんどう)

HARAJUKU OMOTESANDO

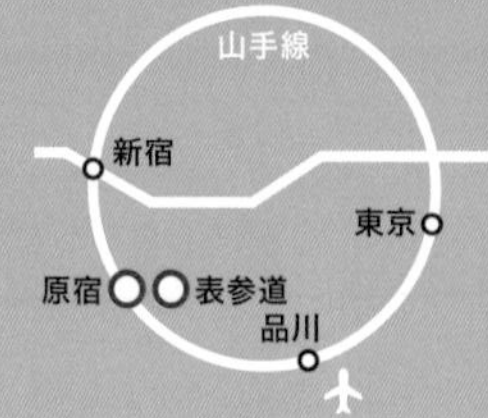

都内でも屈指の流行発信地。ハイセンスなブランド店が並ぶ表参道や"KAWAII"の聖地、竹下通り、裏原のショップも魅力的。若者から大人まで満足度が高いエリア。

このエリアの利用駅
JR山手線 原宿駅
東京メトロ 表参道駅
東京メトロ 明治神宮前〈原宿〉駅

昼：◎ 夜：○
昼は多くの若者で混み合う。深夜まで利用できるカフェもある。

HARAJUKU OMOTESANDO 01

新しくなったJR原宿駅でゆったりカフェタイム

これまで木造だった駅舎が、ガラス張りになってとても開放的に。表参道口改札前には23区初の猿田彦珈琲の旗艦店もオープン。新たな原宿駅をゆっくり楽しもう。

リニューアルした駅舎に注目

JR東日本原宿駅

ジェイアールひがしにほん はらじゅくえき

広さが3倍になった原宿駅は、今までの竹下口に加え、明治神宮方面の西口と表参道方面の東口が新設されてさらに便利になった。

©JR東日本

渋谷区神宮前1-18-20 原宿 ▶MAP 別P.12 A-1

店内は日本の路地をイメージ

猿田彦珈琲 The Bridge 原宿駅店

さるたひここーひー ザ ブリッジ はらじゅくえきてん

原宿駅直結。既存メニューに加え、ウイスキー樽で熟成させたコーヒーなど、特別なラインナップが味わえる。限定グッズも販売。

渋谷区神宮前1-18-20 原宿駅2F ☎03-6721-1908 営8:00～21:00※変動あり。詳細は公式HPで要確認 休不定休 交JR原宿駅直結(改札外) 原宿 ▶MAP 別P.12 A-1

500円

680円

1 厳選したスペシャルティコーヒー豆を使用した新・猿田彦のカフェラテ 2 ごろっと野菜のトマト&モッツァレラホットサンド 3 和×モダンな落ち着ける空間

2時間待ちは覚悟して！

amam dacotan 表参道店

アマム ダコタン おもてさんどうてん

開店前から長蛇の列ができる人気ベーカリー。購入したパンは店の前のテラス席でも食べられる。

港区北青山3-7-6 ☎03-3498-2456 営11:00～19:00 休不定休 交地下鉄表参道駅B2出口から徒歩2分 表参道 ▶MAP 別P.13 D-3

HARAJUKU OMOTESANDO 02

行列必至のベーカリーで宝石のようなパンを頬張る

トレンド仕掛け人、平子良太氏のベーカリーが東京に進出！独自の世界感を表現する店内に心躍るパンがズラリと並ぶ。

究極のふわとろ。生カスタードドーナツ

367円

572円

サルシッチャをサンドしたダコタンバーガーとカヌレ(大) 302円

オンライン注文&決済で並ばずに受け渡しできるサービスも

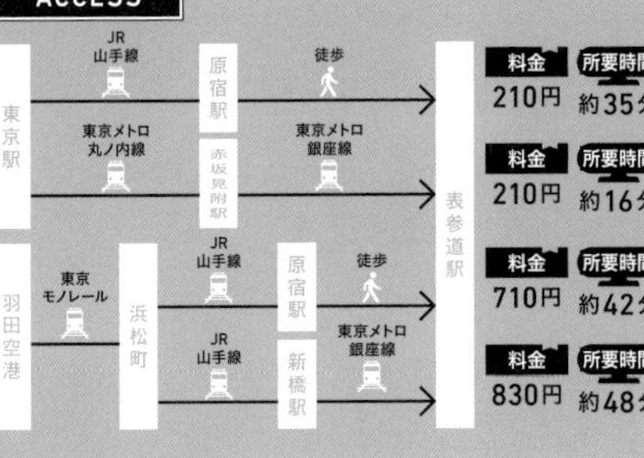

WITH HARAJUKU
ウィズハラジュク

JR原宿駅前に誕生した大型複合施設。IKEAなど話題の店舗が入っている

HARAJUKU OMOTESANDO 03

韓国っぽカフェでエアトリップしちゃう♪

さまざまなブームを生み出している韓国カルチャー。センスのいいおしゃれな韓国風カフェでのんびりブレイクすれば、韓国旅行している気分になれるかも!?

日本では2店目となるSalon de Louis南青山店。席が広くゆったりできる

ベリークロワッフル1600円
サクサクした食感のワッフル

1 抹茶イチゴラテ965円
抹茶の緑といちごの赤の組み合わせがきれいな映えるドリンク

2 ヘーゼルチョコラテ920円
ヘーゼルナッツの香ばしさが美味。奥深い味わいで飲み応えあり

アフタヌーンティーも楽しめる

Salon de Louis 南青山店

サロンドルイ みなみあおやまてん

韓国のジュエリーブランドが手がけるカフェ。華やかでフォトジェニックなメニューが大人気。おしゃれな韓国のインテリアにも注目。

港区南青山3-15-15 ☎03-6812-9161 営11:00～20:00(LO19:00) 休無休 交地下鉄表参道駅A4出口から徒歩3分 表参道 ▶MAP 別P.13 E-2

韓国発の萌え美味スイーツ♪

COOING

クイン

ポップなデザインでボリューミーなマカロン、トゥンカロンが日替わりで約12種類楽しめる。食べるのが惜しくなるほどキュート!

もこもこサンダーなど、カラフルでかわいいデザインに夢中!

渋谷区神宮前4-25-35 2F ☎03-6434-9984 営11:00～20:00(LO19:00) 休無休 交地下鉄明治神宮前〈原宿〉駅5番出口から徒歩5分 原宿 ▶MAP 別P.12 C-1

クッキーモンスター470円はストロベリークリーム入り

歴史的な木造駅舎である、三角屋根に風見鶏の尖塔が付いた旧原宿駅は解体されたが、新駅舎の隣に復元される予定。

HARAJUKU OMOTESANDO 04

ファッションの聖地 裏原宿でカワイイコーデ♡

魅力的なお店がいっぱい

“裏原系”と呼ばれるストリート系ブランドや人気古着店が集まる裏原宿は、ファッション感度が高い人たちでにぎわうエリア。原宿に来たら、ぜひ足をのばして路地裏へ！

K-POPスターとおそろいも！

NERDY HARAJUKU FLAGSHIP STORE

ノルディ ハラジュク フラッグシップストア

韓国アイドルやモデルたちの御用達ブランドが日本初上陸。1階には韓国発セルフ写真館「photogray」も併設され、韓国気分を味わえる。

渋谷区神宮前3-20-6 ☎03-6384-5892 営11:00～20:00 休月曜 交地下鉄明治神宮前〈原宿〉駅5番出口から徒歩8分

原宿

▶MAP 別P.12 C-1

コリアンブランド

韓国らしいビビッドなカラーが人気♪

種類豊富なカチューシャ、帽子、サングラスも無料で貸し出し

ベーシック2枚500円、スペシャル2枚600円。左の写真はスペシャル

原宿発ブランド

続々登場する新作アイテムは要チェック

乙女ゴコロをくすぐるアイテム満載

Candy Stripper Harajuku

キャンディストリッパー ハラジュク

“NO RULE,NO GENRE, NO AGE”がコンセプトの人気ブランド。遊び心あふれるデザインが個性派女子から支持を集めている。

渋谷区神宮前4-26-27 ☎03-5770-2200 営11:00～20:00 休不定休 交地下鉄明治神宮前〈原宿〉駅5番出口から徒歩4分

原宿

▶MAP 別P.12 C-1

1万8700円

70'S MOODデザインがおしゃれなTIE DYE SHIRT

8800円

ギンガムチェック柄のSHOULDER BAG

ユーズドファッション

流行にとらわれないラインナップが魅力

カラフル＆ポップな古着がいっぱい

サントニブンノイチ 原宿店

サントニブンノイチ はらじゅくてん

独自のセレクトセンスでファッショニスタから注目を集める古着店。個性的なアイテムがそろう。スタッフの親身な接客も人気の秘密。

渋谷区神宮前4-26-28 ☎なし 営13:00～20:00 休不定休 交地下鉄明治神宮前〈原宿〉駅5番出口から徒歩4分

原宿 ▶MAP 別P.12 C-1

9504円

7344円

1 時代を超えて愛されるUSEDスカジャン 2 PINK HOUSEのUSEDスウェット

歩くだけでも超楽しい!!

HARAJUKU OMOTESANDO 05

キャットストリートの人気ショップをチェック！

キャットストリートは、原宿と渋谷をつなぐ約1kmの通り。ハイブランドを扱うショップから古着屋まで個性的な店が連なる、昔も今も変わらない旬のスポット。

見て、食べて、笑顔になれるキャンディ

CANDY SHOW TIME Cat street

キャンディー・ショータイム キャットストリート

カラフルなキャンディが目を引く専門店。キャンディ作りの実演も行われ、試食も可能。季節限定商品もあり、おみやげにもぴったり。

渋谷区神宮前6-7-9 ネスト原宿Ⅰ 1F ☎03-6418-8222 営12:00～19:00、土・日曜・祝日11:00～ 休無休 交地下鉄明治神宮前〈原宿〉駅7番出口から徒歩3分

原宿 ▶MAP 別P.12 B-2

CUTE!

460円～

(上)パッケージもcute(下)かわいいキャンディを作っている様子が見られる

トレンドを押さえたUSED SHOP

RAGTAG 原宿店

ラグタグ ハラジュクテン

デザイナーズブランドを中心に扱うユーズドセレクトショップ。コンディションのよさが魅力で、憧れブランドも気軽にゲットできる。掘り出しモノが見つかるかも。

渋谷区神宮前6-14-2 ☎03-6419-3770 営11:00～20:00 休無休 交地下鉄明治神宮前〈原宿〉駅4番出口から徒歩4分

原宿 ▶MAP 別P.12 B-2

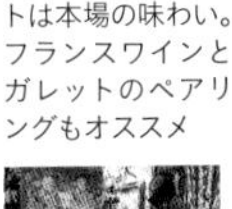

1

8400円

2

2万9800円

1 Ance Studios ニット
2 STELLA McCARTNEY バッグ

コンプレット1650円
ハム、チーズ、卵を包んだ定番ガレットは本場の味わい。フランスワインとガレットのペアリングもオススメ

本場仕込みのガレットに舌鼓

La Fee Delice

ラ フェデリース

オープン23年目のガレットクレープリーレストラン。店内は異国情緒にあふれ、メニューは気軽なランチからコースまで楽しめる。

渋谷区神宮前5-11-13 ☎03-5766-4084 営11:30～21:00(LO20:00) 休月曜(祝日の場合は火曜休) 交地下鉄明治神宮前〈原宿〉駅7番出口から徒歩3分 原宿 ▶MAP 別P.12 B-2

カラス族やロリータ、森ガールにネオコス。時代とともに変遷を遂げる原宿系ファッションの始まりは、1980年代の竹の子族との説も。

新生サブカルの聖地

下北沢

しもきたざわ

SHIMOKITAZAWA

山手線
新宿
下北沢
渋谷
東京
品川

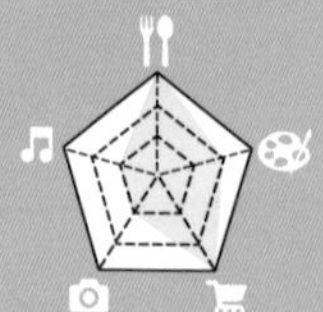

線路周辺の再開発に注目

小田急線、京王井の頭線の線路変更や駅周辺の開発で、個性豊かな商業施設が登場。サブカルの拠点としての下北沢らしさを残しつつ進化する街を探索しよう！

このエリアの利用駅
京王井の頭線 下北沢駅
小田急小田原線 下北沢駅
小田急小田原線 東北沢駅

昼：◎ 夜：◎
駅周辺の新しい施設をハシゴして、最新トレンドをチェック！

SHIMOKITAZAWA 01

新施設「ミカン下北」で異国グルメの旅

個性的な店舗が軒を連ねるミカン下北。エキゾチックな横丁で、さまざまな国の本格料理を。

遊ぶと働くの未完地帯
ミカン下北
ミカンしもきた

京王井の頭線高架下で、5つの街区からなる複合施設。多彩な店舗がそろう。

世田谷区北沢2-11-15ほか
下北沢駅京王線中央口、小田急線南西口から徒歩1分
下北沢 ▶MAP 別P.21 E-1

本場の味わいを満喫！
チョップスティックス
チョップスティックス

自家製パンのバインミーと生麺フォーが名物。

ミカン下北A街区A206
03-6805-5833 営11:30～15:00（LOフード14:30）、17:00～22:00（LOフード21:00） 休無休

コレ、マスト！ バインミーサイゴン 800円

一番人気。なますの酸味とチャーシューの塩気のバランスが絶妙！

ライトな飲み口のビアハノイ650円（右）やベトナムの定番ビール333（バーバーバー）550円

タイ屋台100％再現を目指す
タイ屋台999
タイやたい カオカオカオ

タイで1932年創業の"緑のカオマンガイ"こと「クワンヘン」で修業した本場の味を。

ミカン下北A街区A207 03-6450-7399 営11:30～15:00、17:00～23:30（LOフード22:30、ドリンク23:00） 休無休

バンコクの屋台そのもの！

コレ、マスト！
トムヤムクンラーメン
979円

お米の麺を使った「クイティオトムヤム」。濃厚エビだしの酸っぱ辛いトムヤムスープは最後の一滴まで飲み干せる

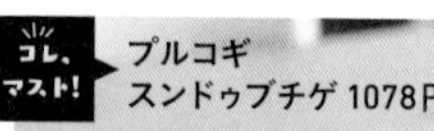

コレ、マスト！ プルコギスンドゥブチゲ 1078円

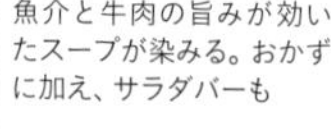

魚介と牛肉の旨みが効いたスープが染みる。おかずに加え、サラダバーも

(上)中通路に面した開放的な店舗(下)バナナホットックパフェ

572円

韓国政府認定優秀レストラン
韓国食堂＆韓甘味 ハヌリ
かんこくしょくどうアンドかんかんみ ハヌリ

本場韓国料理が気軽に楽しめる。韓国直送の調味料で作るおかずが絶品。ランチは国産野菜のサラダバー付き。

ミカン下北A街区A204 03-5787-8272
営11:00～23:00（LOフード22:00） 休無休

ACCESS

東京駅 → JR中央線 → 新宿駅 → 小田急小田原線 → 下北沢駅
料金 380円
所要時間 約21分

羽田空港 → 京急空港線 → 品川駅 → JR山手線 → 渋谷駅 → 京王井の頭線 → 下北沢駅
料金 610円
所要時間 約32分

ミカン下北
ミカンしもきた
個性豊かな飲食店と、遊ぶように働けるワークプレイスが同居する、高架下に誕生した複合施設

季節ごとにイベントも
BONUS TRACK
ボーナストラック

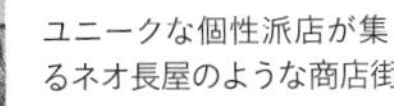

ユニークな個性派店が集まるネオ長屋のような商店街。
世田谷区代田2-36-12〜15 ㊋各線下北沢駅中央口から徒歩1分
下北沢 ▶MAP 別P.21 D-2

SHIMOKITAZAWA 02

個性派ショップがひしめくネオ商店街へ

下北線路街のひとつで、みんなで使い、みんなで育てる地域に根付く開放的な空間になっている。

アメリカンな中華
OSCAR Vegan American Chinese
オスカー ヴィーガン アメリカン チャウニーズ

1320円
サイド1種、メイン2種のランチプラッター

American Chineseの店。アメリカでおなじみの味を動物性由来の食品は使わずヴィーガンで再現。

BONUS TRACK商業棟1F ☎03-6823-7496 営11:30〜21:00 休無休

(上)オレンジチキンやマーボートーフなどのメインやサイドを選べるスタイル(下)天井が高く開放的な店内

500円

(上)酒粕で造ったお酢を使う山吹コーラ(下)純米にごり酢990円(300ml)

発酵の深さを体験
発酵デパートメント
はっこうデパートメント

全国から集めた発酵食品が常時100〜120種類並ぶ。発酵メニューの飲食もOK。
BONUS TRACK 商業棟1F ☎非公開 営11:00〜16:00(LO15:30)、物販11:00〜20:00 休不定休 ※詳細はHP、Instagramで要確認

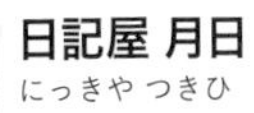

日記の世界に浸る
日記屋 月日
にっきや つきひ

毎日飲みたくなるをテーマにした代田ブレンド350円(右)カフェラテ500円(左)

日記の魅力を伝える店。日記や日記にまつわる本が700種以上そろう。
BONUS TRACK SOHO9 ☎非公開 営8:00〜19:00(LO18:45) 休無休

日記屋 月日ではカバーは日付のみ、中身は過去に出版された古書という「誰かの日記」などのおもしろい企画も。

SHIMOKITAZAWA 03

開放感のある新スポットでヘルシー&リラックスタイムを

Rest and Relax!

オープンスペース中心の建物に、個性豊かなショップやカフェ、レストランなどが集まる。住宅街に隣接し、住民にも愛されている。

爽やかな空間でバカンス気分

reload

リロード

1階、2階合わせて全24区画からなる、真っ白な低層分棟の個店街。

世田谷区北沢3-19-20
各線下北沢駅中央口から徒歩4分
下北沢 ▶MAP 別P.21 F-1

大豆ミート使用のルーロー飯900円(スープ付き)

900円

1個300円

ピーナッツバターを使用したパイナップルケーキ

新しい極東スタイルのお店

明天好好

ミンテンハオハオ

動物性食品を使用しないヴィーガン料理専門店。季節限定のフードメニューもあり、一年を通して飽きないフュージョン料理が人気。

reload 1-14 ☎03-6452-3102 営11:00～20:00 休無休

1000円

4種のフルーツがのった果物豆花

アジアンテイストな開放感

香りに包まれリラックス

Shisha cafe chotto

シーシャ カフェ チョット

話題のシーシャ(水タバコ)カフェ。フレーバーは約20 種類、ノンニコチンもある。

reload 2-3 ☎03-5761-6006 営12:00～23:30(LO22:30) 休無休

チルタイム

(上)2時間ほど楽しめるので、コミュニケーションツールやリモートワークのお供としても(下)チャージ1人1000円。シーシャ1台2000円

全粒粉のクレープが絶品

Megan

ミーガン

生地に風味豊かな全粒粉を使用しつつ、やわらかな口どけにこだわったクレープが評判。

reload 1-9 ☎03-6407-9899 営11:00～19:00 休月曜

750円

生地に紅茶の茶葉入りの無花果ロイヤルミルクティー

店内で丁寧に焼き上げるクレープは、焦しバターによる香ばしさが食欲を刺激

季節ごとに変わるフルーツも

SHIMOKITAZAWA 04

フォトジェニックな進化系スイーツをいただく

スイーツのトレンド発信地でもある下北沢。飲む焼き芋や映えドーナツなど話題の店が続々オープン！

改良を重ねた生地が自慢

洞洞

ホラホラ

2種類の小麦粉をブレンドした生地はフワフワ&モチモチ。ガーリックやベーコンを使用したビールに合うお食事系ドーナツにも注目。

世田谷区代田2-36-19 ☎なし 営12:00〜19:00、金・土曜〜22:00（ドーナツがなくなり次第終了） 休月曜 交小田急線下北沢駅南西口から徒歩4分 下北沢 ▶MAP 別P.21 E-2

(上)ジャガベーコン
(下)レモン

大きな窓から調理風景が見える

恋来、飲む焼き芋。黄芋と紫芋の2層のドリンクの上には団子も

おいしくて映える芋スイーツ

をかしなお芋 芋をかし 下北沢

をかしなおいも いもをかし しもきたざわ

「大三萬年堂HANARE」監修。その時期においしい蜜芋を厳選して使用したボリュームたっぷりでエモいスイーツが人気。

世田谷区北沢2-12-15 ☎なし 営11:00〜19:00、土・日曜・祝日10:00〜 休不定休 交各線下北沢駅中央口から徒歩2分 下北沢 ▶MAP 別P.21 E-1

芋キャラメルクリームをのせた、ぷっくり芋ブリュレ630円

SHIMOKITAZAWA 05

音楽に浸れるレコード付き客室にステイ

reloadには“街を楽しむための場”としてのホテルがあり、レコードプレーヤー付きの部屋でアナログレコードの音に浸れる。

“街の隠し味的存在に”がテーマの都市型ホテル。全客室にレコードプレーヤーを完備。

宿泊客は1階ロビーでレコードをレンタルOK。たっぷり音楽を楽しめる

アナログの音に包まれて

MUSTARD™ HOTEL SHIMOKITAZAWA

マスタードホテル しもきたざわ

白や木を基調としたシンプルで落ち着けるデザインも魅力

世田谷区北沢3-9-19 ☎03-6407-9077 交小田急線東北沢駅西口から徒歩1分、各線下北沢駅中央口から徒歩5分 下北沢 ▶MAP 別P.21 F-1

クラフトにこだわるカフェ

SIDE WALK COFFEE ROASTERS

サイドウォーク コーヒー ロースターズ

ホテル1階にありラウンジ的な役割も。コーヒー豆は奥の焙煎機でロースト。

☎03-6277-5714 営7:00〜19:00 休無休

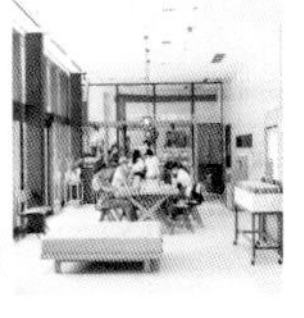

併設のカフェも

カカオチョコレート×ピスタチオ480円など、毎朝焼き上げるベーグルも必食

reloadの「ENTRANCE HALL」では、さまざまなアートやマーケットイベントが開催されている。

進化を続けるトレンドタウン

東京スカイツリータウン®

TOKYO SKYTREE TOWN®

東京スカイツリータウンとは、東京スカイツリーと東京ソラマチ、水族館やプラネタリウムなどからなる大型複合施設。一日中たっぷり遊べる定番スポットだ。

東京スカイツリータウン
山手線
新宿
東京
品川

このエリアの利用駅
東京メトロほか 押上（スカイツリー前）駅
東武スカイツリーライン とうきょうスカイツリー駅

日本一の高さを体感！

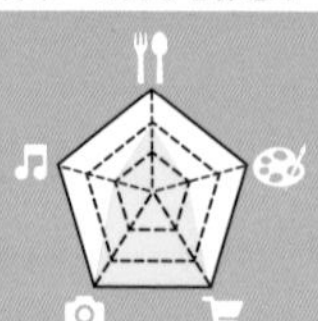

昼：◎ 夜：○
東京らしさ全開の景色やグルメ、ショッピングが楽しめる。

TOKYO SKYTREE TOWN 01
東京スカイツリー®からの絶景ビューに感動！

地上350mの東京スカイツリー天望デッキ、さらに上の地上450mの東京スカイツリー天望回廊から望む景色は、思わず息をのむほどの迫力。まるで空中散歩をしているかのような感覚に。

東京スカイツリー →P.70

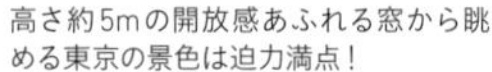
高さ約5mの開放感あふれる窓から眺める東京の景色は迫力満点！

高精細望遠鏡。フロア350にある3台中1台は大型モニター付き

絶景を眺めつつひと休みしよう

SKYTREE CAFE
スカイツリーカフェ

天望デッキ フロア340と350にある。フロア350のカフェは日本の建造物で最も高いところにあり、晴れた日には関東平野が一望できる。

㊤10:00～20:45（LO20:15）
※変更または休業になる場合あり
㊡無休

星形ライスがかわいい

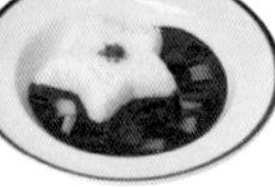
カレー1200円は甘口と辛口が選べる（フロア340）

ソラカラちゃんパフェ900円はソーダ風味（フロア340）

TOKYO SKYTREE TOWN 02
東京スカイツリー限定みやげをコレクション♪

公式キャラクターのソラカラちゃんグッズやスカイツリーをイメージしたユニークなスイーツ、職人技が光る江戸切子など、豊富なラインナップの限定みやげ。東京スカイツリーを訪れたら絶対に手に入れたい。

1 ソラカラちゃん3連キーリング 2 ソラカラちゃんぬいぐるみS

伝統美が漂う江戸切子 脚付グラス「市松模様」(雅)

5F

1F

ここでしか買えないグッズをゲット

THE SKYTREE SHOP
ザ・スカイツリー ショップ

タワーヤードの1階と5階、天望デッキ フロア345の3カ所にあるオフィシャルショップ。スカイツリー限定みやげが豊富にそろう。

☎0570-55-0634（東京スカイツリーコールセンター） ㊤1F10:30～19:00、5F10:15～21:00、フロア345 10:00～20:30 ※変更または休業になる場合あり

東京スカイツリーロングロール 880円

上野風月堂 スカイツリーアソート18

©TOKYO-SKYTREE

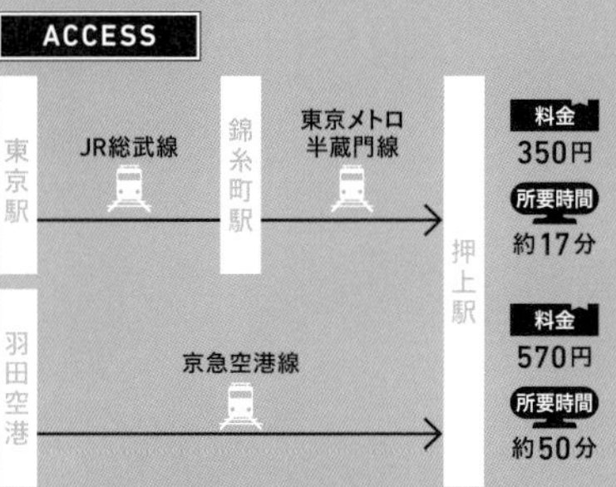

東京スカイツリー®
とうきょうスカイツリー

街を見下ろすような構造になっているスカイツリーの天望回廊はスリル満点！

TOKYO SKYTREE TOWN 03

スカイツリービューのレストランで特別ランチ

スカイツリーの足元にある東京ソラマチには、絶景と絶品料理を同時に楽しめるレストランが目白押し。広い窓の開放的な空間で、ゆったりと過ごせるのがうれしい。夜景が美しいディナー利用もおすすめだ。

話題の新店も続々登場！

東京ソラマチ®

とうきょうソラマチ

ショッピングからグルメまで、多彩なショップが300店以上並ぶ大型商業施設。ウエストヤードとタワーヤード、イーストヤードの3エリアからなる。

墨田区押上1-1-2 ☎0570-55-0102（東京ソラマチコールセンター／11:00～18:00）㊋10:00～21:00、6・7・30・31F レストランフロア11:00～23:00 ※店舗により異なる。最新情報はHPを確認 ㊡不定休 ㊋東武スカイツリーラインとうきょうスカイツリー駅／各線押上（スカイツリー前）駅からすぐ 押上 ▶MAP 別P.11 F-2

迫力の大パノラマに感激！

天空ラウンジ TOP of TREE

てんくうラウンジ トップオブツリー

東京ソラマチ最上階にある、地上から約150mの一面ガラス張りのレストラン。全ての席からスカイツリーの姿を見ることができる。

☎03-5809-7377 ㊋11:00～16:00、17:00～23:00

ソラフルパーク入口

TOKYO SKYTREE TOWN 04

リニューアルした"新しい遊び場"ソラフルパークへ

2023年3月、東京ソラマチ5階にいろんな世代がいろんな遊びを体験できる場所がオープン！

CUTE!

大人も子どもも遊びながら学ぶ

みんなの遊び場 ソラフルパーク

みんなのあそびば ソラフルパーク

動物と触れ合える「ラブリー・アニモア」、最新＆人気のプリシール機をそろえた「girls mignon」など9コンテンツ。

ラブリー・アニモア ☎03-6456-1180 ㊋10:00～21:00（最終入場20:00） ㊡無休 ㊎30分制 大人1500円、中・高校生1100円（要学生証提示）、小学生以下900円（要保護者同伴）
girls mignon（ガールズミニョン） ☎080-2451-3775 ㊋10:00～21:00（最終入場20:50） ㊡無休

girls mignon

ラブリー・アニモア

©TOKYO-SKYTREETOWN 東京スカイツリーは間近から見上げると、遠くからとはまた違う表情に出合える。柱の太さや造形の美しさを感じよう。

TOKYO SKYTREE TOWN 05

人気スイーツ＆カフェでひと休み♡

ご当地のフレッシュ食材を用いたり、キャラクターの世界観を追求したり。東京ソラマチ®はカフェも充実。ここだけのメニューに出合えるお店も！

フルーツサンド
1000円

フレッシュなフルーツ6種類とクリームをサンド。フルーツの種類は季節で異なる

1F

老舗果実園が運営するパーラー

堀内果実園

ほりうちかじつえん

奈良県の老舗果実園直送のフルーツをふんだんに使ったスムージーやパフェ、サンドイッチが評判。スタンド形式でカジュアルに利用可。

☎03-6658-8588
営10:00～21:00（LO20:30）

3F

人気シュークリーム専門店

サードシュガー東京ソラマチ店

サードシュガー とうきょうソラマチてん

黒ごまを使ったチュイルとハード型シュー生地に、カスタードと生クリームを合わせて使用したハイブリッドスイーツ。

☎03-6658-8803
営10:00～21:00

1サクサク＆なめらかな食感のシュークリーム 2スフレプリン

カービィのふわふわパンケーキ。パンケーキの上は冷たいストロベリーアイスのカービィ

ワドルディのおひるねオムライス。卵の布団で眠るワドルディをイメージ

キュートなカービィをグルメで

カービィカフェ TOKYO

カービィカフェトーキョー

4F

人気ゲームシリーズ「星のカービィ」がテーマのカフェ。キャラクターモチーフのメニューや季節の料理が楽しめる。

☎03-3622-5577
営10:00～22:00（LO21:00）
※予約優先制

©Nintendo / HAL Laboratory, Inc.

30F

非日常空間で至高の時を

Pâtisserie PAROLA

パティスリー パロラ

ソラマチ30階の天空のパティスリー。フランス出身のシェフが日本文化と食材をリスペクトしたデセールを提供する。

☎03-6456-1666 営11:00～16:00（LO15:00）、17:30～22:30（LO21:30）

1ランチフレンチコース4400円はスープ、サラダ、ガレット付き 2旬のフルーツを使ったデザートはワゴンから選べる

TOKYO SKYTREE TOWN 06

スイーツみやげはマストでGET！

おみやげにゲットしたいのがスイーツの逸品。老舗菓子店や人気店同士のコラボだからおいしさもお墨付き。ソラマチ訪問の甘い余韻に浸ろう。

東京スカイツリー®キャラメルワッフルはザクザクの食感が楽しい

756円

素材を生かした絶品スイーツ

銀座ブールミッシュ

ぎんざブールミッシュ

フランス菓子のパイオニア。お菓子でサプライズを演出。

1F

☎03-5610-3178
営10:00〜21:00

1/6600サイズのタワー形お菓子

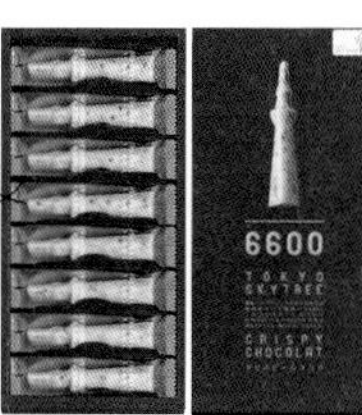

2F

ソラマチを象徴するスイーツ

モロゾフ

プリンやチーズケーキが有名な老舗。東京スカイツリー®をかたどったショコラは、ホワイトチョコの風味とサクサクの食感が絶妙！

☎078-822-5533（モロゾフお客様サービスセンター） 営10:00〜21:00

540円

タワーがお菓子に。東京スカイツリー®クリスピーショコラ8個入り

※価格改定の予定あり。掲載期間中、仕様変更や休止の場合あり

©TOKYO-SKYTREE

TOKYO SKYTREE TOWN 07

かわいい雑貨を大人買い！

実用性に優れているのはもちろん、大人かわいいデザインだから持っているだけでうれしい。プチギフトにもおすすめのコスメや雑貨をご紹介。

©TOKYO-SKYTREETOWN

自然由来成分の和コスメ

MAKANAI

マカナイ

金沢の金箔老舗店のまかない（作業場）で働く女性の知恵から生まれたコスメ。

☎03-6456-1552 営10:00〜21:00

4F

あぶらを吸うと絵柄が変化する。からくりあぶらとり紙3冊セット

1188円

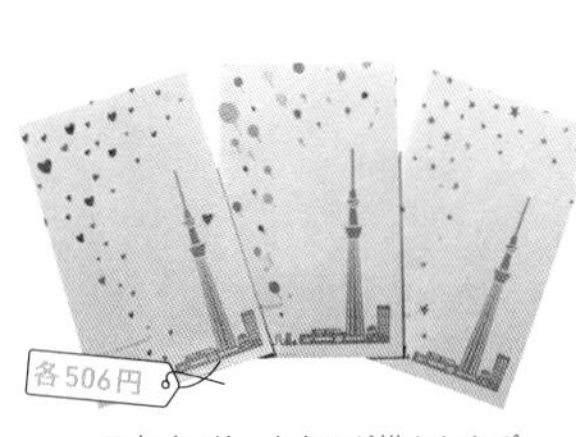

1760円

NICE!

江戸情緒あふれる風物を刺繍したフェイスタオル 1「江戸12月」雪の浅草寺 2「江戸5月」堀切の花菖蒲

1430円

京都発の刺繍ブランド

京東都

きょうとうと

4F

日本の伝統＝「京都」と今＝「東京」がブランド名の由来。タオルをはじめ雑貨や小物などに日本らしい刺繍を施したアイテムがそろう。

☎03-6274-6840 営10:00〜21:00

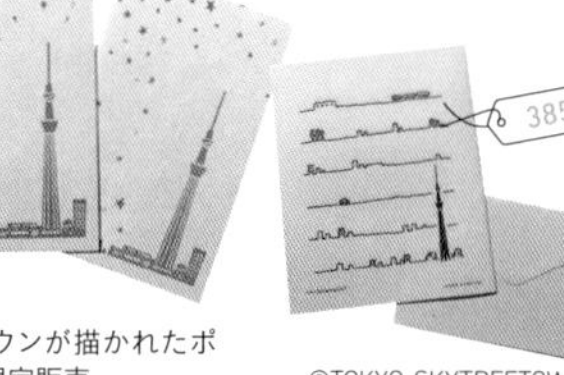

各506円

スカイツリータウンが描かれたポチ袋。ソラマチ限定販売

385円

©TOKYO-SKYTREETOWN

プレゼントカードにもできるおしゃれなデザイン。限定の遊び箋

神戸発のステーショナリー店

ノイエ

4F

デザイン性や機能性に優れた文房具を国内外からセレクト。アート感覚あふれる店内でお気に入りのアイテムを見つけよう。

☎03-5809-7124 営10:00〜21:00

おみやげをはじめ、グルメやスイーツなどスカイツリーモチーフの商品が多数。ここだけで手に入る限定品をチェックしよう。

レトロムードいっぱい！ 東京観光の定番

浅草・蔵前

あさくさ くらまえ

ASAKUSA KURAMAE

江戸の面影が残る浅草。都内最古の寺院、浅草寺を参拝したら下町歩きを楽しんで。その後は蔵前まで足をのばして、隅田川沿いの景色を眺めながら散策を。

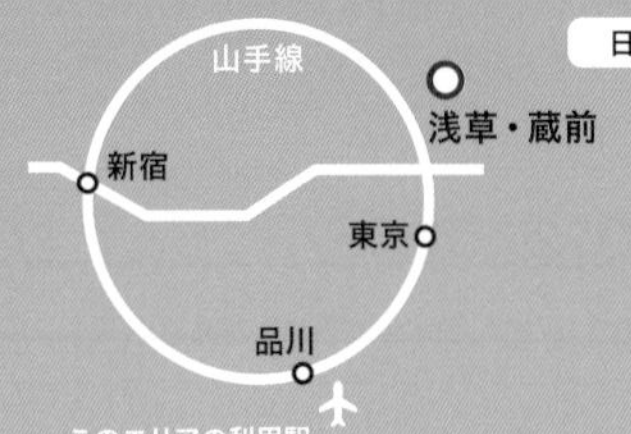

このエリアの利用駅
東京メトロ 浅草駅
都営地下鉄 浅草駅・蔵前駅
東武スカイツリーライン 浅草駅
つくばエクスプレス 浅草駅

日中に参拝を済ませよう

昼：◎ 夜：△

仲見世の店じまいは早め。ライトアップされた夜の浅草寺もおすすめ。

名店が連なる仲見世通りはいつもにぎやか。歩くだけでも楽しい

ASAKUSA KURAMAE 01

雷門を抜けて仲見世で“江戸”を買う！

日本で最も古い商店街のひとつに数えられる仲見世は、全長約250mの石畳の通りに計89店舗が連なり、昔懐かしい味や江戸を感じる雑貨などが並ぶ。独特の風情を楽しみながら歩こう。

江戸の文化が感じられる

江戸時代のお店を再現

浅草きびだんご あづま

あさくさきびだんご あづま

店頭でできたてのきびだんごを販売する。夏季は冷し抹茶、冬季は甘酒(各200円)をお供にいただきたい。

台東区浅草1-18-1 ☎03-3843-0190 営9:30～19:00(売り切れ次第終了) 休無休 交地下鉄浅草駅1番出口から徒歩1分

浅草 ▶MAP 別P.10 B-2

きびだんご

400円

ほんのり甘いきなこのきびだんご

江戸の粋を感じる玩具

江戸趣味小玩具 仲見世 助六

えどしゅみこがんぐ なかみせ すけろく

1866年創業。日本唯一の江戸豆おもちゃの店で、浅草の職人による伝統工芸品が並ぶ。どれも非常に精巧な造り。

台東区浅草2-3-1 ☎03-3844-0577 営10:00～18:00 休不定休 交地下鉄浅草駅1番出口から徒歩5分

浅草 ▶MAP 別P.10 B-2

江戸小玩具

赤ふくろう。赤は病気を防ぐ色と信じられていた

4500円

元祖人形焼の店

木村家人形焼本舗

きむらやにんぎょうやきほんぽ

1868(明治元)年の創業以来、伝統の製法と味を守り続ける人形焼専門店。できたてアツアツを味わえる。初代が考案したという形もかわいい。

台東区浅草2-3-1 ☎03-3844-9754 営9:30～18:30、金～日曜・祝日～19:00 休無休 交地下鉄浅草駅1番出口から徒歩5分

浅草 ▶MAP 別P.10 B-2

人形焼

五重塔

ちょうちん

8個入り 600円

ハト

手ぬぐい

2530円 大胆な椿の柄

2200円 桜柄の定番デザイン

熟練の職人が染める手ぬぐい

染絵てぬぐい ふじ屋

そめえてぬぐい ふじや

1946(昭和21)年創業、表裏が同様に染まる「注染」という技法にこだわる。季節感がある、粋でかわいい柄が充実。

台東区浅草2-2-15 ☎03-3841-2283 営11:00～17:00 休木曜 交地下鉄浅草駅1番出口から徒歩5分

浅草 ▶MAP 別P.10 C-2

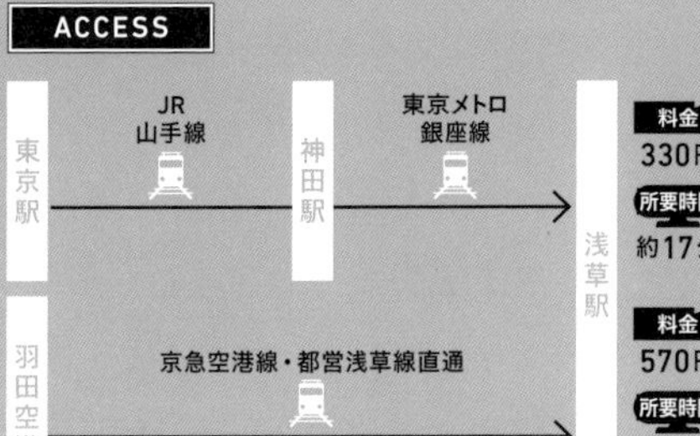

MUST SPOT

浅草寺
せんそうじ

本尊は聖観音菩薩。昔から"浅草の観音様"と呼ばれ親しまれてきた寺

→P.68

憧れの名店がいっぱい

ASAKUSA KURAMAE 02

浅草名物グルメをとことん堪能する

歴史ある繁華街の浅草には、多くの老舗飲食店がある。長きにわたり人々から愛されてきた味を今に伝える名店の数々。和食から洋食まで、思う存分浅草グルメを楽しもう。

ビーフシチュー 3000円

大きな肉の塊と、手間暇かけて作ったデミグラスソースが贅沢

洋食といえばココ

ヨシカミ

素材にこだわり、ご飯にもパンにも合う料理を一から手作りしている。

台東区浅草1-41-4 ☎03-3841-1802 営11:30〜21:30(LO21:00) 休木曜 交東武スカイツリーライン浅草駅東口浅草寺側出口から徒歩5分 浅草 ▶MAP 別P.10 B-2

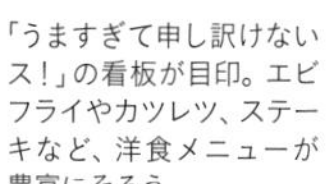

「うますぎて申し訳ないス!」の看板が目印。エビフライやカツレツ、ステーキなど、洋食メニューが豊富にそろう

YUMMY

どぜうなべ 3000円

炭火の上でこまめに割下を差しながらたっぷりのネギと一緒に

1801年創業のどじょう専門店

駒形どぜう

こまかたどぜう

江戸時代から続く調理法で食べる「どぜうなべ」は店一番のおすすめ。

台東区駒形1-7-12 ☎03-3842-4001 営11:00〜20:30(LO20:00) 休不定休 交地下鉄浅草駅A1番出口から徒歩2分 浅草 ▶MAP 別P.10 B-3

特上天丼 3350円

鰹だしをふんだんに使った甘辛の丼つゆに天ぷらをくぐらせる昔ながらのスタイル

1946(昭和21)年創業の天ぷら屋

葵丸進

あおいまるしん

天ぷらと天丼が自慢。1階から7階まであり、全てテーブル席。個室の予約可。

台東区浅草1-4-4 ☎03-3841-0110 営11:30〜21:00(LO20:00) 休月曜 休地下鉄浅草駅1番出口から徒歩3分 浅草 ▶MAP 別P.10 B-2

あわぜんざい 720円

あんこの下にはもちきびのお餅が。シソの実の漬物もいい箸休め

浅草散策のひと休みに

浅草 梅園

あさくさ うめぞの

元祖「あわぜんざい」で知られる甘味処。おみやげ用和菓子も扱っている。

台東区浅草1-31-12 ☎03-3841-7580 営10:00〜17:00、土・日曜・祝日〜18:00 休水曜(月2回) 交地下鉄浅草駅6番出口から徒歩3分 浅草 ▶MAP 別P.10 B-2

仲見世には食べ物を売る店がたくさんあるが、基本的に食べ歩きが推奨されていない。マナーを守って行動しよう。

ASAKUSA KURAMAE 03

最旬和スイーツでほっこりひと休み♡

和の素材を使った和スイーツがどんどん進化している。新しい感覚の中に、どこか懐かしさも残る和と洋のコラボスイーツの最新情報をチェック！

和栗のおいしさを堪能できる

和栗モンブラン専門店 -栗歩-浅草本店

わぐりモンブランせんもんてん -くりほ-あさくさほんてん

目の前で作られるできたてモンブランが人気の、和栗モンブラン専門店。1mm単位の細いクリームが絶妙な口当たりと味わいを生み出す。

台東区浅草3-24-8 クレスト浅草1F
☎03-5824-2855　営11:00～17:00、土・日曜・祝日～18:00（LO各30分前）　休無休　交地下鉄浅草駅6番出口から徒歩7分
浅草 ▶MAP 別P.10 C-1

1 国産和栗のモンブラン1980円は中にメレンゲやチョコクランチが入っている 2 言問通り沿いの路地に佇む店 3 濃厚抹茶のモンブラン2420円は浅草本店名物メニュー

盆栽パフェ1400円。抹茶や栗などに浅草名物の手作りあんこ玉や芋ようかんもプラス

目にもおいしい浅草らしいデザート

くくりひめ珈琲

くくりひめコーヒー

手作りケーキが看板メニュー。旬の食材を取り入れた、和×洋マリアージュの麗しいスイーツで癒されて。

台東区浅草1-18-8
☎03-5246-4309　営10:00～21:30（LO20:30）※変動あり　休火曜　交地下鉄浅草駅3番出口から徒歩3分
浅草 ▶MAP 別P.10 B-2

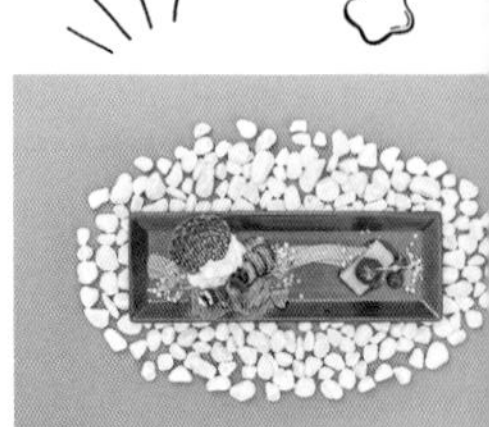

真上から見ても美しい、プレート型の盆栽パフェ

ASAKUSA KURAMAE 04

粋な職人技を体験

飴の塊を手とハサミを使って素早くウサギに成形していく飴細工は、つい夢中になるほどの楽しさ。同時に伝統技術の奥深さも体感できる。

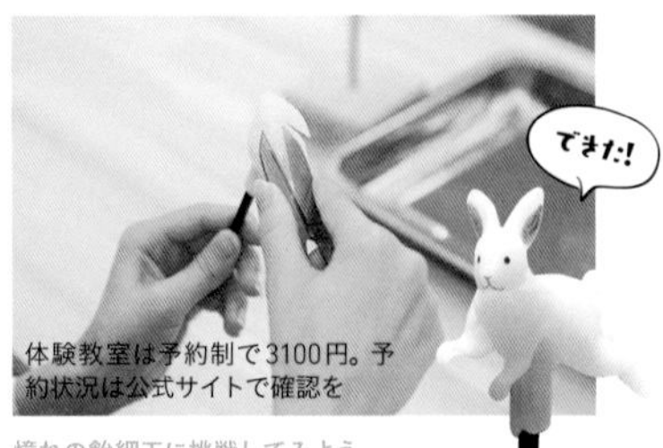

体験教室は予約制で3100円。予約状況は公式サイトで確認を

憧れの飴細工に挑戦してみよう

浅草 飴細工 アメシン花川戸店

あさくさ あめざいく アメシンはなかわどてん

国内屈指の技術を誇る飴細工専門店。随時体験教室を開催しているほか、職人技が光る飴細工の展示や飴製品の販売も行っている。

台東区花川戸2-9-1 堀ビル1F　☎080-9373-0644（予約専用）　営10:30～18:00　休木曜　交地下鉄浅草駅6番出口から徒歩7分
浅草 ▶MAP 別P.10 C-1

本殿横にある招き猫像は、待ち受け画面にすると運気アップするという噂が

ASAKUSA KURAMAE 05

招き猫に見守られて良縁祈願！

日本で初めて夫婦になったイザナギ・イザナミが御祭神であることから、縁結びスポットとして知られている今戸神社。境内にたくさんいる愛らしい招き猫たちも必見だ。

良縁・恋愛成就・夫婦円満を願おう！

今戸神社

いまどじんじゃ

1063年創建の神社。イザナギ・イザナミの両神のほか福禄寿も祀られており、浅草名所七福神の九社のうちのひとつにも数えられている。

台東区今戸1-5-22　☎03-3872-2703　営9:00～1600　休無休　交地下鉄浅草駅7番出口から徒歩15分　浅草 ▶MAP 別P.11 D-1

1 招き猫が描かれた円形の絵馬は「縁」と「円」がかかっている 2 絵馬がところ狭しと掛けられている 3 御朱印帳のイラストは表が招き猫で裏が福禄寿

浅草からひと足のばして蔵前でおさんぽ！

浅草からほど近い蔵前には、おしゃれな店や居心地のよいカフェが点在する。ものづくりの街としても知られるこのエリアをゆっくり散策してみよう。

落ち着いた店内には焙煎機も。クッキーやパウンドケーキも好評

自家焙煎豆の香り漂うカフェ

COFFEE NOVA

コフィノワ

ローストしたてのコーヒーが飲めるカフェ兼コーヒーロースタリー。コーヒー専門技術の国際資格であるCQI認定Qグレーダーを取得した店主が選び抜き焙煎したコーヒーは格別。

台東区蔵前3-20-5 ハッピーメゾン蔵前1F
☎ 03-5823-4445 営 11:00～18:00 休 木曜 交 地下鉄蔵前駅A5出口から徒歩1分
蔵前 ▶MAP 別P.26 B-2

1 ドリップコーヒー550円。12～14種類から好みをチョイス 2 一杯ずつ丁寧に 3 カフェラテ550円と自家製バスクチーズケーキ650円

スモア550円はガナッシュと炙ったマシュマロのハーモニーが絶妙

フローズンチョコレート750円はひんやり濃厚なおいしさ

カカオ本来のおいしさを味わう

ダンデライオン・チョコレートファクトリー＆カフェ蔵前

ダンデライオン・チョコレートファクトリーアンドカフェくらまえ

サンフランシスコ発Bean to Barチョコレート専門店。メニューはその時々に使うカカオ豆により変わる。間近で製造工程が見られるのも楽しい。

台東区蔵前4-14-6
☎ 03-5833-7270
営 10:00～19:00 休 不定休
交 地下鉄蔵前駅A3出口から徒歩2分
蔵前 ▶MAP 別P.26 B-2

世界にひとつだけのノートは大切な人へのプレゼントにもぴったり

2階にオリジナルインクが作れる「Inkstand」がある

自分だけの素敵なノートを作ろう

カキモリ

“書くこと”をメインにした文具専門店。表紙・中紙・リング・留め具などを自由に組み合わせてオリジナルノートを作ることができる。

台東区三筋1-6-2 ☎ 050-3529-6390 営 12:00～18:00、土・日曜・祝日11:00～ 休 月曜（祝日の場合は営業） 交 地下鉄蔵前駅A1出口から徒歩8分
蔵前 ▶MAP 別P.26 A-2

蔵前という地名は、江戸幕府の備蓄米を貯蔵しておく「御米蔵」があったからだとされている。

駅がすでにひとつのタウン

東京・丸の内
とうきょう まるのうち

TOKYO MARUNOUCHI

東京駅は通り過ぎるだけではもったいない。駅舎自体も重要な観光名所で、さらに駅ナカも必見。駅を出たら、話題のスポットが集まる丸の内もすぐそこだ。

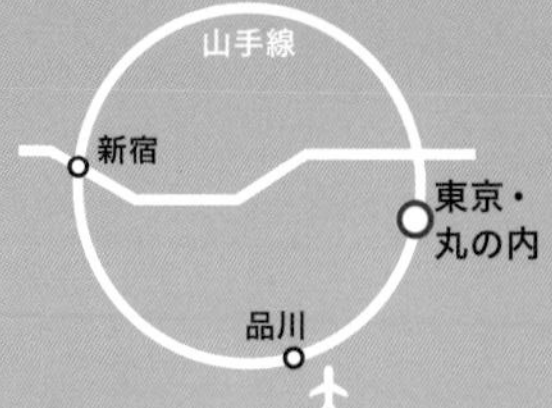

このエリアの利用駅
JR山手線・中央線・東海道線ほか 東京駅
東京メトロ 東京駅、大手町駅、日本橋駅、有楽町駅、二重橋前駅

駅ナカ＆駅前が充実

昼：◎ 夜：○

平日だけでなく休日も混み合うエリア。おしゃれなランチ、夕食に便利。

TOKYO MARUNOUCHI 01

最旬フードコートで新しい食体験を

東京ミッドタウン八重洲2階にある「ヤエスパブリック」は今までにない斬新な食空間。

What is

"ヤエパブ"の3つのゾーン

「ALLSTANDS（オールスタンズ）」
異なる飲食業態が集まる、新しい立ち飲みスポット
「イチジテイシ」
スキマ時間を自由に楽しめる物販・休憩エリア
「八重洲のロジウラ」
八重洲の裏路地のようなアンダーグラウンドなエリア

通称ヤエパブ

新感覚の公共スペース

ヤエスパブリック

3つのゾーンで構成され、飲食店は9店舗。席はフリー。好きな席を確保したら、好きなごちそうを楽しもう。

中央区八重洲2-2-1 東京ミッドタウン八重洲 ㊋JR東京駅地下直結（八重洲地下街経由）

東京駅 ▶MAP 別P.6 C-2

「オールスタンズ」。台湾料理やイタリアンなど個性ある店が並ぶ。好みの料理で立ち飲みしよう

開放的なテーブル席や居心地のいいBoxベンチなどを備える。購入した料理を食べたり自由に使える

本格的な台湾屋台料理

オルソー

白山の人気台湾料理店が出店。台湾ワンタンなど屋台料理と多様なクラフトビールが味わえる。

☎080-4179-7948 ㊎11:00～23:00 ㊡施設に準ずる

台湾屋台の本場の味を再現！

肉の旨さじんわり、豚肉ワンタン690円

とろとろゼラチンが◎。豚足煮込み520円

鶯嶸荘＝オルソー。気分は台湾夜市の屋台めぐり

全国の人気店のかき氷が味わえる！

全国のかき氷ファン必見！

かき氷コレクション・バトン
かきこおりコレクション・バトン

日本かき氷協会代表・小池隆介氏が選んだ、日本各地のかき氷人気店がリレー形式で出店。個性豊かなかき氷が本店と変わらない状態で提供される。

㊎11:00～21:00 ㊡施設に準ずる

ACCESS

羽田空港 → 東京モノレール → 浜松町 → JR山手線 → 東京駅

料金 670円

所要時間 約33分

東京駅
とうきょうえき
赤レンガでおなじみの丸の内駅舎。駅前は記念撮影する人々の姿が見られる。
→P.72

TOKYO MARUNOUCHI 02

出発前は駅ナカの人気ショップでテイクアウト！

あわただしい出発前に腹ごしらえ。そんな時の強い味方、東京駅の構内ショップでサクッと食べられる、テイクアウトメニューをチェック。

揚げたてザクザクを召し上がれ

Zopf カレーパン専門店 グランスタ東京

ツォップ カレーパンせんもんてん グランスタとうきょう

千葉の人気ベーカリー監修のカレーパン専門店。1日2000個売れることも。いつでも揚げたてが提供されており、客足が絶えない。

JR東京駅構内B1 グランスタ東京内（丸の内地下中央改札内） ☎090-9955-4066 営8:00～22:00、日曜・祝日～21:00、祝前日～22:00 休無休
東京駅 ▶MAP 別P.31

TO GO!

日本各地の人気駅弁が勢ぞろい

駅弁屋 祭 グランスタ東京

えきべんや まつり グランスタとうきょう

150種以上の各地の駅弁が一堂に会すのは東京駅ならでは。種類が多いので時間をかけてじっくり選び、旅気分を高めよう。

JR東京駅構内1F グランスタ東京内（八重洲・丸の内 中央口改札） ☎03-3213-4353 営5:30～22:00 休無休
東京駅 ▶MAP 別P.30

秘伝のタレと牛肉でご飯がとにかく進む「牛肉どまん中」

東京の老舗の味を詰め合わせた贅沢な「東京弁当」

駅ナカで東京駅限定みやげもGET！

駅ナカには東京駅ならではの限定みやげがいっぱい。各店をめぐって探してみてはいかが。

グミッツェルBOX 6個セット（東京駅限定）

外はパリッ、中はしっとり食感の次世代食感グミ。カラフルでポップな見た目もキュート。

ヒトツブ カンロ

グランスタ東京（丸の内地下中央口改札） ☎03-5220-5288

東京駅限定 ワッフル10個セット

ふわっふわのワッフル生地とクリームの相性が抜群。東京駅限定フレーバー5種入り。

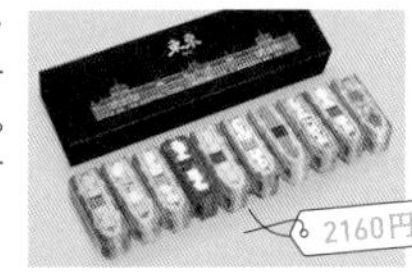

ワッフル・ケーキの店 R.L（エール・エル）

ワッフル・ケーキのみせ エール・エル

グランスタ東京（丸の内地下中央口改札） ☎03-3287-1234 ▶定番みやげはP.66もCHECK!

駅ソトのショッピングエリアは、多彩な飲食店がそろうGRANROOFと、酒場としても便利な黒塀横丁などがある。

TOKYO MARUNOUCHI 03

丸の内４大ビルを制覇する！

丸の内エリアの都会的で洗練されたビル群は、まさに駅前にそびえる東京の摩天楼。この地が紡いできた歴史と伝統、そして現代が混じり合うビルを訪ね歩こう。

①丸ビルの新フードエリアを探索！

リニューアルしたフードゾーン

マルチカ

お弁当やお総菜、新業態スイーツや手みやげなど20店舗が集結したフロア

「毎日通いたい、わざわざ訪れたい、いつでも食を感じられる丸の内拠点"FOOD Feelings BASE"」がコンセプト。

㊫11:00～21:00、日曜・祝日～20:00　㊡無休 ※1/1および法定点検日は除く。※店舗により営業時間・営業状況変動あり。詳細は各店舗へ要問合せ

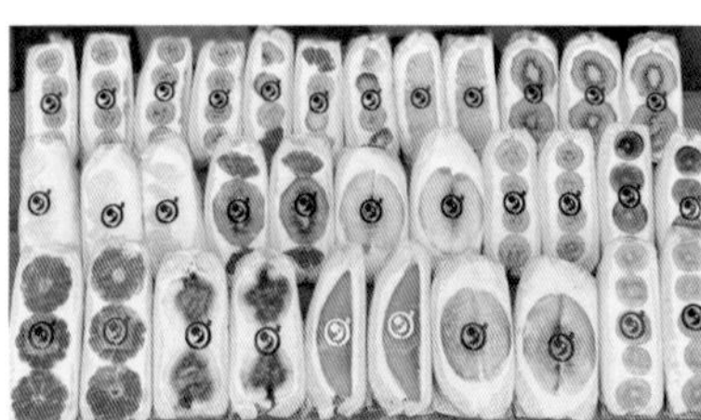

フルーツサンド専門店

ダイワ TOKYO

ダイワ トウキョウ

旬の果物、パン、クリームにこだわった、八百屋の作る本気のフルーツサンド！

☎080-4165-9176　㊫11:00～21:00、日曜・祝日～20:00（連休の場合は最終日のみ～20:00）　㊡施設に準じる

②新丸ビル７階のビュースポットへ

東京駅丸の内駅舎を見下ろす気持ちのいいテラス。

③東京駅を眺めつつ新丸ビルでゆったりランチ

東京駅全体が見渡せる、こだわりのハワイアン空間で食事を楽しもう。

1870円

Koko Moro（ココモコ）

国産牛100%パティにグレービーソースをたっぷり！

アメリカンダイニング＆バー

Koko Head cafe

ココヘッドカフェ

ハワイアン×アジアン×フレンチ×,etc.ボーダーレスで独創的な料理！

☎03-6256-0911　㊫ランチ11:00～15:00、カフェタイム 15:00～17:00、ディナー 17:00～23:00（LO 22:00）　㊡施設に準ずる

丸の内不動のランドマーク

丸ビル

まるビル

地上37階地下4階で高さ約180m

オフィスと店舗の複合施設として先駆的なビル。約140もの多彩なショップなどが集う。

千代田区丸の内2-4-1
㊋JR東京駅丸の内南口から徒歩すぐ

丸の内 ▶MAP 別P.6 B-2

飲食店と隣接するテラスも

新丸ビル

しんまるビル

丸ビルよりちょっと高い約198m

個性豊かなショップやレストラン、東京駅丸の内駅舎を眺めるのに絶好のテラスがある。

千代田区丸の内1-5-1
㊋JR東京駅丸の内中央口から徒歩すぐ

丸の内 ▶MAP 別P.6 B-2

大手町駅　丸の内テラス　駅舎view BEST SPOT　丸の内仲通り　新丸ビル　丸ビル　丸の内中央口　東京駅　日比谷通り　KITTE　丸の内ブリックスクエア

What is 丸の内

日本の城郭では区画ごとに、本丸や二の丸と呼ばれていた。「丸の内」の名前は、江戸城が拡張された際に城の内側となったのが由来。明治に入り三菱財閥の二代目総帥岩崎弥之助がこの一帯の土地を政府から払い下げられ開発に注力。現在も三菱グループの主要企業の本社が集まる。

⑥魅惑のスイーツをゲット！

ヨーロッパのオシャレなスイーツを落ち着いた空間でのんびり味わう。

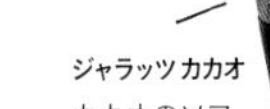

ジャラッツカカオ
カカオのソフトクリーム
650円
1F

世界的に有名な発酵バター　1F

ÉCHIRÉ MAISON DU BEURRE

エシレ・メゾン デュ ブール

フランス産A.O.P.認定発酵バター「エシレ」世界初の専門店。エシレ バターを使った焼き菓子やパンが人気。

☎非公開 ㊫10:00〜19:00 ㊡不定休

1個368円

フィナンシェ・エシレ、マドレーヌ・エシレ（パニエ10個入り）3888円

スペイン発の高級チョコレート

CACAO SAMPAKA

カカオサンパカ

カカオを知り尽くしたスペイン王室御用達のショコラテリアの日本1号店。

☎03-3238-2238 ㊫11:00〜21:00、土・日曜・祝日〜20:00 ㊡1/1、法定点検日

④KITTEでハイセンスな雑貨を手に入れる

大きな吹き抜けの空間に面してセンスのいい雑貨店やレストランが並ぶ。

300年の歴史と伝統を現代に　4F

中川政七商店 東京本店

なかがわまさしちしょうてん とうきょうほんてん

日本の工芸をベースにした生活雑貨を数多くそろえる。

☎03-3217-2010

1760円
ブリキ缶（紺）

お手紙GOODS!

1980円
マグネット（3つセット）

木製デザインブランド直営店　4F

Hacoa DIRECT STORE

ハコア ダイレクト ストア

木の素材にこだわった木製雑貨を販売している。

☎03-6256-0867

1万3860円
PhotoStand Clock

⑤丸の内ブリックスクエアでカジュアルイタリアンを楽しむ

B1

こだわりの食空間

o/sio

オシオ

（左）ブッラータと季節食材のカプレーゼ 2500円（右）貧乏人のパスタ 1950円

肩肘張らずにカジュアルに過ごせる空間の店内。料理は炭火焼きの肉とイタリアンに、多種そろえた各国のナチュラルワインが自慢。あわせて楽しみたい。

☎03-3217-4001 ㊫11:00〜14:30（LO14:00）、17:00〜23:00（LO22:00）、土曜11:30〜15:00（LO14:00）、17:00〜23:00（LO22:00）、日曜・祝日11:30〜15:00（LO14:00）、17:00〜22:00（LO21:00） ㊡不定休

レトロ郵便局が生まれ変わった

KITTE

キッテ

屋上庭園「KITTEガーデン」からは東京駅丸の内駅舎が

旧東京中央郵便局舎を一部保存・再生し建築された商業施設。全国各地の選りすぐりのショップやレストランが多数。

🏠千代田区丸の内2-7-2
㊋JR東京駅丸の内南口から徒歩すぐ

丸の内 ▶MAP 別P.6 B-2

新旧が融合する都会の癒し空間

丸の内ブリックスクエア

まるのうちブリックスクエア

四季折々の花が楽しめる広場も訪れたい

高感度なショップやレストランが勢ぞろい。1894（明治27）年建設の三菱一号館を復元した美術館も隣接。

🏠千代田区丸の内2-6-1
㊋JR東京駅丸の内南口から徒歩5分

丸の内 ▶MAP 別P.6 B-2

KITTE4階の「旧東京中央郵便局長室」には1931（昭和6）年当時の丸の内周辺の古い写真が。ビルが林立する今と比べてみよう。

新たな感性によって生まれ変わった金融街

日本橋兜町

にほんばしかぶとちょう

NIHOMBASHI KABUTOCHO

東京証券取引所があり金融街のイメージが強かったエリア。古い建物をリノベしたおしゃれな店が増え、休日も多くの人が集う最先端の街へと変貌を遂げた。

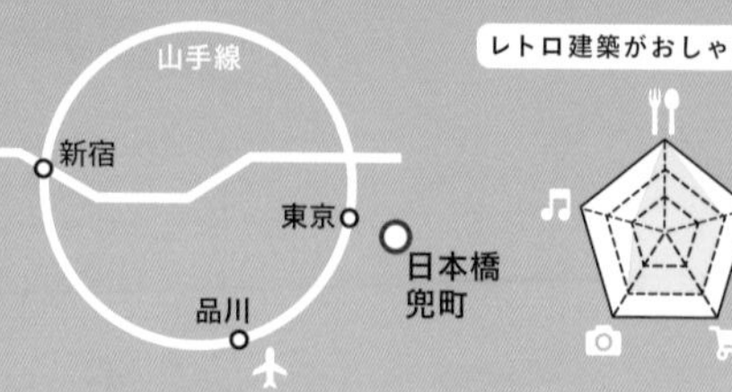

このエリアの利用駅
東京メトロ 茅場町駅
東京メトロ 日本橋駅
都営地下鉄 日本橋駅

昼：◎ 夜：○
金融街としての歴史が感じられ、センスのいいショップも並ぶ街。

NIHOMBASHI KABUTOCHO 01

食の複合施設BANKでおいしいパンに出合う

独自の天然酵母を使用したパンが評判のベーカリー、食材の組み合わせがユニークなフレンチベースのビストロのほか、カフェ、インテリアショップ、フラワーショップなどが入った、感性が刺激される空間。

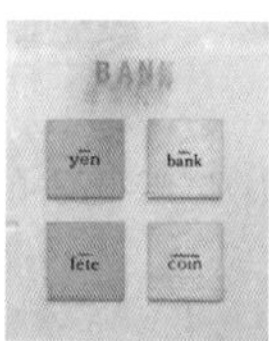

兜町のランドマーク的存在

BANK

バンク

2022年12月にオープン。パティスリー「ease」と「teal」を展開する大山恵介氏がプロデュースした食の複合施設。

中央区日本橋兜町6-7 兜町第7平和ビル1・B1F
営休 無店舗により異なる 交 地下鉄茅場町駅11番出口から徒歩3分
日本橋兜町 ▶MAP 別P.7 F-2

オリジナル熟成発酵バターを使用した芳醇な味わいのクロワッサン

デニッシュ系やサワードウ、食パンなど40～50種類ほどをそろえる

甘酸っぱい夏みかんのデニッシュ

ショコラオレンジのサワードウ

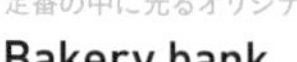

定番の中に光るオリジナリティ

Bakery bank

ベーカリー バンク

自家製天然酵母や熟成発酵バターなど素材にこだわった生地と、季節により変わる具材の掛け合わせがユニークなパンが並ぶ。

☎050-3593-0834 営8:00～18:00 休火・水曜

bankのおいしいパン500円、パテドカンパーニュ1800円、初鰹と焼き茄子2200円

(上)カウンター席も(下)自然派ワインが中心

"パンに合う料理"がテーマ

Bistro yen

ビストロイェン

パテドカンパーニュにあんぽ柿、初鰹のたたきにキウイを合わせるなど、斬新な組み合わせで作り上げる美しいひと皿が多くの人を魅了する。

☎050-3595-0835 営11:30～14:00(LO13:30)、18:00～21:30(LO20:30) 休火・水曜

ACCESS

東京駅	東京メトロ 丸ノ内線	大手町駅	東京メトロ 東西線	茅場町駅	料金 180円 所要時間 約5分
羽田空港	京急空港線	日本橋駅	東京メトロ 東西線	茅場町駅	料金 630円 所要時間 約28分

teal
ティール
キュートな看板が目印のチョコレートとアイスクリーム専門店

NIHOMBASHI KABUTOCHO 02

金融の街ならではのニュースポットへ

元銀行をリノベしたホテルやレストランなどが多い兜町は、レトロな街並みの中にも新しい感性が生きるおもしろいエリア。金融街ならではの雰囲気を感じてみよう。

緑あふれる居心地のいい空間

SWITCH COFFEE TOKYO

スイッチコーヒートーキョー

日本初の銀行の別館として建てられたビルをリノベした「K5」に併設するコーヒースタンド。本格的なコーヒーが気軽に飲める。

中央区日本橋兜町3-5 K5 1F ☎03-5962-3485 営8:00～17:00 休無休 交地下鉄茅場町駅10番出口から徒歩4分

日本橋兜町 ▶MAP 別P.7 F-2

世界中の産地から選び抜いた豆を直接買い付けている

注文してから豆を挽いてくれるドリップコーヒー500円

1 約3000冊の蔵書は丸善雄松堂株式会社が選書を監修 2 緑が配置され水音が聞こえる空間

渋沢栄一関連の蔵書は国内随一

Book Lounge Kable

ブックラウンジ カブル

金融の街ならではの“お金”にまつわる書籍をメインにそろえるブックラウンジ。カフェ＆ダイニングゾーンも併設されている。

昔ながらのナポリタン880円

中央区日本橋兜町7-1 KABUTO ONE 3F ☎03-5614-0568 営11:00～20:00 料1時間550円～、土・日曜・祝日880円～（フリードリンクあり）※詳細はHPを要確認 休無休 交地下鉄茅場町駅直結

日本橋兜町 ▶MAP 別P.7 F-2

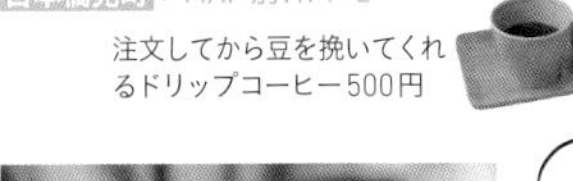

1 シュークリーム600円 2 焼き菓子の種類も豊富にそろえる

華やかで洗練されたスイーツが並ぶ

Pâtisserie ease

パティスリー イーズ

素材の組合わせや香りにこだわり、大人も子どもも肩肘貼らずに安心して食べられるお菓子が並ぶ、パティスリー＆ベーカリー。

中央区日本橋兜町9-1 ☎03-6231-1681 営11:00～18:00 休水曜 交地下鉄茅場町駅11番出口から徒歩3分

日本橋兜町 ▶MAP 別P.7 F-2

NIHOMBASHI KABUTOCHO 03

話題のパティスリーで自分を甘やかす！

フランスで研鑽を積んだパティシエによる、大人のための繊細なスイーツの数々。ジュエリーケースに並ぶ宝石のようなケーキや焼き菓子は、自分へのご褒美にぴったり。

大人のためのチョコ&アイス専門店

teal

ティール

仏発ショコラティエブランド「パスカル・ル・ガック」出身の眞砂翔平氏と「ease」の大山恵介氏が立ち上げたチョコレートとアイスクリームの専門店。

中央区日本橋兜町1-10 日証館 1F ☎03-6661-7568 営11:00～18:00 休水曜 交地下鉄茅場町駅11番出口から徒歩5分

日本橋兜町 ▶MAP 別P.7 F-2

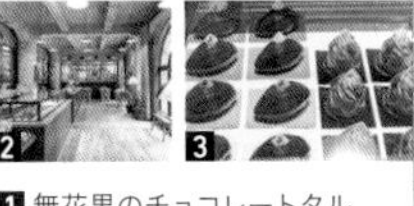
1 無花果のチョコレートタルト880円 2 レトロな店内 3 チョコレートバー500円

最近では休日も多くの人でにぎわうようになった日本橋兜町。ランチは行列ができることもあるので早めの到着がベター。

老舗からハイブランドまでそろう大人の街

銀座（ぎんざ）

GINZA

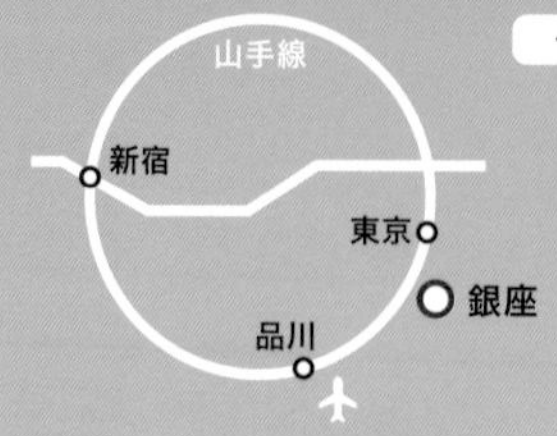

“銀ブラ”と言われるように、歩いて楽しい銀座。歴史と先進性の両方を併せもつ魅力はいつの世も変わらない。ハイセンスな逸品を探すならやっぱりココへ。

このエリアの利用駅
JR山手線・京浜東北線ほか 有楽町駅・新橋駅
東京メトロ 銀座駅、銀座一丁目駅
都営地下鉄 東銀座駅

昼：◎ 夜：○
一流の店やレストランが軒を連ねる華やかな街。映画館や劇場もある。

GINZA 01

フルーツパフェを憧れのパーラーで♡

西洋文化をいち早く取り入れてきた銀座。街の人気老舗パーラーのパフェは、味も見た目もひと際優雅。お店の雰囲気もゆっくり楽しんで。

銀座のシンボル的老舗カフェ

資生堂パーラー 銀座本店サロン・ド・カフェ

しせいどうパーラー ぎんざほんてんサロン・ド・カフェ

創業120年以上の名店。旬のフルーツを使ったパフェやデザートで優雅な時間を。アイスクリームは代々受け継がれてきたもの。

中央区銀座8-8-3 東京銀座資生堂ビル3F
☎03-5537-6231（予約不可） 営11:00～21:00（LO20:30)、日曜・祝日～20:00（LO19:30） 休月曜（祝日の場合は営業） 交地下鉄銀座駅A2出口から徒歩7分

銀座 ▶MAP 別P.8 C-3

2160円

プティフール セックは銀座本店ショップの限定商品。贈り物に

ストロベリーパフェ2200円～。厳選されたいちごがとても美味♪

銀座パフェ1760円。季節のフルーツがたっぷりのった贅沢な一品

フルーツパーラーの元祖

銀座千疋屋 銀座本店フルーツパーラー

ぎんざせんびきや ぎんざほんてん フルーツパーラー

1894年創業の高級果物専門店が営むパーラー。みずみずしいメロンパフェなど、フルーツのおいしさを存分に楽しむことができる。

中央区銀座5-5-1 2F ☎03-3572-0101（予約不可） 営11:00～18:00、土曜～19:00（LO各30分前） 休無休 交地下鉄銀座駅B5出口（銀座駅工事のため2023年10月まで閉鎖中)、B6出口から徒歩1分

銀座 ▶MAP 別P.8 C-2

1512円

フルーツサンドは色鮮やか。フルーツパーラーでは1540円

ACCESS

出発	路線			到着	料金	所要時間
東京駅	東京メトロ丸ノ内線			銀座駅	180円	約3分
羽田空港	東京モノレール → 浜松町駅	JR山手線 → 新橋駅	東京メトロ銀座線	銀座駅	830円	約38分

MUST SPOT

歌舞伎座
かぶきざ

明治22年に造られた日本を代表する劇場。平成25年に新開場した →P.85

GINZA 02

ツウが通う名店で愛されランチに舌鼓

時代を超えて人気を得てきた、銀座の老舗飲食店。一見ハードルが高そうでも、実は気軽に入れる店が多い。銀座のランチタイムは憧れの名店でグルメを満喫しよう。

元祖ポークカツレツ2800円、明治誕生オムライス2700円

歴史と伝統を感じる洋食店

ここがカフェ文化の発祥地！

カフェーパウリスタ 銀座店

カフェーパウリスタぎんざてん

1911年創業。当時高嶺の花だったコーヒーを1杯5銭で提供し、全国の喫茶店の原型に。多くの文化人も通ったというカフェの名店。

キッシュロレーヌセット1400円。4種のチーズを使った味わい深いキッシュ

中央区銀座8-9-16 長崎センタービル1F ☎03-3572-6160 営 9:00～LO19:30、日曜・祝日11:30～LO18:30 休 無休 交 JR新橋駅銀座口から徒歩6分

銀座 ▶MAP 別P.8 C-3

煉瓦亭

れんがてい

1895年創業、日本の洋食のパイオニアとされる名店。元祖ポークカツレツなど昔から変わらぬ味が多くの人々から愛され続けている。

中央区銀座3-5-16 ☎03-3561-3882 営 11:15～15:00（LO14:00）、17:30～21:00（LO20:00） 休 日曜 交 地下鉄銀座駅A10出口から徒歩3分

銀座 ▶MAP 別P.9 D-1

GINZA 03

ちょっぴり大人！カウンターで本格江戸前寿司

熟練職人の技が生きる絶品の寿司を憧れのカウンターで味わいたい。そんな夢を銀座で叶えよう。お腹も気持ちも満たされる至福の時間になること間違いなしだ。

1 昔ながらのカウンターは雰囲気抜群 2 特選にぎり2500円は旬のネタを贅沢に使ったひと皿 3 づけあなちらし2000円は具だくさんで食べ応えあり

行列必至の名店の味を堪能

銀座寿司処 まる伊 総本店

ぎんざすしどころ まるい そうほんてん

繊細な仕事が光る握りや海鮮丼を味わえる名店で、足しげく通う芸能人も多い。ランチタイムはリーズナブルに寿司を楽しめる。

中央区銀座3-8-15 銀座中央ビル1F ☎03-3564-8601 営 11:30～LO14:30、17:00～LO22:00、土・日曜・祝日11:30～LO15:00、16:00～LO20:00 休 ランチ無休、ディナー月曜 交 地下鉄銀座駅A13出口から徒歩3分

銀座 ▶MAP 別P.9 E-2

銀座の夜は意外に早く、デパートやカフェは20時頃には閉まってしまうところが多い。銀座8丁目界隈は夜遅くでも比較的にぎやか。

GINZA 04

GINZA SIXでセンスのいいおみやげ探し!

こだわりの店が集まる地下2階には、おいしいのはもちろん、包装も素敵な商品がいっぱい。おみやげに迷ったらまずここへ。きっと喜ばれる一品が見つかるはず。

撮影:繁田諭

中央の吹き抜け空間では、アーティスト作品の展示も

リニューアルして注目度UP!

GINZA SIX

ギンザ シックス

銀座エリア最大級の商業施設。伝統を踏まえ流行をとらえたファッション&ライフスタイルブランドや高級フードショップなどがそろう。

中央区銀座6-10-1 ☎03-6891-3390 営ショップ・カフェ10:30〜20:30、レストラン11:00〜23:00 休不定休 交地下鉄銀座駅地下通路直結 銀座 ▶MAP 別P.8 C-2

\とびきりのサクサク食感!/

30枚入り 3456円

サク アソートは6種のチョコレートを色とりどりのラング・ド・シャでサンド

北海道を感じられる洋菓子店

ISHIYA G

イシヤ ジー

銘菓「白い恋人」でおなじみのISHIYAによる、ギフト向けスイーツブランド。

☎03-3572-8148

銀座発祥ブランド

HONMIDO

ホンミドウ

世界中のお客様から愛される日本ならではのお菓子を提案している。

☎03-6274-6131

8個入り 1800円

プレーンと抹茶のラング・ド・シャで淡く優しい食感の淡雪をサンドした本実堂サンド

\ワインにもよく合う♪/

各450円

小紋は変わり種のフレーバーがクセになるひと口サイズの煎餅

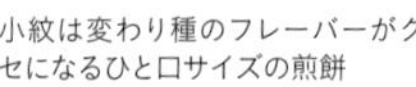

1907年創業の老舗煎餅店

甚五郎

じんごろう

吟味した素材と匠の技で焼き上げた珠玉の煎餅。手間暇かけたこだわりの商品が並ぶ。

☎03-6280-6131

GINZA 05

無印良品 銀座で泊まる&食べる!

簡素で気持ちのいい商品が人気の無印良品。ホテルやレストランがある銀座店なら無印良品の世界を存分に体感できる。その新たな魅力を発見しよう。

MUJI HOTEL

内装は木、石、土などの自然素材をメインに使用している

眠りと姿勢の研究に基づくマットレスを使用したベッドが好評

ATELIER MUJI

デザイン文化の発信基地としてギャラリーのほかイベントも開催

ギャラリースペースは2カ所あり、デザインに関する展示を行う

人気のアイテムが豊富にそろう

無印良品 銀座

むじるしりょうひん ぎんざ

レストランやギャラリー、ホテルも備えた、銀座並木通りにある世界旗艦店。旬のフルーツなどを扱う青果売り場、ベーカリーなども要チェック。

中央区銀座3-3-5 ☎03-3538-1311 営11:00〜21:00(売り場により異なる) 休不定休 交地下鉄銀座駅B4出口/銀座一丁目駅5番出口から徒歩3分 銀座 ▶MAP 別P.9 D-1

伝統の品を求めて老舗店めぐり

目の肥えた人々が集まる銀座。それだけに、上質なアイテムを扱う老舗の数は都内随一だ。伝統の品々に触れて、古くから伝わる高度な技術や、日本ならではの繊細な感性を再確認しよう。

創業寛文3年

お香・和紙製品

色や柄の種類も豊富で目移りしてしまう

一等地にあります

四季を感じさせる雅なアイテム

東京鳩居堂 銀座本店

とうきょうきゅうきょどう ぎんざほんてん

1663(寛文3)年創業。お香や書画用品、和紙製品などを扱う専門店。華やかな和の伝統模様や優しい色味を用いた粋なデザインのアイテムがそろう。オリジナルの香りの商品も充実しており、白檀など品のある香りが人気だ。

中央区銀座5-7-4 ☎03-3571-4429 営11:00〜19:00、日曜・祝日11:00〜 休不定休 交地下鉄銀座駅A2番出口から徒歩1分 銀座 ▶MAP 別P.9 D-2

6種類の香りが楽しめる香セット
六種の薫物(むくさのたきもの)
3080円

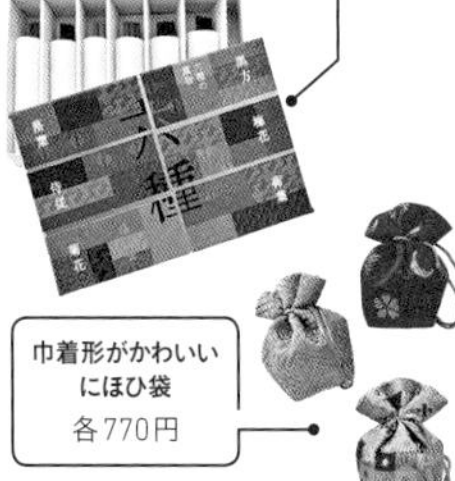

巾着形がかわいいにほひ袋
各770円

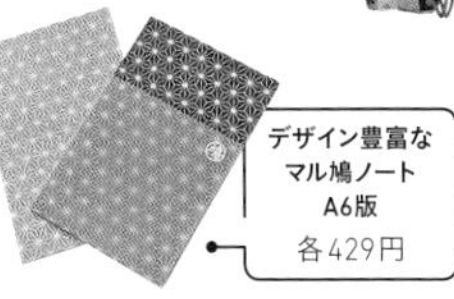

デザイン豊富なマル鳩ノート
A6版
各429円

HISTORY

1880(明治13)年、宮中の御用を務めるため、遷都に合わせて東京出張所を開設したのが東京鳩居堂の始まり。その高い品質から、宮内庁御用達ブランドとしても選定された。

創業明治37年

文房具

手紙が書けるコーナーWrite & Post

文房具のことならおまかせ！

銀座 伊東屋 本店

ぎんざ いとうや ほんてん

文房具専門店。オリジナル商品を中心に国内外から選りすぐりの品々がそろう。オフィスやペーパークラフトなどテーマ別のフロア構成。2階には手紙を書いてその場で本物のポストに投函できるコーナーも。

中央区銀座2-7-15 ☎03-3561-8311 営10:00〜20:00、日曜・祝日〜19:00、12Fのカフェ11:30〜21:00(LO20:00) 休無休 交地下鉄銀座駅A13番出口から徒歩2分
銀座 ▶MAP 別P.9 E-1

伊藤屋オリジナル
おいしい魚ノート
A5スリム 各495円

シンボルマークでもあるレッドクリップ
330円

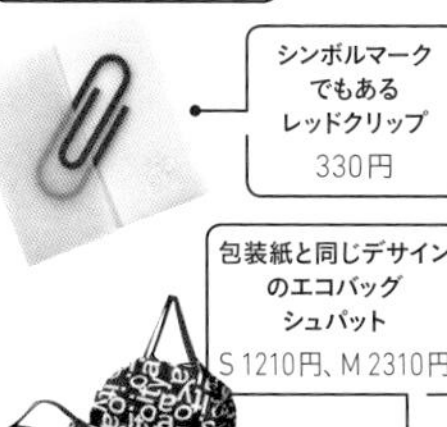

包装紙と同じデザインのエコバッグ
シュパット
S 1210円、M 2310円

HISTORY

1904(明治37)年に「和漢洋文房具・STATIONERY」と冠して創業。震災や戦火に見舞われながらも営業を続ける。看板上のレッドクリップは、銀座のシンボルとしても知られている。

GINZA SIX1階のツーリストサービスセンター「TERMINAL GINZA」は手荷物預かりなどさまざまなサービスを行っている。

ファミリーで楽しめるアミューズメントタウン

池袋（いけぶくろ）

IKEBUKURO

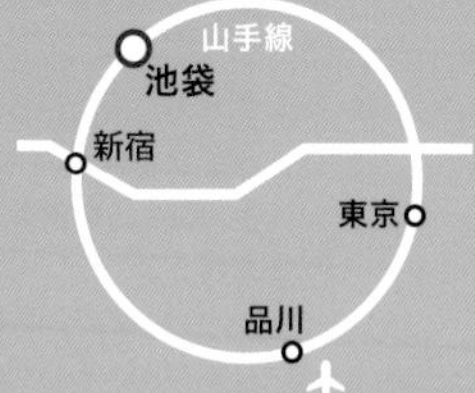

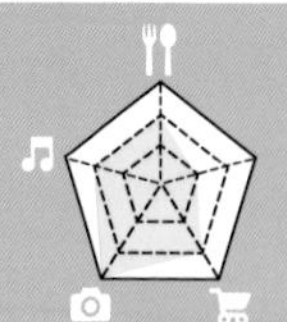

東口で観光＆ショッピング

日本が世界に誇るポップカルチャーの聖地として幅広い年齢層、国籍の人々に愛される街。乗降者数も新宿に次ぐ2位で駅ナカやデパ地下も充実している。

このエリアの利用駅
JR山手線・埼京線ほか 池袋駅
東京メトロ 池袋駅、東池袋駅
東武東上線 池袋駅
西武池袋線 池袋駅

昼：◎ 夜：◎
昼は名所めぐりで夜は各国グルメに舌鼓。ディープな西口も魅力的。

IKEBUKURO 01

新2大ランドマークでサブカル＆グルメを満喫！

"国際アート・カルチャー都市"をテーマに再開発が進む池袋。その象徴ともいえるのが2つのビル。漫画・アニメなど世界で人気の文化のアンテナ基地として注目を浴びている。劇場体験に力を入れているのも特色。

最先端の体験型エンタメビル

グランドスケープ池袋

グランドスケープいけぶくろ

映画館、アミューズメント施設、バッティングセンターが集結。グルメも充実した池袋の新たなランドマーク。

豊島区東池袋1-30-3 ㊋店舗により異なる ㊡無休 ㊋各線池袋駅東口から徒歩4分
池袋 ▶MAP 別P.26 B-1

都内最大級の最先端シアター

グランドシネマサンシャイン 池袋

4F

12スクリーン2443席もの規模を誇るシネマコンプレックス。4DX等の最先端の映画体験やフードメニューも充実。未知のシネマ体験が待っている。

☎03-6915-2722 ㊋上映スケジュールに準ずる ㊡施設に準ずる

高さ18.9m×幅25.8m！

国内最大の「IMAX®レーザー/GTテクノロジー」シアター

小麦がテーマのカフェ＆バル

2F

エスプレッソ D ワークス 池袋

エスプレッソ デイ ワークス いけぶくろ

旬の野菜を使った自家製生パスタ麺がコンセプト。毎月テイストが変わる、業界初のふわふわ食パン「ワンハンドレッド食パン」も楽しみ。コーヒーはオニバスコーヒー、リーブスコーヒーの、こだわりのコーヒー豆を使用している。

☎070-3796-3138 ㊋11:00～23:00 ㊡施設に準ずる

ワンハンドレッド食パンをはじめ、渡り蟹のトマトクリームパスタ1628円、トリュフオムレツ1628円など自慢料理がそろう

劇場都市池袋の文化発信拠点

Hareza池袋

ハレザいけぶくろ

2020年7月全体開業。シネコンや舞台、コンサートホールなど多種多様な8つの劇場に加え、アニメコラボカフェが併設された公園を備える大規模複合施設。

豊島区東池袋1-19-1ほか ㊋店舗により異なる ㊡無休 ㊋各線池袋駅東口から徒歩4分
池袋 ▶MAP 別P.26 B-1

彩り野菜と丹波産ケールのシーザーサラダ1078円

丹波産サラダケールと数種類のグリーンリーフ、平飼い有精卵の温泉卵を合わせて、自家製シーザードレッシングで仕上げている

NY式朝ゴハンを池袋で味わう

egg 東京

エッグとうきょう

ニューヨーク・ブルックリンで人気のお店が海外初進出。ブリオッシュから卵があふれるエッグロスコ1760円も食べておきたい。

☎03-5957-7115 ㊋10:00～21:00（LO20:00）㊡施設に準ずる

ACCESS

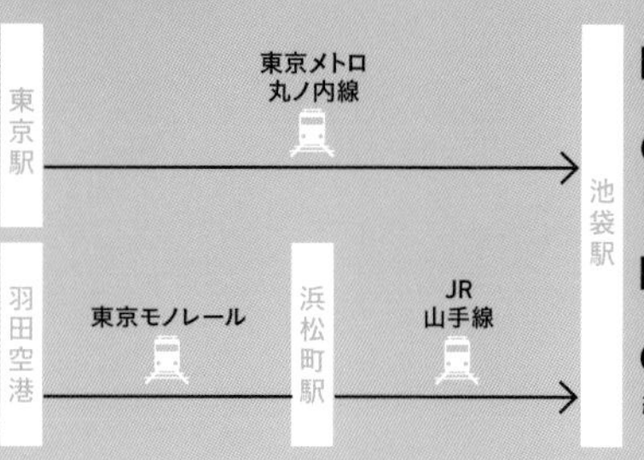

→P.81

IKEBUKURO 02

リピーター続出の本格グルメを食す！

国際色豊かな食文化でグルメを唸らせる池袋。最先端アジアングルメを味わったあとは、遅くまでにぎわうスイーツ店へ。多種多様なニーズに応えてくれるのも魅力だ。

大人のシメにパフェはいかが？

夜パフェ専門店 モモブクロ

よるパフェせんもんてん モモブクロ

すっかり定着した夜パフェ。旬のフルーツで装飾したパフェはもはや芸術品。味や食感の変化を楽しみながら、盛り上がりたい。

🏠 豊島区西池袋1-40-5 名取ビルB1F ☎03-6914-1839 ㊏17:00～24:00、金曜・祝前日17:00～翌1:00、土曜15:00～翌1:00、日曜・祝日15:00～24:00（LO各30分前） ㊡不定休 ㊋各線池袋駅12番出口から徒歩3分

池袋 ▶MAP 別P.26 A-1

1600円

ビタースイートな「ピスタチオとチョコレート」

最後の一滴まで飲みたくなるスープの牛肉のフォー

950円

ヘルシー！

本場のフォーはコク深い旨み

PHO THIN TOKYO

フォーティントーキョー

ベトナムはハノイから人気のお店が日本初上陸。フォー専門店のメニューは1種類のみ！じっくり煮込んだ絶品スープで勝負。

🏠 豊島区東池袋1-12-14 ハヤカワビルB1F ☎03-5927-1115 ㊏11:00～21:00 ㊡無休 ㊋各線池袋駅35番出口から徒歩2分

池袋 ▶MAP 別P.26 B-1

IKEBUKURO 03

各地から集結！話題の品をおみやげに

毎日多くの人が利用する池袋駅。広い駅構内や直通のデパ地下には話題のお持ち帰りグルメのお店が勢ぞろい。ターミナル駅でちょっとした手みやげを選ぶのにとっても便利。

1個97円～

たらこの風味と食感がマッチした「明太子クロワッサン」

焼きたてのミニクロワッサン

MIGNON JR東日本池袋南改札横店

ミニヨン ジェイアールひがしにほん いけぶくろみなみかいさつよこてん

博多からやってきた行列必至の人気店。ミニクロワッサンはプレーンが75円～とお手頃なサイズと価格でいろいろ試してみたくなる。価格はいずれも量り売り。

🏠 豊島区南池袋1-28 JR池袋駅構内 ☎03-5960-2564 ㊏7:00～22:30 ㊡施設に準ずる ㊋JR池袋駅構内

池袋 ▶MAP 別P.26 A-1

810円

バニラビーンズが香る人気No.1の「北海道フレッシュクリームプリン」

ビーカーに入った手作り焼きプリン

マーロウ 西武池袋本店

マーロウ せいぶいけぶくろほんてん

横須賀発、新鮮な北海道産の牛乳や生クリームなどこだわり食材の手作りプリン。タフなオトナの優しさが詰まった丁寧な味わい。

🏠 豊島区南池袋1-28-1 西武池袋本店B1F ☎03-3981-0111(代) ㊏10:00～21:00、日曜・祝日～20:00 ㊡施設に準ずる ㊋各線池袋駅東口から徒歩1分

池袋 ▶MAP 別P.26 B-1

もともと劇場が多く、古くからカルチャーの発信基地だった池袋。現在も名画座などが存在し、独特の文化が息づいている。

コリアンタウンで渡韓気分!

新大久保(しんおおくぼ)

SHINOKUBO

第4次韓流ブームを追い風に、さらに注目度が高まる新大久保。現地さながらのコスメショップや大行列必至の韓国スイーツ店まで、せっかくなら全制覇しよう!

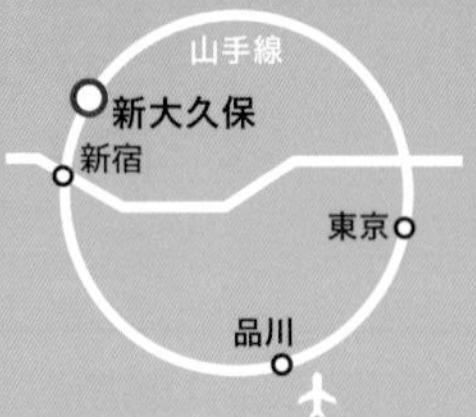

このエリアの利用駅

JR山手線 新大久保駅
JR中央線 大久保駅
都営地下鉄 東京メトロ 東新宿駅

韓国の流行をキャッチ

昼:◎ 夜:○

街を歩くとハングル文字&K-POPがあふれ、韓国旅行に来た気分に。

SHINOKUBO 01

センスのいい韓国っぽカフェをハシゴ

若い女性を中心に、いつもにぎわいをみせている新大久保エリア。最近もセンスのいいカフェが続々と誕生している。水を張ったテーブルがアートだと話題の「GUF」をはじめ、おしゃれでかわいいお店をチェック!

photo point 水が流れる涼しげテーブル

1 メルティングバスクチーズケーキプレーン690円、レモネード700円 2 オリジナルのリングラテ抹茶750円、バスクチーズケーキ抹茶790円

"水のテーブル"が印象的な空間

GUF

グフ

とろとろな食感のメルティングバスクチーズケーキが評判のカフェ。ビジュアルグッドなドリンクと一緒に。

新宿区大久保1-16-19 2F ☎なし
営11:00～24:00(LO23:00) 休 無休
交 JR新大久保駅から徒歩4分

新大久保 ▶MAP 別P.27 ①

photo point デリシャスなビンスにワクワク!

黒ゴマビンス(かき氷)1200円も人気

photo point 落ち着けるおしゃれな空間

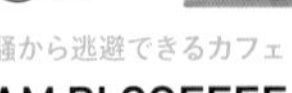

1 インジョルミパンケーキ1540円、クッキーラテ、よもぎクリームラテ各759円 2 シアッインジョルミ

喧騒から逃避できるカフェ

BAM BI COFFEE

バム ビ コーヒー

"夜"と"雨"という意味の閑静なカフェ。こだわりのふわふわ食感のパンケーキを求め、多くの女性客でにぎわう。

新宿区大久保1-14-26 ☎03-6205-9929 営11:00～22:30(LO22:00)※パンケーキのみLO21:00 休 無休 交 地下鉄東新宿駅B1出口から徒歩5分

新大久保 ▶MAP 別P.27 ①

上からホワイトモカ、プレーン、ソーセージハラペーニョ

多彩なフィナンシェがそろう

cafe guum

カフェ グウム

ホワイトモカ、ソーセージハラペーニョなど約10種のバラエティ豊かな焼き立てフィナンシェやビンス(かき氷)が人気。

新宿区大久保1-17-7 ☎03-6228-0603 営11:00～22:00(LO21:30) 休 無休 交 西武新宿線西武新宿駅北口から徒歩3分

新大久保 ▶MAP 別P.27 ①

白を基調にしたカフェ。店内は温かみのある雰囲気

ACCESS

東京駅 → JR山手線 → 新大久保駅
料金 210円
所要時間 約30分

羽田空港 → 京急空港線 → 品川駅 → JR山手線 → 新大久保駅
料金 510円
所要時間 約36分

MUST SPOT

BAM BI COFFEE
バムビ コーヒー
韓国のトレンドを押さえたおしゃれな内装にテンションUP！

SHINOKUBO 02
最新韓国コスメをくまなくチェック！

“美しさ”を追求する韓国の女性たちを支えるコスメが多種多様にそろうのがこのエリア。韓国直送の旬なアイテムからお気に入りを探してみよう。

韓国最新コスメが充実
イロハニ

スタッフが実際に試したおすすめアイテムがズラリ。日本未上陸ブランドも多く、なかでもフェイスマスクのバリエがすごい！

新宿区百人町1-9-12 ☎070-5368-2481 営10:00～21:00 休不定休 交JR新大久保駅から徒歩3分
新大久保 ▶MAP 別P.27 ①

各324円

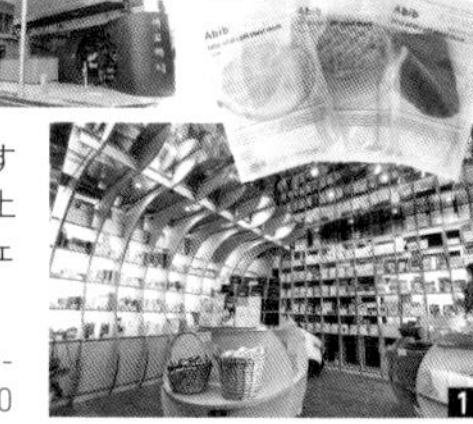

1 豊富な品ぞろえ 2 Abib Mild acdic。左からゆず、ハニー、ドクダミ

1 映えるフォトスポット 2 ショコラテ490円～とサービスのパン

韓国トレンドをチェック！
Lattencos
ラテアンドコス

最旬コスメ&アクセサリーがそろう。2000円以上購入でドリンク1杯か10ウォンパンを、4000円以上で両方サービス！

新宿区百人町1-15-24 1F ☎03-6878-1359
営10:30～20:00 休無休
交JR新大久保駅から徒歩1分
新大久保 ▶MAP 別P.27 ①

SHINOKUBO 03
しのくぼキュンスイーツを召し上がれ♡

トレンド入りしている韓国スイーツ。人気店は行列ができるため、時間をチェックして訪れよう。テイクアウトをして食べ歩き散歩するのもおすすめ！

オープンと同時にたくさんのドーナツが並ぶ

左からミックスベリー、ウユクリーム、オレオクリーム

写真映えドーナツにキュン♡
HELLO! DONUTS
ハロー ドーナツ

軽い食感が特徴のふわふわドーナツが評判の韓国ドーナツ専門店。カフェスペースにはフォトスポットも。

新宿区百人町2-2-7 SEOULTOWN1F ☎03-6380-2449 営11:00～22:00、金・土曜・祝前日～23:00 休無休 交JR新大久保駅から徒歩3分
新大久保 ▶MAP 別P.27 ①

1 フローズンドリンクが◎。クッキー&クリームマカチーノ880円 2 ソルティーキャラメル

380円

かわいくておいしいトゥンカロン
MACAPRESSO
マカプレッソ

14種類以上並ぶマカロンや、マカロンや生クリームをトッピングしたドリンクが自慢のデザートカフェ。

新宿区百人町2-3-21 THE CITY新大久保2～4F ☎03-6380-3875 営9:30～23:30(LO23:00) 休無休
交JR新大久保駅から徒歩2分
新大久保 ▶MAP 別P.27 ①

コリアンタウンとして知られる新大久保エリア。お店の入れ替わりが多いので、最新情報をチェックしよう。

西洋文化と下町文化が混在する

上野（うえの）

UENO

上野の森（上野恩賜公園）と不忍池が広がるエリア。上野動物園をはじめ、美術館や博物館が点在する。散策後は人々でにぎわうアメ横で激安ショッピングを。

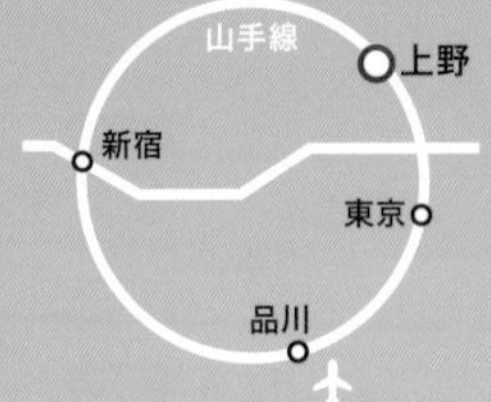

このエリアの利用駅
JR山手線・京浜東北線ほか 上野駅・御徒町駅
東京メトロ 上野駅、上野広小路駅、湯島駅
都営地下鉄 上野御徒町駅

観光のあとでアメ横を散策

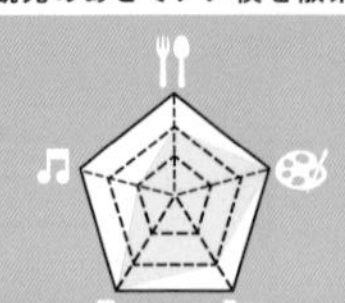

昼：◎ 夜：○
観光のメインは昼。美術館・博物館は月曜が休みなので注意。

UENO 01

上野の森をぐるっと歩いてヒーリング♪

上野の山と呼ばれる台地に位置し、地形を生かした敷地に文化施設や江戸・東京の歴史を伝える建造物など見どころが満載。四季折々の自然に癒されながら散策できる。

自然と文化、芸術が集まる都市公園

上野恩賜公園

うえのおんしこうえん

1873年に開園した日本を代表する公園。約53万㎡の敷地に博物館や美術館、動物園などがあり、文化や芸術の集合地域としても知られる。

台東区上野公園　☎03-3828-5644　営5:00～23:00　交JR上野公園口から徒歩1分

上野 ▶MAP 別P.23 D-1

大噴水
パターンの変化が楽しめ、夜はライトアップも見どころ

上野東照宮
1627年建立、徳川家を祀る神社。強運のご利益がある

西郷隆盛像
高さ3.7mの堂々たる姿が目を引く

UENO 02

キュートすぎる★パンダみやげをお持ち帰り！

上野のアイドルといえばパンダ。その愛くるしい姿はお菓子のモチーフとしても大人気。味よし、姿よし。とっておきのおみやげスイーツをご紹介！

パンダがモチーフのプチケーキ

DOLCE FELICE

ドルチェフェリーチェ

東京・神奈川・埼玉に9店舗ある人気パティスリー。パンダのパウンドケーキ「プティパウンド・パンダ」はエキュート上野店限定。

上質なチョコレートを使用したプチケーキ10個セット

台東区上野7-1-1　☎03-5826-5640　営8:00～22:00、土・日曜・祝日～21:00　休無休　交JR上野駅構内3F

上野 ▶MAP 別P.23 E-2

1個594円

パンダの型抜きが楽しめる、上野パンダファミリーおさんぽバウム

パッケージにパンダをデザイン。素朴なおいしさの、パンダ豆板（16枚入）

200種類のパンダアイテムが集合

上野案内所

うえのあんないじょ

ショッピングが楽しめる上野の観光インフォメーション。パンダのアイテムはグッズ・スイーツともに豊富で、ここでしか買えないものも。

台東区上野3-29-5 松坂屋上野店2F　☎03-3832-1111　営10:00～19:00　休施設に準ずる　交地下鉄上野広小路駅直結

上野 ▶MAP 別P.23 D-3

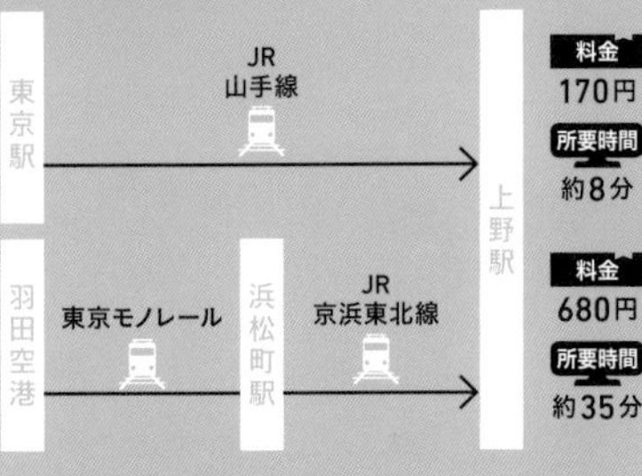

国立科学博物館
こくりつかがくはくぶつかん
日本最大級の科学博物館。恐竜の骨格標本は圧巻！

写真提供:国立科学博物館

照明からソファまでレトロで統一

UENO 03

居心地のいいレトロ喫茶へ

歴史ある繁華街の上野には昭和の面影を伝える純喫茶が健在。レトロな内装や調度品に囲まれて喫茶店メニューを味わい、散策の合間にほっとするひと時を楽しもう。

SNS映えするレトロ喫茶

ギャラン

1977年に開店し、オーダーメイドの内装は創業当時のまま。ご飯ものやパフェなど定番メニューが豊富で、純喫茶の魅力を満喫できる。

台東区上野6-14-4 ☎03-3836-2756 営8:00～22:30 休無休 交JR上野駅広小路口から徒歩1分
上野 ▶MAP 別P.23 E-2

オムライス1100円
変わらぬ味とビジュアルが人気のオムライス。クリームソーダ900円

UENO 04

ディープな世界！アメ横をウロウロ

JR上野駅から御徒町駅までの高架下周辺に400もの店舗がひしめく。乾物やお菓子、衣料品、エスニックフード……カオスな雰囲気を楽しみながら掘り出し物を見つけよう。

アメ横

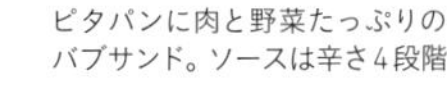

1000円～

まだまだおまけしますよ

活気は随一！チョコの叩き売り

アメ横 志村商店

アメよこ しむらしょうてん

メーカー菓子のアウトレット店。名物はチョコレートの叩き売りで、名調子のかけ声のもと2000円分以上の商品が半額の1000円に！

☎03-3831-2454 営10:00～18:00 休無休
上野 ▶MAP 別P.23 E-2

ピタパンに肉と野菜たっぷりのケバブサンド。ソースは辛さ4段階

600円～

スパイスにこだわった本場の味

オスカーケバブ

本場の味！

10数種のスパイスを使用したケバブはビーフとチキン、ミックスの3種類。女性に人気のアボカド入りやマイルドなチーズ入りも。

☎非公開 営9:00～22:00 休第3水曜
上野 ▶MAP 別P.23 E-3

アメ横は年末になると買い出し客で非常に混雑する。買い物もままならないのでこの時期に訪れるなら覚悟して。

東京の地名の由来を知る

普段何気なく口にする東京の地名。その多くが地形に由来している

「もっと平らな土地だと思っていたのに、坂が多くてビックリ！」

初めて東京を訪れた人は、こう感じることもあるかもしれない。建物がびっしりと並んでいるので地形を意識することはあまりないが、東京の区部は武蔵野台地の東端に位置しており、平均で20mの標高差がある。そこには、主に河川による浸食でいたる所に切れ込んだ部分があって、台地と低地が複雑に入り組んでいる。江戸時代、そのような所に町をつくったので、坂が多くなってしまったのだ。

現在「山の手」といえば、“垢抜けて、ちょっとおしゃれなエリア”で、「下町」といえば“気さくで庶民的なエリア”というイメージだが、かつては読んで字のごとく、「山の手」は台地の上で、「下町」といえば台地の下に広がる土地のことを指した。江戸時代に名付けられた土地は、単純に山の上（標高が高い所）にあった場所に「台」とか「丘」などが付けられ、「坂」を挟んで山の下（標高の低い所）に「谷」、平らな下町から見て盛り上がった場所に「山」が付けられた。その他「池」「沼」「洲」など、地名の一部から、かつての地形が想像できる場所も多い。

「坂」が付く地名

現在のような住居表示のない江戸時代、「○○＋坂」である程度場所を示すことができた。ただ、坂の途中から富士山が見える「富士見坂」のように「同名異坂」も多かった。

●代表的な地名

赤坂

この付近が「赤土」の土地だった、茜（アカネ）の群生があったなどが由来と言われている。江戸時代は旗本の屋敷が並んでいた。

神楽坂

重くて坂を上れなかった祭礼の神輿（みこし）が、神楽を奏したら簡単に上ることができた、というのが地名の由来（諸説あり）。

道玄坂

鎌倉時代、幕府と戦い敗れた御家人の残党、大和田太郎道玄が、山賊になってこのあたりに出没したのが由来とされる。

九段坂

将軍の警護にあたる大番組が住む「番町」に至る斜面にあった、9層の石段と「九段屋敷」という幕府の施設に由来する。

東京に多い坂の名前

上で触れた「富士見坂」のほか、夜になると真っ暗になる「暗闇坂」、神社が近くにある「稲荷坂」などは都内に10カ所以上ある。

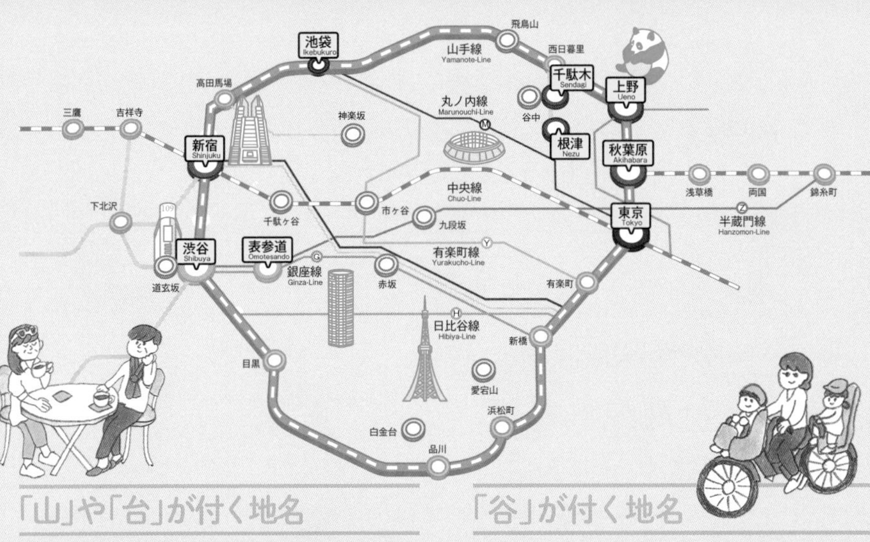

「山」や「台」が付く地名

低い土地を見晴らせる場所にあるのが「台」で、低地から見て高い所にあるのが「山」。ただ、山より高い建物が多いので意識しないと土地の高さはわかりにくい。

●代表的な地名

駿河台

武蔵野台地の南端にあたる土地。ここに立つニコライ堂からは、竣工時（1891年）は東京一円が見渡せた。

白金台

江戸城の南側に点在する標高が高い土地。室町時代にこの付近を開墾した「白金長者」と呼ばれた柳下上総介に由来する。

愛宕山

周辺には100m以上の建物が並んでいるが、ここの標高25.7mは23区で最も高い。江戸時代は素晴らしい眺望が楽しめた。

飛鳥山

JR王子駅付近の風景。線路の右に見えるこんもりした森が飛鳥山。8代将軍吉宗が植林した桜があり、花見スポットとして有名。

青山（港区）の由来は人の名前

東京のおしゃれスポットの代表である青山。ここの地名は地形ではなく、徳川家康の重臣であった青山家の屋敷があったのが由来。

「谷」が付く地名

坂を下っていった先の地名に「谷」が付くことは少なくない。坂の底辺や2つの台地の間の地形が由来なので必ずしも川が流れていたわけではない。

●代表的な地名

谷中

2つの台地、本郷台と上野台の間に位置する。徳川将軍家の菩提寺である寛永寺が建立され、にぎわいをみせるようになった。

市ヶ谷

お堀を挟んで南側が千代田区、北側が新宿区。どちら側も土地が高くなっていて、間に挟まれた土地であることがよくわかる。

千駄ヶ谷

千駄ケ谷駅前にある東京体育館。JRの線路を挟んで南北では標高差があり、高くなっている北側の土地に新宿御苑が広がる。

おなじみの渋谷も坂の下にある

東京のアイコンである渋谷駅前のスクランブル交差点。この場所の地形を考えると、東から宮益坂、西から道玄坂の底辺にある。

その他、かつての地形に由来する

貯水池があった「溜池」や海水が外堀に流れ込まないように堰が造られた場所「汐留」など、江戸以降の土木工事によって作り変えられた土地に由来する地名もある。

明治以降、鉄道に沿って開発された住宅地にはイメージで「丘」や「台」が付けられたことが多く、地形とは関係ないことがほとんど。

コーヒーとアートの街

清澄白河（きよすみしらかわ）

Kiyosumishirakawa

下町情緒と近代アートが融合した清澄白河。
実力派コーヒーショップめぐりも楽しい。

極上の一杯を召し上がれ

KIYOSUMISHIRAKAWA 1

熟練のバリスタが淹れる おいしいコーヒーを味わう

スペシャルティコーヒーブームをきっかけに、実力派コーヒーショップが続々と出店。お気に入りを見つけに行こう！

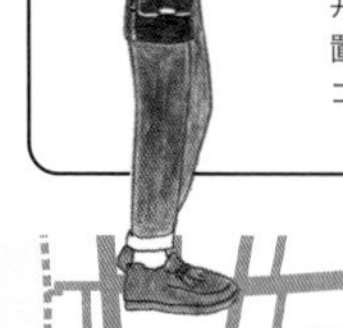

What is

コーヒーの街

かつて水運の拠点として発展した頃に使われていた、天井が高い倉庫が焙煎機を設置するのに最適だったため、コーヒー文化が根付いた。

コーヒーの奥深い世界が広がる

KOFFEE MAMEYA Kakeru Ⓐ

コーヒーマメヤ カケル

豆のクオリティとバリスタの技術をかけ合わせた渾身の一杯を提供。

江東区平野2-16-14 ☎03-6240-3072 営 11:00～19:00 休 無休 交 地下鉄清澄白河駅 B2出口から徒歩9分 ▶MAP 別P.21 E-3

世界チャンピオンの豆も扱うコーヒー

豆の種類や煎り方、淹れ方の違いを楽しんで

ブルーボトルコーヒーの日本1号店

清澄白河のランドマーク的カフェ

ブルーボトルコーヒー 清澄白河フラッグシップカフェ Ⓑ

ブルーボトルコーヒー きよすみしらかわフラッグシップカフェ

ファンが足しげく通う倉庫を改装した空間は天井が高く開放的。

江東区平野1-4-8 ☎ 非公開 営 8:00～19:00 休 無休 交 地下鉄清澄白河駅A3出口から徒歩7分 ▶MAP 別P.21 E-3

レモンクリームとライム、メレンゲの季節のタルト（季節により内容・価格変更あり）

NZ発のロースタリーカフェ

ALLPRESS ESPRESSO Tokyo Roastery & Cafe Ⓒ

オールプレス・エスプレッソ とうきょう ロースタリー アンド カフェ

コーヒーや焼きたてベイクの香り漂う店内。

江東区平野3-7-2 ☎03-5875-9131 営 9:00～17:00、土・日曜 10:00～18:00 休 無休 交 地下鉄清澄白河駅B2出口から徒歩10分 ▶MAP 別P.21 F-3

フラットホワイト。エスプレッソとミルクが調和

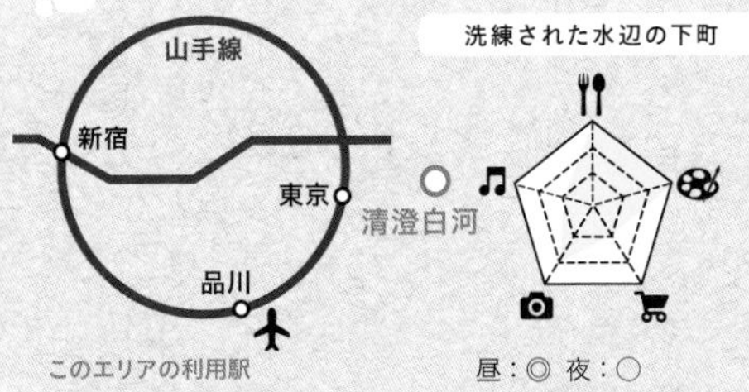

KIYOSUMISHIRAKAWA

庭園やフラワーショップで草花に癒される

2

東京都の名勝に指定されている清澄庭園はぜひ訪れたいスポット。

田河水泡・のらくろ館
フットスクエア江東・森下
小名木川
東深川橋
大富橋
墨田工高
新高橋
大横川
東京メトロ半蔵門線
徒歩約5分
宜雲寺
マルエツ
元加賀小
深川資料館通り
一言院
東京東
雲光院
美術館通り
P.137東京都現代美術館 F
深川六中
木場公園
浄心寺
カーケースポア
C ALLPRESS ESPRESSO Tokyo Roastery & Cafe P.136
福富川公園
深川北スポーツセンター
イベント広場
A KOFFEE MAMEYA Kakeru P.136
仙台堀川
末広橋
亀久橋
大和橋
0 100 200m

江戸の面影を残す名庭園

清澄庭園 D

きよすみていえん

紀伊国屋文左衛門や岩崎彌太郎が愛した回遊式日本庭園。四季折々楽しめる。

🏠江東区清澄3-3-9 ☎03-3641-5892 営9:00〜17:00(最終入園16:30) 休無休 交地下鉄清澄白河駅から徒歩3分
▶MAP 別P.21 D-3

水辺が心地いい磯渡りと涼亭

清澄長屋の植物の園

LUFF Flower&PlantsWORKS E

ラフ フラワーアンドプランツ ワークス

ハーバリウムを考案した上村拓さんの店。

とても美しいハーバリウム

各1980円

🏠江東区清澄3-3-27 ☎03-5809-9874 営10:00〜19:00 休月・火曜 交地下鉄清澄白河駅A3出口から徒歩4分
▶MAP 別P.21 E-3

センスのいい植物で埋め尽くされ、いるだけで癒されるショップ

KIYOSUMISHIRAKAWA

光あふれる空間で現代アートを鑑賞

3

木場公園に隣接する、街のシンボル的存在の東京都現代美術館。アート散歩に出かけよう！

Photo:Keizo Kioku

開放的な入口と中庭テラス

(上・下) Photo:Kenta Hasegawa

「MOTコレクション第1期 ただいま／はじめまして」2019年展示風景

コンテンポラリー・アートを堪能

東京都現代美術館 F

とうきょうとげんだいびじゅつかん

約5700点の作品を所蔵し、現代美術企画展を開催。

🏠江東区三好4-1-1 ☎050-5541-8600(ハローダイヤル) 営10:00〜18:00(最終入館17:30) 休月曜(祝日の場合は翌平日休)、展示替え期間、年末年始 料展覧会により異なる 交地下鉄清澄白河駅B2出口から徒歩9分
▶MAP 別P.21 F-3

現代美術館の2階にはカフェ＆ラウンジも。アートを鑑賞したあと、余韻に浸りながらの休憩に最適。

注目の店が点在する、おいしくておしゃれなエリア

代官山・恵比寿

だいかんやま えびす

Daikanyama·Ebisu

個性的なショップやカフェが多い洗練された大人の街。
時間と心にゆとりをもって歩きたい。

街行く人たちも
おしゃれ!

DAIKANYAMA·EBISU 1

緑豊かな代官山を散策して ショッピング＆カフェタイム

穏やかな雰囲気が漂う代官山は、緑も多くて街歩きが気持ちいい。裏路地にひっそりと佇むお店を見つけるのも楽しい。

代官山T-SITEにある

大人の好奇心を刺激する至福の空間

代官山 蔦屋書店 B

だいかんやま つたやしょてん

本や映画、音楽のコンシェルジュが常駐。併設のカフェでは試読もできる。

渋谷区猿楽町17-5 ☎03-3770-2525 営公式HPで要確認 休不定休 交東急東横線代官山駅正面口から徒歩5分

▶MAP 別P.16 B-2

ヘルシーなハワイ料理を

くつろげる店内

HEAVENLY Island Lifestyle代官山 A

ヘブンリーアイランドスタイルだいかんやま

ハワイを彷彿とさせるサーフシックな空間。ヘルシーでパワフルなメニューが人気。

渋谷区猿楽町24-7 代官山プラザ2F ☎03-6416-9385 営8:30～22:00 休不定休 交東急東横線代官山駅東口から徒歩3分

▶MAP 別P.16 B-2

ハワイテイストの朝食を

リゾートのような客席

野菜の力で体を内側からきれいに!

CLEANSING CAFE Daikanyama C

クレンジング カフェ ダイカンヤマ

専用のマシンで素材の栄養を丸ごと抽出

野菜や果物を搾って作るコールドプレスジュースの専門店。

渋谷区猿楽町9-8アーバンパーク代官山Ⅱ 212 ☎03-6277-5336 営10:00～17:00 休不定休 交東急東横線代官山駅北口から徒歩4分

▶MAP 別P.16 B-1

体を整える
JUICE CLEANSE
1300円～

アップルパイやチーズケーキが人気

Matsunosuke N.Y. D

マツノスケ ニューヨーク

お菓子研究家の平野顕子氏がプロデュースするパイとケーキの専門店。

渋谷区猿楽町29-9ヒルサイドテラスD棟11 ☎03-5728-3868 営9:00～18:00 休月曜 交東急東横線代官山駅正面口から徒歩4分

▶MAP 別P.16 B-2

サワークリームアップルパイ
610円

さまざまな種類のビールがそろう

SPRING VALLEY BREWERY 東京 E

スプリング バレー ブルワリー とうきょう

併設のブルワリーで造りたてクラフトビールを味わえる。

渋谷区代官山町13-1 ログロード代官山内 ☎03-6416-4960 営9:00～23:00、日曜～22:00 休無休 交東急東横線代官山駅正面口から徒歩4分

▶MAP 別P.16 C-1

ビールに合うフードも充実している

P.138 CLEANSING CAFE Daikanyama C
ログロード代官山
P.138 SPRING VALLEY BREWERY 東京 E
代官山町
P.138 代官山 蔦屋書店 B
代官山アドレス
猿楽町
代官山プラザ
P.138 HEAVENLY Island Lifestyle代官山 A
Matsunosuke N.Y. D P.138
旧朝倉家住宅
代官山駅
徒歩約3分
駒沢通り
東急東横線
中目黒駅
目黒川

話題の店が並ぶ
LOG ROAD

豊潤496レギュラーサイズ790円

ACCESS

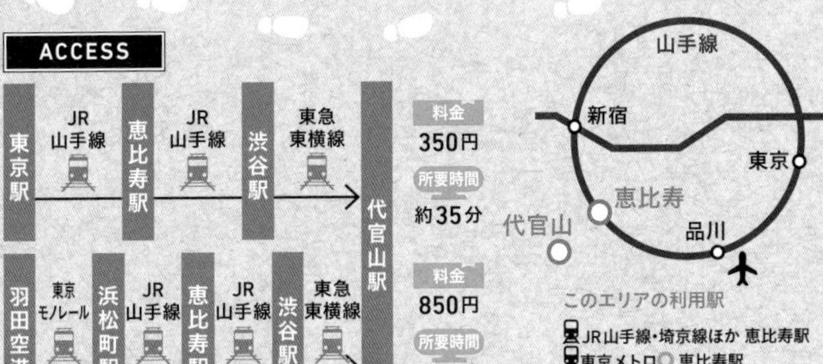

このエリアの利用駅
JR山手線・埼京線ほか 恵比寿駅
東京メトロ 恵比寿駅
東急東横線 代官山駅

洗練されたオトナの街

昼：◎ 夜：○
周囲の緑を生かした店が多いので、昼間の街歩きがおすすめ。

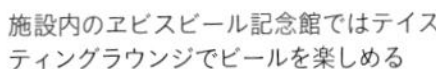
施設内のヱビスビール記念館ではテイスティングラウンジでビールを楽しめる

DAIKANYAMA・EBISU

大人のためのグルメな街 恵比寿でそぞろ歩き 2

味も雰囲気も抜群なお店が勢ぞろい。高級レストランからカジュアルカフェまで多種多様なので、シチュエーションや気分に合わせて使い分けて。

広大なオープンスペースに四季折々の植栽が

恵比寿ガーデンプレイス F

えびすガーデンプレイス

レストランやカフェ、ホテルに美術館などが集まる恵比寿のランドマーク。

渋谷区恵比寿4-20 ☎ 営 休 店舗により異なる 交 JR恵比寿駅東口から徒歩5分（動く通路「恵比寿スカイウォーク」を使用）
▶MAP 別P.17 F-3

オススメ！ 代官山・恵比寿・渋谷を走る、便利なハチ公バス >>>P.157

ウェスティンホテル東京内にあるダイニング

インターナショナル レストラン「ザ・テラス」 G

2023年9月初旬リニューアル。内装が新たに生まれ変わる

季節に合わせたバラエティ豊かな料理が並ぶビュッフェが好評。

目黒区三田1-4-1 恵比寿ガーデンプレイス内 ウェスティンホテル東京1F ☎03-5423-7778 営6:30～21:30 休無休 交JR恵比寿駅東口から徒歩7分
▶MAP 別P.17 F-3

和テイストの優しい味わい

JAPANESE ICE 櫻花 H

ジャパニーズ アイス おうか

旬の素材を使用した、常時12種類のアイスクリームが食べられる。

渋谷区恵比寿1-6-7 animo ebisu1F ☎03-5449-0037 営11:00～23:00 休無休 交JR恵比寿駅西口から徒歩3分
▶MAP 別P.17 E-2

好みの3種類の味が楽しめる小盛

恵比寿の地名の由来は「ヱビスビール」。120年以上前にこの地にあったサッポロビール工場で、ヱビスビールは誕生した。

花街の面影とフランス文化が融合した街

神楽坂（かぐらざか）

Kagurazaka

異国情緒があるのにどこか懐かしい不思議な街。
和と洋が自然に溶け合う、絶妙なバランスを楽しんで。

毘沙門天は神楽坂のランドマーク

石畳の裏路地がパリのような雰囲気を醸し出す

KAGURAZAKA 1

石畳の小道が続く情緒あふれる街をおさんぽ

かつて花街として栄えた面影を残す石畳の裏路地は、あえて迷い込むのが正しい歩き方。ひっそりと佇む小さな店に、うれしい発見があるかもしれない。

夜は控えめな明かりが灯され風情たっぷり。和服姿が似合う粋な小径

味わい深い石畳のある風景

兵庫横丁 A

ひょうごよこちょう

神楽坂界隈で最も古く、鎌倉時代から続くと言われる石畳の路地。通りの名前は、戦国時代に牛込城の武器庫（兵庫）があったことが由来している。

大久保通りから続く袖摺坂

（左）この石像は狛犬でなく石虎
（右）開運・招福のひめ小判守1000円（正月2回、5月と9月各1回の年4回寅の日のみ頒布）

徳川光圀もあつい信仰を寄せた

毘沙門天（善國寺）B

びしゃもんてん ぜんこくじ

“神楽坂の毘沙門さま”として、創建より約400年親しまれている古刹。

新宿区神楽坂5-36 ☎03-3269-0641 営9:00～17:00 休無休 料参拝自由 交地下鉄飯田橋駅B3出口から徒歩5分

▶MAP 別P.24 B-1

古い建物が数多く残っている

不二家 飯田橋神楽坂店限定のペコちゃん焼

ACCESS

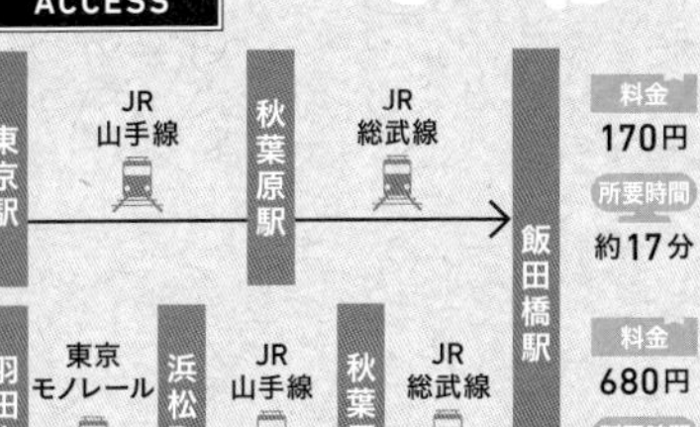

料金 170円
所要時間 約17分

料金 680円
所要時間 約43分

山手線
新宿
神楽坂
東京
品川

このエリアの利用駅

JR総武線 飯田橋駅

東京メトロ〇〇〇 飯田橋駅、〇神楽坂駅

都営地下鉄〇 飯田橋駅、牛込神楽坂駅

ノスタルジックな雰囲気

昼：〇 夜：◎

裏路地も積極的に散策したい。夜の街並みもロマンチック。

入りづらそうな店こそおもしろかったりする

KAGURAZAKA 2

個性的な店が集まる大人の街で和と洋のグルメを堪能

小さな店が多い神楽坂だが、どこもこだわりがありエッジが効いている。個性あふれる店主や常連客との会話も楽しい。

How to

神楽坂は坂の多い街。飯田橋方向から神楽坂上方向へ進むと急坂を上がることになるので、楽をしたいなら牛込神楽坂駅を利用しよう。

筑土八幡神社　目白通り　首都高速池袋線　飯田橋出口　有楽町線　飯田橋駅　津久戸小　C 神楽坂 茶寮 本店 P.141　飯田橋　徒歩約5分　飯田橋駅　ラムラ　飯田橋駅　不二家 飯田橋神楽坂店　神楽坂通り　D 神楽坂 別亭 鳥茶屋 P.141　セントラルプラザ　神楽坂下　東京理科大　CANAL CAFE　牛込橋　外濠　外堀通り　JR総武線　JR中央線　日本歯科大病院　早稲田通り　宮町公園　N　0　100　200m

2310円

お茶尽くしの生搾りモンブラン「碧羅」日本のお茶セット

花街の風情感じる石畳の路沿いにある和カフェ

神楽坂 茶寮 本店 C

かぐらざか さりょう ほんてん

抹茶やお茶使用の和スイーツが人気。12種のおばんさい御膳など食事メニューも充実。

新宿区神楽坂3-1 ☎03-3266-0880 営11:30〜23:00 休不定休 交飯田橋駅B4b出口から徒歩4分

▶MAP 別P.24 B-1

1750円

具だくさんのうどんすき

「うどんすき」が名物

神楽坂 別亭 鳥茶屋 D

かぐらざか べってい とりぢゃや

うどんすきで有名。ランチ限定、ふわとろ卵の親子丼1100円も人気。

新宿区神楽坂3-6 ☎03-3260-6661 営11:30〜14:00(土・日曜・祝日〜14:30)、17:00〜21:00(日曜・祝日〜20:30) 休月曜 交地下鉄飯田橋B3出口から徒歩3分

▶MAP 別P.24 B-1

1182円

モンブランカシス

できたてのデザートを楽しめる

ATELIER KOHTA E

アトリエ コータ

パティシエが目の前でデザートプレートを作り上げる「カウンターデザート」の店。

新宿区神楽坂6-25 ☎03-5227-4037 営公式HP要確認 休無休 交地下鉄神楽坂駅1番出口から徒歩2分

▶MAP 別P.24 A-1

1350円〜

種類豊富なガレット

本場のガレットといえばココ

LE BRETAGNE F

ル ブルターニュ

フランス・ブルターニュ地方のガレット(そば粉のクレープ)とシードル(リンゴの微発泡酒)が楽しめる。

新宿区神楽坂4-2 ☎03-3235-3001 営11:30〜22:00、日曜・祝日11:00〜 休無休 交地下鉄飯田橋駅B3出口から徒歩5分

▶MAP 別P.24 B-1

神楽坂付近にはフランス政府公認機関「旧東京日仏学院」があり、在日フランス人も多く“日本のプチパリ”とも呼ばれる。

下町情緒あふれる人気のおさんぽスポット

谷根千（やねせん）

Yanesen

谷中、根津、千駄木の頭文字をとって“谷根千”。
人々の生活が息づくレトロな街並みに穏やかな時間が流れる。

猫たちが悠々と散歩する平和な街

YANESEN 1

どこか懐かしさを感じるカフェでまったり過ごす

クラシカルな建物がひしめく街なかには、古民家を利用したカフェも多い。一歩足を踏み入れればそこは異世界。時間を忘れてゆっくりしたい。

御殿坂と谷中銀座の間の階段は夕日の名所

サバサンド は12時以降提供
•980円

黒い2階建ての建物が目印

アートな空間でひと息入れよう

HAGI CAFE Ⓐ

ハギ カフェ

木造アパートを改装したカフェ。丁寧にドリップしたコーヒーは香り高い。

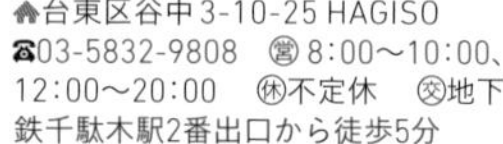

🏠台東区谷中3-10-25 HAGISO ☎03-5832-9808 ㊔8:00～10:00、12:00～20:00 ㊡不定休 ㊦地下鉄千駄木駅2番出口から徒歩5分
▶MAP 別P.24 A-2

重厚感のある建物
•1200円
たまごサンド。スープ・サラダ付

名物のたまごサンドに癒される

カヤバ珈琲 Ⓑ

カヤバこーひー

1938（昭和13）年から続く老舗の純喫茶をリニューアルしたカフェ。

🏠台東区谷中6-1-29 ☎03-5832-9896 ㊔8:00～18:00（LO17:00）㊡月曜（祝日の場合は火曜休）㊦JR日暮里駅南口から徒歩10分
▶MAP 別P.24 B-3

昔から変わらない優しい味

甘味処 芋甚 Ⓒ

かんみどころ いもじん

大正から続く老舗。あんみつや卵不使用のアイスを味わえる。

🏠文京区根津2-30-4 ☎03-3821-5530 ㊔10:00～18:00（LO17:40）㊡月曜、10～3月は月・火曜 ㊦地下鉄根津駅1番出口から徒歩5分
▶MAP 別P.24 A-3

優しい味のアイス
•380円

昔ながらの甘味でほっこりできる甘味処

•480円
人気のあんみつ

ACCESS

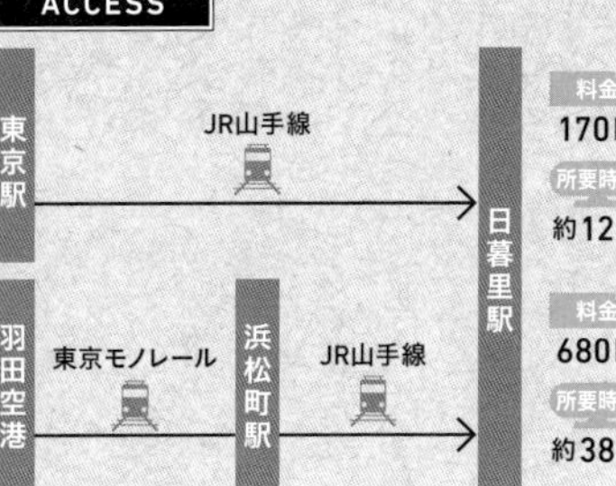

料金 170円
所要時間 約12分

料金 680円
所要時間 約38分

山手線
日暮里
谷根千
新宿
東京
品川

このエリアの利用駅
東京メトロ◎ 西日暮里駅、根津駅、千駄木駅
JR山手線・京浜東北線ほか 西日暮里駅、日暮里駅、鶯谷駅

レトロな雰囲気と猫の街

昼：◎ 夜：△
どの年齢層も楽しめる街で、家族連れも多い。昼間に活気がある。

YANESEN 2

路地裏で素朴なおいしさに出合う

ひと口食べると笑みがこぼれる、素朴な味わいの谷根千のパンや焼き菓子。手頃な値段のものも多いので、いろいろ買って食べ比べるのも楽しい。

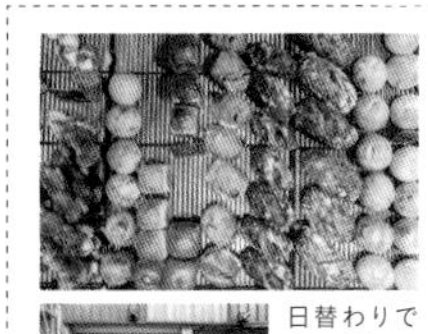
日替わりで約50種

元豆腐店を改装した

小麦が香るもっちり食感のパン

根津のパン D

ねづのパン

国産小麦を使い自家製酵母で長時間発酵させ焼き上げるパンが人気。

🏠文京区根津2-19-11 ☎非公開 営10:00～19:00(売り切れ次第閉店) 休月・木曜 交地下鉄根津駅1番出口から徒歩1分
▶MAP 別P.24 A-3

口当たりにこだわった一品

Succession E

サクセション

国産小麦の味わいを生かしたパンや焼き菓子を提供。季節ごとのメニューも。

🏠台東区谷中2-5-19 ☎090-5793-1401 営10:00～18:00 休火・水曜 交地下鉄千駄木駅1番出口から徒歩7分
▶MAP 別P.24 A-3

手みやげに最適なクッキー缶

おいしそうな香りが漂う店先

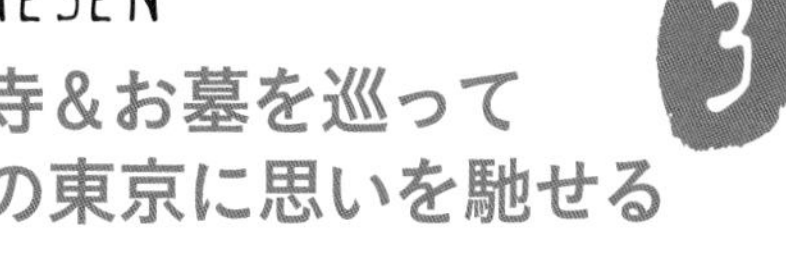

YANESEN 3

お寺&お墓を巡って昔の東京に思いを馳せる

谷根千の寺の中には坐禅や写経の体験ができるところもある。名将や文豪の墓を訪れて歴史を肌で感じるのもいい。

静かな園内に多くの著名人が眠る

谷中霊園 F

やなかれいえん

大河ドラマや新1万円札で注目される、渋沢栄一の墓所がある。

🏠台東区谷中7-5-24 ☎03-3821-4456 営8:30～17:15 休無休 料無料 交JR日暮里駅南口から徒歩5分
▶MAP 別P.24 B-3

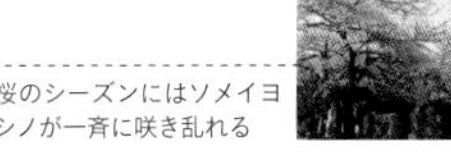
桜のシーズンにはソメイヨシノが一斉に咲き乱れる

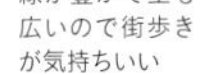
緑が豊かで空も広いので街歩きが気持ちいい

徳川家綱の霊廟である厳有院霊廟勅額門

徳川家ゆかりの由緒ある寺

寛永寺 G

かんえいじ

1625(寛永2)年に、江戸城の鬼門(東北)を守るため建立された。

🏠台東区上野桜木1-14-11 ☎03-3821-4440 営9:00～16:00 休無休 料参拝自由 交JR鶯谷駅北口から徒歩6分
▶MAP 別P.24 B-3～C-3

谷根千は、夏目漱石や森鷗外、江戸川乱歩、川端康成など、名だたる顔ぶれの文豪たちが暮らしていたことでも知られている。

江戸時代から続く商業と文化の中心地

日本橋

にほんばし

Nihombashi

歴史ある建造物にも注目!

日本の道路網の始点とされる日本橋。江戸時代から今も変わらず、多くの人や物がにぎやかに行き来している。

NIHOMBASHI 1

明治から昭和にかけてのレトロ建築めぐり

日本橋の街を歩いていると目につく、ただならぬ存在感を放つ建造物。風情あふれる街並みを楽しみながら、日本橋の歴史に思いを馳せよう。

What is

日本橋

日本橋川に架かる100年以上の歴史を持つ石造りの橋。1911(明治44)年に開通した現在の橋は19代目で、国の重要文化財にも指定されている。

外観や店内の細かな装飾にも注目したい

店内壁面の大理石の中にアンモナイトの化石が!

入口ではシンボルの2体のライオン像がお出迎え

本館1階中央ホールにある天女像

クラシック様式の本館は国の重要文化財

日本橋三越本店 Ⓐ

にほんばしみつこしほんてん

1673(延宝元)年創業。建物は大正期に竣工、1935(昭和10)年に現在の形に。

🏠中央区日本橋室町1-4-1 ☎03-3241-3311(大代表) 営10:00～19:00、本館・新館1F・地階・免税カウンター～19:30 休不定休 交地下鉄三越前駅地下通路直結

▶MAP 別P.7 D-1

明かりが灯るコレド室町

乙姫像が置かれた日本橋魚河岸記念碑

上空を首都高が走る日本橋

1階にある洋画家・東郷青児デザインのエレベーター扉

手動式のクラシックなエレベーターはレトロな魅力がある

和洋折衷デザインが美しい

日本橋髙島屋 S.C.本館 Ⓑ

にほんばしたかしまやショッピングセンターほんかん

日本で初めて百貨店建築として重要文化財に指定された建物。

🏠中央区日本橋2-4-1
☎03-3211-4111 営10:30～19:30、レストラン11:00～21:30(一部店舗により異なる)
休不定休 交地下鉄日本橋駅B2出口直結

▶MAP 別P.7 D-2

1933(昭和8)年に竣工した重厚な建築物

ACCESS

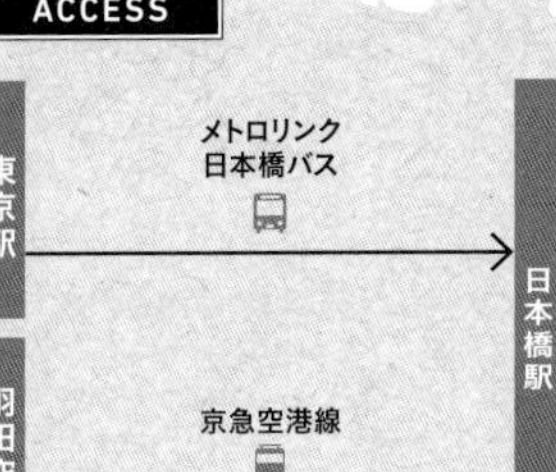

料金
無料
所要時間
10分

料金
510円
所要時間
約40分

山手線
新宿
東京
日本橋
品川

このエリアの利用駅
東京メトロ 日本橋駅
都営地下鉄 日本橋駅
東京メトロ 三越前駅

格式高い昭和レトロ

昼：◎ 夜：○

東京駅から日本橋へは徒歩約10分。無料巡回バスも上手に利用して。

NIHOMBASHI 2

有名な老舗で古き良き時代に触れる

日本橋は多くの食通を唸らせてきた老舗の宝庫。江戸時代から続くシンプルな和食から、文明開化の香り漂う洋食まで、バラエティも実に豊かだ。変わらぬ伝統の味を雰囲気と共に味わいたい。

1950円

半熟オムレツが豪快にのったタンポポオムライス

並んででも食べたいふわとろオムライス

たいめいけん C

1931(昭和6)年創業の日本を代表する洋食店。2階ではコースなど本格的な食事ができる。

中央区日本橋室町1-8-6 ☎03-3271-2463 (営)1F 11:00～20:30(日曜・祝日～20:00)、2F 11:00～14:00、17:00～20:00 (休)1F月曜、2F日曜・祝日 (交)地下鉄三越前駅B6出口から徒歩1分
▶MAP 別P.7 E-1

ほのかに甘い香り高いそば

室町砂場 D

むろまちすなば

つけ汁にかき揚げを入れた、天ざる発祥の店。1869(明治2)年創業。

中央区日本橋室町4-1-13
☎03-3241-4038 (営)11:30～20:30、土曜～15:30 (休)日曜・祝日 (交)地下鉄新日本橋駅1番出口から徒歩3分
▶MAP 別P.28 ⑲

趣は残しながらきれいに改装している

1870円

繊細な味わいの天ざる

NIHOMBASHI 3

江戸時代のにぎわいを再現したコレド室町へ

日本のよさを再発見できる粋な店が集結。江戸時代の日本橋の活気を現代によみがえらせた新名所。

館内の日本橋案内所で観光の情報収集もできる。建物は1、2、3、テラスに分かれている

☎03-3272-4801 (営)店舗により異なる (休)不定休 (交)地下鉄三越前駅直結
▶MAP 別P.7 E-1

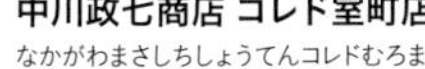

日本の技術が光る暮らしの道具たち

中川政七商店 コレド室町店 E

なかがわまさしちしょうてんコレドむろまちてん

日本の工芸をベースにした、機能的で美しい雑貨がそろう。

中央区日本橋室町1-5-5 コレド室町3 2F ☎03-6262-3157 (営)10:00～21:00 (休)施設に準ずる (交)地下鉄三越前駅A6出口直結
▶MAP 別P.7 E-1

東京タワーのモチーフ入りのアイテムもある

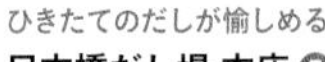

ひきたてのだしが愉しめる

日本橋だし場 本店 F

にほんばしだしば ほんてん

創業300有余年の鰹節専門店にんべん 日本橋本店に併設されている。

100円

風味豊かな「かつお節だし」

中央区日本橋室町2-2-1 コレド室町1 1F ☎03-3241-0968 (営)11:00～19:00(公式HP要確認) (休)施設に準ずる (交)地下鉄三越前駅A6出口から徒歩1分
▶MAP 別P.7 E-1

東京駅八重洲口から日本橋、京橋エリアを巡回する無料バス「メトロリンク日本橋」は、このエリアの見どころに行くのにとても便利。

豊洲移転後も新施設で営業！海の幸を楽しむならやっぱりココ

築地(つきじ)

Tsukiji

中央卸売市場移転後も変わらず魚介を中心としたグルメが集う街。めいっぱいお腹を空かせて早い時間から食べ歩きを楽しみたい。

海の幸の種類と質、鮮度は折り紙付き！

TSUKIJI 1

これだけはハズせない！築地といえば海鮮グルメ

これを食べなければ始まらない！寿司や丼、定食、洋食などさまざまな料理に姿を変えているので、気分に合わせて旬の魚介を豪快にいただこう。

食べるペースに合わせて一貫ずつ握ってくれる

•4500円

おまかせコースはランチで

裏路地に佇む隠れ家的名店

秀徳3号店 Ⓐ

しゅうとくさんごうてん

秘伝配合、赤酢のシャリは旨みが引き立つ本格江戸前鮨。築地の味を堪能できる。

中央区築地4-14-1 モンテベルデ築地 ☎03-3542-1112 ㊎11:00～14:30、17:00～21:30 ㊡月曜 ㊋地下鉄築地市場駅A1出口から徒歩7分

▶MAP 別P.25 F-1

前代未聞"肉を使わない焼き肉"

築地焼うお いし川 Ⓑ

つきじやきうお いしかわ

表面を炙ることで閉じ込められた脂が、口に入れた瞬間にあふれだす！

中央区築地4-13-5 築地青空三代目別邸1・2F ☎03-3541-3804 ㊎11:00～14:30(LO14:15)、17:30～21:50(LO21:15) ㊡月曜 ㊋地下鉄築地駅1番出口から徒歩5分

▶MAP 別P.25 F-1

大トロ、とらふぐなど本日の厳選5種。写真は2人前

•1人前4650円

濃厚な旨みを生かした豪快イタリアン

トラットリア築地パラディーゾ Ⓒ

トラットリアつきじパラディーゾ

新鮮な魚介をたっぷり使った南イタリア料理がいただける。ワインも豊富。

中央区築地6-27-3 ☎03-3545-5550 ㊎11:00～15:00(LO14:00)、17:30～22:00(LO21:00)、土・日曜・祝日11:00～15:30(LO14:30)、17:00～21:00(LO20:00) ㊡月・火曜 ㊋地下鉄築地市場駅A1出口から徒歩5分

▶MAP 別P.25 F-1

市場は移転したけれど

卸売市場の機能が豊洲へ移ってからも築地は変わらず活気づいている。場外には新たに動き出した築地魚河岸も。市場跡地の再開発も進行中で今後も目が離せない。

銀座出入口
新橋演舞場
徒歩約12分
都道大江戸線
国立がんセンター中央病院
築地にっぽん漁港市場
築地市場駅
東京国税局
朝日新聞社東京本社
浜離宮朝日ホール

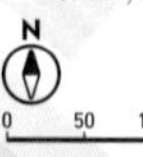

•2400円

ランチの本日入荷の貝類とチェリートマトのリングイネ

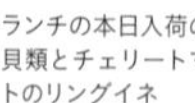

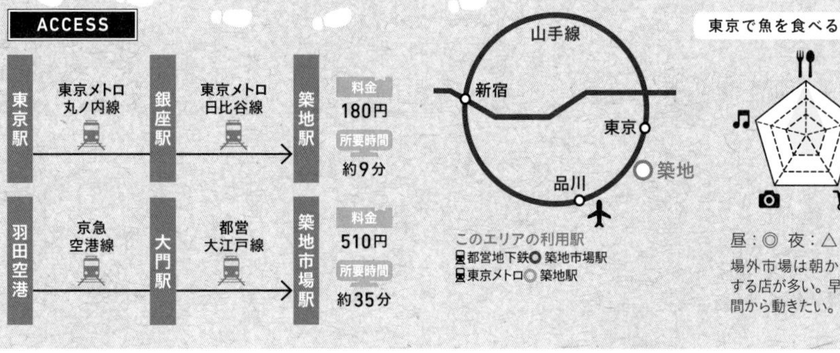

TSUKIJI 2

まだまだある築地グルメ 食べ歩きであれこれトライ

練り物屋や総菜屋がひしめく築地場外は、B級グルメの食べ歩き天国。バラエティ豊富で値段もリーズナブルなので、味見気分でいろいろと試してみよう。

タコ、エビ、キャベツ、ショウガと具材たっぷりで人気のお好み揚げ

揚げたてホクホクを召し上がれ

紀文 築地総本店 D

きぶん つきじそうほんてん

店内に揚げたての練り物が並ぶ。工夫を凝らしたユニークな練り物が充実している。

中央区築地4-13-18 ☎0120-867-654 営7:00～15:00頃 休不定休 交地下鉄築地市場駅A1番出口から徒歩5分

▶MAP 別P.25 F-1

たい焼きならぬ まぐろやき!?

築地 さのきや E

つきじ さのきや

餡がぎっしり詰まったリアルな形のまぐろやきは、おやつにぴったり。

中央区築地4-11-9 ☎03-3543-3331 営8:00～15:00（売り切れ次第終了） 休日曜・祝日・休市日 交地下鉄築地市場駅A1出口から徒歩3分

▶MAP 別P.25 F-1

小倉餡を詰めた本マグロ

昭和24年創業の 玉子焼き専門店

築地山長 F

つきじやまちょう

だしが香る優しい甘さの玉子焼きは、さっぱりとした味わいの「甘さ控えめ」もある。

中央区築地4-10-10 ☎03-3248-6002 営6:00～15:30 休無休 交地下鉄築地市場駅A1出口から徒歩4分

▶MAP 別P.25 F-1

創業以来変わらぬこだわりのおいしさ！

足をのばして

もんじゃを食べに月島へ！

鉄板で焼いてワイワイ楽しい、東京が誇る粉ものグルメ。たっぷりの具材を豪快に焼こう。

ACCESS

築地から徒歩2分の新富町駅から、東京メトロ有楽町線で月島駅まで1駅。歩いても20分程度だ。

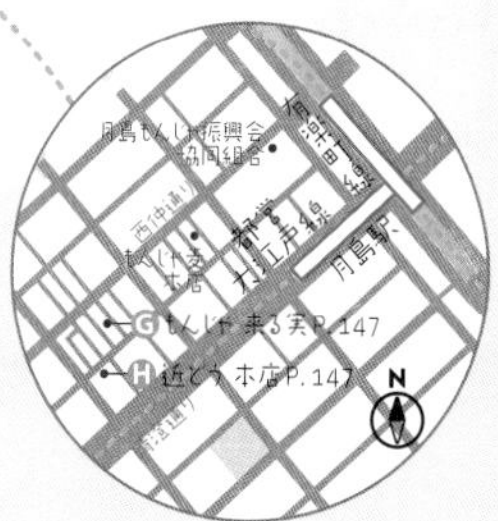

エビ好きのための もんじゃ

もんじゃ 来る実 G

もんじゃ くるみ

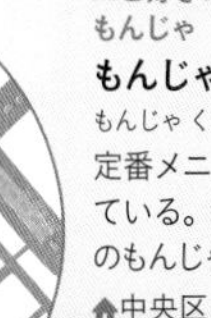

迫力の甘えびもんじゃ

定番メニューが充実している。魚介たっぷりのもんじゃがおすすめ。

中央区月島3-8-5 ☎03-3531-5733 営18:00～21:30、土・日曜・祝日17:00～ 休月曜 交地下鉄月島駅7番出口から徒歩4分

▶MAP 別P.25 D-3

伝統の味を 今に伝える

近どう 本店 H

こんどう ほんてん

自分で作りながら食べる楽しさももんじゃの魅力

昭和25年創業の月島一の老舗。作り方も教えてくれる。

中央区月島3-12-10 ☎03-3533-4555 営17:00～22:00、土・日曜・祝日12:00～ 休無休 交地下鉄月島駅8番出口から徒歩8分

▶MAP 別P.25 D-3

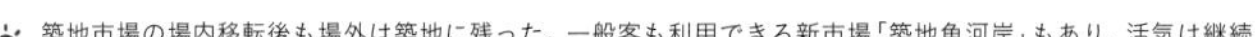
築地市場の場内移転後も場外は築地に残った。一般客も利用できる新市場「築地魚河岸」もあり、活気は継続。

大名たちの屋敷跡

江戸時代に建てられたお屋敷跡の今

日本一地価が高く、日本一人口が集中している東京の中心部には、広い敷地を必要とする公園や大学のキャンパスなどが至る所に存在する。その場所の多くは、もともと江戸時代の大名のお屋敷用の土地だった。3代将軍家光の時に制定された参勤交代制度のために、大名は領国と江戸両方に屋敷を持つ必要があり、多くの場合それらの土地はそれぞれの藩に幕府から与えられた。つまり大名の私有地ではなく、江戸幕府から屋敷用に提供されたものだった。広さは基本的に経済規模である藩の石高に比例して決まり、さらに家格の高い者は江戸城の近くに屋敷を持つことができた。

明治維新の際、徳川家は江戸城を明け渡すだけでなく、大名屋敷に充てられていた土地も明治政府に返した。東京の中心部、江戸城(今の皇居)周辺に、意外なほど広い土地がいくつもあるのはそのため。その後それらの土地はさまざまな用途に使われ、なかには細かく分割されたものもあるが、149ページのように広大なまま現代の東京に存在している敷地もある。

江戸藩邸の役割とは

多くの大名は江戸に複数の屋敷を持っていた。江戸滞在中の本拠地で、家族も住み、江戸における政治･外交･経済の拠点となる所は「上屋敷」と呼ばれ、江戸城に一番近い場所にあった。上屋敷の控えで、隠居した藩主などが住んでいた所が「中屋敷」。主に別邸として使われ、庭園が造られたこともあった「下屋敷」は、江戸城から離れた郊外にあった。ほとんどの家臣は中屋敷や下屋敷の中に造られた長屋で暮らしていた。「上屋敷」しか持たない大名もいたが、力のある大名の中には、幕府から提供された土地以外に、自前で購入した土地に屋敷を建てていた者もいる。

皇居はもともと江戸城。周辺には大名屋敷が点在していた

都内の旧藩邸一例

大名屋敷跡が活用されている土地は少なくない。以下はその一例。

新宿御苑

旧高遠藩下屋敷

花見の名所でもある新宿御苑には信州高遠藩主内藤家の屋敷があった。ちなみに御苑東に隣接する住所は内藤町。高遠藩の場所は長野県伊那市周辺。国元に帰る甲州街道の入口近くに屋敷があった。

新宿 MAP 別P.19 F-3

桜だけでなく季節の花が楽しめる庭園
© 東京観光財団

小石川後楽園

旧水戸藩上屋敷

東京ドームに隣接する緑豊かな日本庭園がある公園は、徳川御三家のひとつ、水戸藩の上屋敷だった。水戸徳川家の七男で、最後の将軍となった徳川慶喜は、水戸ではなくこの場所で生まれている。

後楽園 MAP 別P.28 ⑫

東京ドーム周辺の喧噪がうそのように静か

六義園

旧郡山藩下屋敷

JR駒込駅の近くにある六義園は、江戸時代の大名庭園の優雅な雰囲気を現在に伝えている。ここは5代将軍綱吉の側用人柳沢吉保が造った庭園。柳沢家はその後大和郡山藩に転封になり明治を迎えた。

駒込 MAP 別P.4 C-1

貴重な大名庭園が都心で見学できる

明治神宮

旧彦根藩下屋敷

「桜田門外の変」で知られる大老井伊直弼は彦根藩の大名だった。井伊家は譜代大名筆頭家格だけあって江戸各所に屋敷があり、広大な下屋敷がここにあった。

原宿 MAP 別P.12 A-1

→P.82

全国から取り寄せられたさまざまな木々が植林された。人工林と思えないほど緑が濃い

上智大学四谷キャンパス

旧名古屋藩屋敷

徳川御三家筆頭の家格にあった尾張藩。江戸城に隣接した現在の四谷から市ヶ谷周辺に広大な土地を所有していた。上智大のほか、現在の防衛省の敷地と陸上自衛隊市ヶ谷駐屯地もその一部だった。

四谷 MAP 別P.4 C-1

江戸城外堀のすぐ内側にあった土地

ホテルニューオータニ

旧彦根藩中屋敷

彦根藩は桜田門近くに上屋敷、明治神宮となった下屋敷、そしてここに中屋敷を持っていた。周辺は御三家の紀伊藩、尾張藩、井伊家の屋敷があったので、各頭文字をとって紀尾井町と名付けられた。

四谷 MAP 別P.4 C-1

上智大学キャンパスに隣接

東京大学本郷キャンパス　旧加賀藩上屋敷

"加賀百万石"と言われた外様藩で最大の石高を誇った加賀藩前田家の上屋敷があったのがここ。赤門は前田家当主が将軍家より正室を迎える際に門を朱に塗ったのが始まり。

本郷 MAP 別P.5 D-1

大名しか通れない門は、今は学生たちが行き交う

東大の赤門は大名屋敷の貴重な遺構

明治政府は江戸にあった大名の3つの屋敷のうち2つを手放すように指示。今では考えられない広い土地が都心にたくさんあったのだ。

プランニングに役立つ！東京へのアクセス早わかりマップ

各都市から東京へ行く手段は飛行機、新幹線、高速バスなどさまざま。時間、便利さ、価格など、何を優先するかを明確にし、旅のスタイルに合わせて最適な交通手段を選ぼう。

大阪から

飛行機 関西国際空港 ➡ 羽田空港
1時間15分
JAL／ANA／SFJ

伊丹空港 ➡ 羽田空港
1時間10分
JAL／ANA

新幹線 新大阪駅 ➡ 東京駅
2時間27分～　1万4720円～
東海道新幹線「のぞみ」

バス 大阪 ➡ 東京
8時間～　2700円～

広島から

飛行機 広島空港 ➡ 羽田空港
1時間25分
JAL／ANA

新幹線 広島駅 ➡ 東京駅
3時間50分～　1万9760円～
東海道・山陽新幹線「のぞみ」

バス 広島 ➡ 東京
13時間～　3700円～

福岡から

飛行機 福岡空港 ➡ 羽田空港
1時間40分
JAL／ANA／SKY／SFJ

新幹線 博多駅 ➡ 東京駅
4時間57分～　2万3810円～
東海道・山陽新幹線「のぞみ」

バス 福岡 ➡ 東京
15時間40分～　7400円～

能登
金沢
小松
富山
名古屋
京都
米子
鳥取
出雲
伊丹
萩・石見
岡山
新大阪
神戸
中部
広島
山口宇部
高松
関西
北九州
岩国
福岡
博多
大分
松山
徳島
南紀白浜
佐賀
高知
長崎
熊本
鹿児島
宮崎
鹿児島中央

高松から

飛行機 高松空港 ➡ 羽田空港
1時間20分
JAL／ANA

新幹線 高松駅（JR快速）➡岡山駅➡東京駅
4時間26分～　1万9230円～
東海道・山陽新幹線「のぞみ」

バス 高松 ➡ 東京
11時間～　8900円～

高速バスの運行ルート

高速バスは本州・四国の各地、九州の福岡からの便がある。さまざまなルートがあり、新宿、東京、池袋、渋谷などに発着。P.153「便利なおすすめサイト」などを参考に、自分に合った運行ルートを探してみよう。

※交通アクセス情報は各社公式サイト及び乗り換えサイトにて、オフシーズンの平日利用を基準に算出（2023年7月現在）

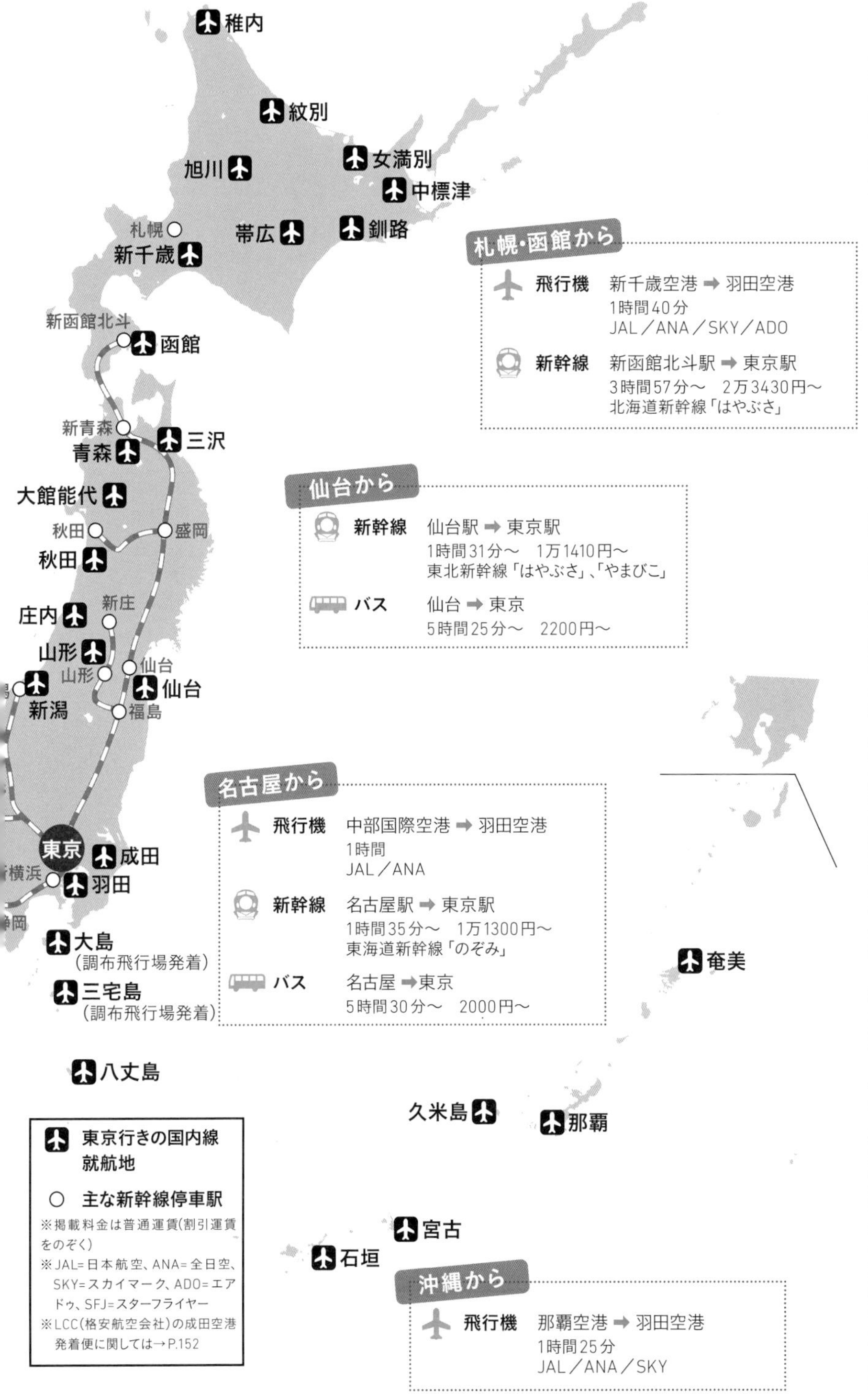

札幌・函館から

飛行機 新千歳空港 ➡ 羽田空港
1時間40分
JAL／ANA／SKY／ADO

新幹線 新函館北斗駅 ➡ 東京駅
3時間57分〜 2万3430円〜
北海道新幹線「はやぶさ」

仙台から

新幹線 仙台駅 ➡ 東京駅
1時間31分〜 1万1410円〜
東北新幹線「はやぶさ」、「やまびこ」

バス 仙台 ➡ 東京
5時間25分〜 2200円〜

名古屋から

飛行機 中部国際空港 ➡ 羽田空港
1時間
JAL／ANA

新幹線 名古屋駅 ➡ 東京駅
1時間35分〜 1万1300円〜
東海道新幹線「のぞみ」

バス 名古屋 ➡東京
5時間30分〜 2000円〜

沖縄から

飛行機 那覇空港 ➡ 羽田空港
1時間25分
JAL／ANA／SKY

✈ 東京行きの国内線就航地
○ 主な新幹線停車駅
※掲載料金は普通運賃(割引運賃をのぞく)
※JAL=日本航空、ANA=全日空、SKY=スカイマーク、ADO=エアドゥ、SFJ=スターフライヤー
※LCC(格安航空会社)の成田空港発着便に関しては→P.152

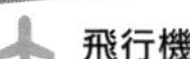

2016年、新函館北斗駅までの北海道新幹線が開通。新函館北斗〜札幌間は2030年に開業予定。

東京行きのチケットをお得に手配しよう！

いかにお得に東京行きのチケットを手に入れるか。早めに予約する、パッケージを利用するなど、ここでは少しでもリーズナブルなチケットを手配する方法を紹介しよう。

飛行機

各航空会社が早期割引やパッケージなどさまざまなお得運賃を設定している。LCC（格安航空会社）の格安料金も魅力的だ。

1 早めに予約する

大手航空会社のJALやANAでは各種割引運賃を設定している。最大80%程度の割引が受けられる早期割引は、予約が早ければ早いほど安くなる。75日前までに予約するのが最もお得だ。また、出発の1週間前からでも70%程度割り引かれる特定便割引があるので安心。カード会員であれば、会員限定のビジネスきっぷが利用可能だ。

	航空会社	割引チケット名	お得度	予約期限
特定便割引 直前でもOKなので利用しやすい	JAL	セイバー	★★	搭乗日の前日まで
	ANA	ANA VALUE3	★★	搭乗日の3日前まで（一部路線は前日まで）
		ANA VALUE PREMIUM3	★★	搭乗日の3日前まで
早期割引購入 予定が決まれば早いほどお得	JAL	スペシャルセイバー	★★★	搭乗日の28日前まで
	ANA	ANA SUPER VALUE75	★★★	搭乗日の75日前まで
ビジネス型割引 当日予約・変更可能なので急な予定に	JAL	JALカード割引（JALカード会員限定）	★	当日まで予約・変更可能
	ANA	ビジネスきっぷ（ANAカード会員限定）	★	当日まで予約・変更可能

JAL＝日本航空、ANA＝全日空　※2023年7月現在

2 パッケージを利用

全て自分で手配する旅行者には、往復航空券にホテル、そのほかレンタカーや観光ツアーなども一緒に予約できてしまう便利なダイナミックパッケージがおすすめ。別々に購入するよりお得で、手間も省けて便利。

航空券＋ホテルのパッケージがお得

JALダイナミックパッケージ　オプションもお得に選べる！

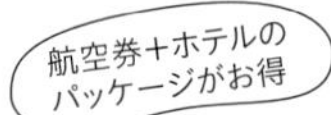

往復航空券 ＋ ホテル ＝ 3万1500円～

■羽田⇔伊丹／関西
■相鉄フレッサイン泊の場合

※時期により料金が変動
※インターネットで前日まで購入可能
※オプションでレンタカー、バス、各種チケット等を組み合わせられる

ANAトラベラーズ ダイナミックパッケージ　フライト900便×ホテル全国4000軒から組み合わ

往復航空券 ＋ ホテル ＝ 3万1900円～

■羽田⇔伊丹／関西／神戸
■東京ベイ舞浜ホテルクラブリゾート泊の場合

※時期により料金が変動
※インターネットで前日まで購入可能
※オプションでレンタカー、バスを組み合わせられる

3 LCC（格安航空会社）を利用

各種サービスの経費を削減し、格安運賃を設定しているLCC。そのほとんどが成田空港の第3ターミナルに就航している。羽田に比べ、都心への所要時間は長くなるが、格安料金を求めて利用する旅行者も多い。

成田からは格安バスも

成田空港第3ターミナルからは東京への格安バスが運行している。詳しくは→P.155。

成田空港に就航しているLCC

キャリア	就航地	料金
ピーチ	関西	3990円～
	福岡	5590円～
スプリングジャパン	広島	5180円～

※ピーチは成田空港第1ターミナルを利用

キャリア	就航地	料金
ジェットスター・ジャパン	新千歳	4980円～
	福岡	5580円～
	関西	3980円～
	高松	4090円～
	松山	4990円～
	大分	6480円～
	鹿児島	5590円～
	那覇	7080円～

航空会社問い合わせ先

JAL（日本航空）	0570-025-071
ANA（全日空）	0570-029-222
SKY（スカイマーク）	0570-039-283
ADO（AIR DO）	0120-057-333
SFJ（スターフライヤー）	0570-07-3200
SNJ（ソラシドエア）	0570-037-283
JJP（ジェットスタージャパン）	0570-550-538
APJ（ピーチ）	0570-001-292
SJO（スプリングジャパン）	0570-666-118

新幹線

気軽に都心へとアクセスできる新幹線も、JR からさまざまな種類のお得なチケットが発売されているので要チェック！

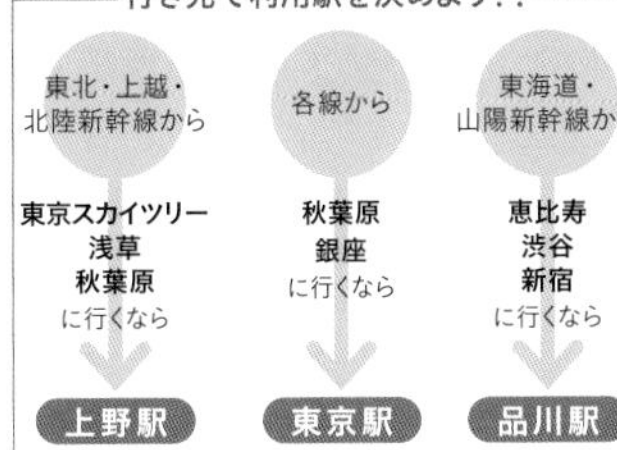

各種割引チケットを利用

飛行機と同様に、新幹線も早めに予約すれば割引になるし、宿泊がセットになった便利なパッケージも販売されている。けっこうな割引率なので、チケットの購入前にしっかり検討しよう。

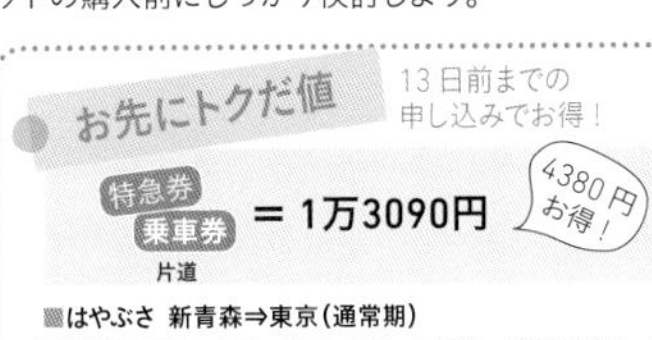

■はやぶさ 新青森⇒東京(通常期)

※出発地は東北、山形、秋田、上越、北海道、北陸新幹線と一部の特急列車

※JR東日本のWEB「えきねっと」に会員登録（無料）し、乗車日の13日前までに申し込み ※時期により料金が変動

050-2016-1600（JR東日本）

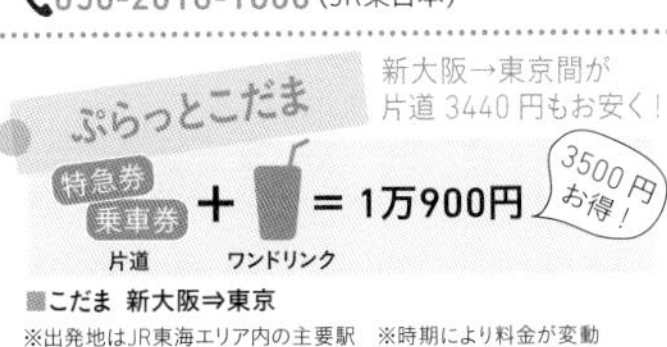

■こだま 新大阪⇒東京

※出発地はJR東海エリア内の主要駅 ※時期により料金が変動

※途中乗降は不可 ※前日まで発売（当日の予約不可）

03-6865-5255（JR東海ツアーズ）

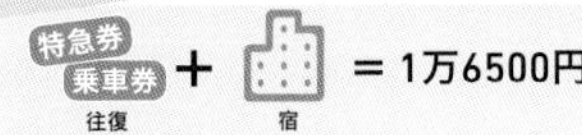

■やまびこ 仙台⇔東京

※出発日当日まで予約可能

※発駅・着駅は同一駅

0570-04-8950（びゅう予約センター）

高速バス

東京へは日本全国から多くのバス会社のバスが運行している。予約はそれらの会社を網羅した高速バスの予約ポータルサイトが便利。

便利なおすすめサイト

夜行バス比較なび

昼行便、夜行便を含め約2万のプランを比較検討できる日本最大級の比較サイト

バスラボ

高速バスをお得に予約するための方法やコラムなどが充実している情報サイト

高速バスドットコム

全国各地130社以上の高速バスを網羅し、比較検討できる予約サイト

快適バスでゆったり

「ReBorn」

のびのびフラット構造！

シェルで囲われ、気兼ねなくリクライニングできるシートが魅力。コンセント、読書灯、机など完備。空間除菌消臭装置導入で感染対策も万全！

運賃● 1万1000円～

（大阪→東京間／2023年7月期）

0570-200-770（WILLER TRAVEL予約センター）

「プルメリアグランデ」

ゆったりの女性専用車

3列独立シートで、プライベートカーテンも完備。到着後にパウダールームもあるVIPラウンジを無料で使用できるのもうれしい。

運賃● 5300円～

（大阪→東京間）

VIPライナー公式サイト https://vipliner.biz/

各駅の主要バスターミナル

東京駅

●JR高速バスターミナル
●八重洲口鍛冶橋駐車場

JRのほか各社の高速バスも基本的に八重洲口に到着する。待合スペースやコインロッカーなどを完備している。

新宿駅

●バスタ新宿

駅周辺に19あった高速バス乗り場が、JR新宿駅南口にあるバスタ新宿に集約され、より便利になった。JRとの乗り継ぎも楽々。

渋谷駅

●渋谷マークシティ高速バス乗り場

京王井の頭線乗り場のある渋谷マークシティの5階にバス乗り場がある。待合所やコインロッカーを完備している。

池袋駅

●サンシャインバスターミナル
●東口高速バス乗り場

多くのバス会社が、池袋駅から徒歩約12分の所にあるサンシャインシティの文化会館1階にあるターミナルに発着する。

近年、高速バスの低価格化やサービスの多様化が進み、旅行者にはうれしい限り。数あるバスから自分に合ったものを選んでみよう。

スマートに旅をしたい人のための 空港・駅使いこなし術

東京の玄関口となる羽田、成田両空港や東京駅。毎日多くの人々が訪れるこれらの巨大なターミナルをスマートに使いこなして、旅行を有意義なものにしよう。

羽田空港

都心へのアクセスが便利な羽田空港には、カフェやレストランのほか、ショップやラウンジなど充実の設備が整っている。

空港からのアクセス

羽田空港から都心へは京急線か東京モノレールでアクセスできる。それぞれ JR 山手線の品川駅、浜松町駅に接続しているので、どこへ行くにも便利。新宿や渋谷方面に行くなら品川、東京や上野方面なら浜松町で乗り換えると所要時間を短縮できる。また、東京ディズニーリゾート®へはリムジンバスが出ている。

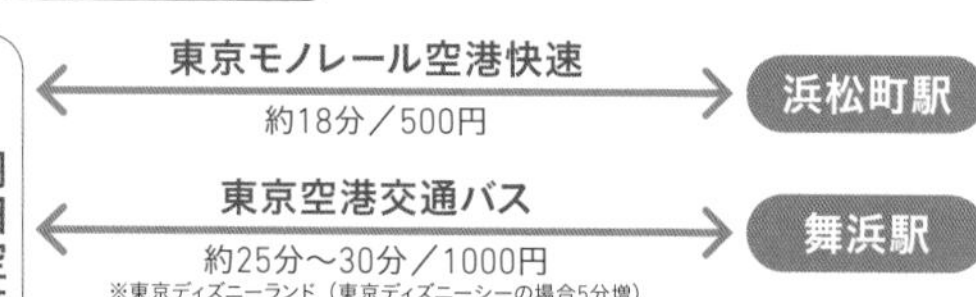

利用術①

羽田限定のおみやげ

第 1、第 2 ターミナル共にショップが充実し、買い物も楽しめると評判。なかには羽田空港でしか購入できない限定商品を扱う店も多い。

カフェショコラウィッチ
1360 円(6 個入)
／三本珈琲 ×
ラ・メゾン白金

さっくりクッキーで粗挽きコーヒーを練り込んだベルギー産のショコラをサンド A

羽田限定トート
ソルト アンド ペッパー
5 個入 2700 円
／ AND THE FRIET

羽田空港限定デザイントートに、限定フレーバーのDRIED FRIETが５個入ったセット B

くるみのクッキー エアポート T1
1296 円(12粒入)／西光亭

くるみがたっぷり入ったさっくりクッキー。かわいいりすの箱が贈り物にもぴったり A

羽雲
1188 円(5 個入)／叶 匠壽庵

"ふわふわ"と"もちもち"が同時に楽しめる、まるで雲のような新食感のどら焼き C

羽田空港限定 1.0L ブルー
2970 円／ナルゲンボトル

環境に優しい飽和ポリエステル樹脂を採用。飛行機とHANEDAのロゴがポイント D

※全て税込価格

問い合わせ先

A ピア1……………………(第1ターミナル) 03-5757-8131
東京食賓館 時計台1番前……(第2ターミナル) 03-6428-8713
B 特選洋菓子館……………(第1ターミナル) 03-5757-8127
C 特選和菓子館……………(第1ターミナル) 03-5757-8125
東京食賓館 時計台1番前……(第2ターミナル) 03-6428-8713
D Tokyo's Tokyo……………(第2ターミナル) 03-6428-8732

利用術②

待ち時間を快適に

旅の疲れを癒すサロンやラウンジ、各種こだわりのレストランなど、待ち時間を快適に過ごすことのできるさまざまな施設が充実している。

旅の疲れを癒す リラクゼーション

第1〜3旅客ターミナル各所にある「ラフィネ」や「グランラフィネ」。ボディケアやアロマトリートメントでフライトでの疲れをとってから東京観光へ繰り出そう。

営 10:00 〜 19:00(第1) 10:00 〜 20:00(第2) 13:00 〜 21:00(第3)

飛行機ビューを満喫！ 展望デッキ

第1ターミナルは6階と屋上に、第2ターミナルは5階にある展望デッキ。飛び立っていく飛行機を眺めてみるのも○。

営 第1、第2共に6:30 〜 22:00
※天候等により変更になる場合あり

人気店が勢ぞろい 各種レストラン

ターミナル内には、寿司、イタリアン、牛タン、カレー、中華、トルコ料理などバラエティ豊かなレストランがそろい、いずれも評判の名店ばかり！

早朝便で始発じゃ間に合わないときは……
ファーストキャビン羽田ターミナル1

第1旅客ターミナル1階のコンパクトホテル。大浴場やシャワーブース、ラウンジなどを備え、リフレッシュにぴったり。

電 03-5757-8755
料 1泊（ファーストクラス）6000円〜

客室内は飛行機のファーストクラスをイメージ。アメニティも充実している。

成田空港

LCC（格安航空会社）が発着する成田空港第３ターミナル。都心への格安バスもあり、費用を抑えたい旅行者にはありがたい。

空港からのアクセス

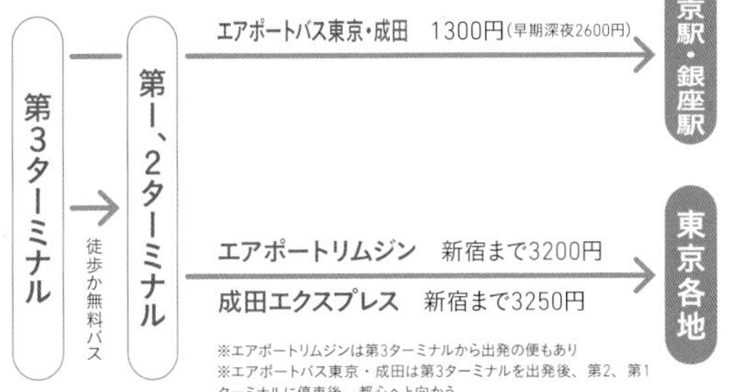

成田空港第３ターミナル

2023年７月現在、国内線を運航するLCCで第３ターミナルに発着しているのは、ジェットスタージャパンとSpring Japan（ピーチは第１ターミナル）。第１、第２ターミナルとは無料のシャトルバスで結ばれており、第２ターミナルなら徒歩でも移動可能。都心へは、格安バスのエアポート東京・成田が運行している。

東京駅

新幹線や各鉄道のターミナルとなっている巨大な東京駅。大まかな構造を理解して、さまざまな施設を有効に活用しよう。

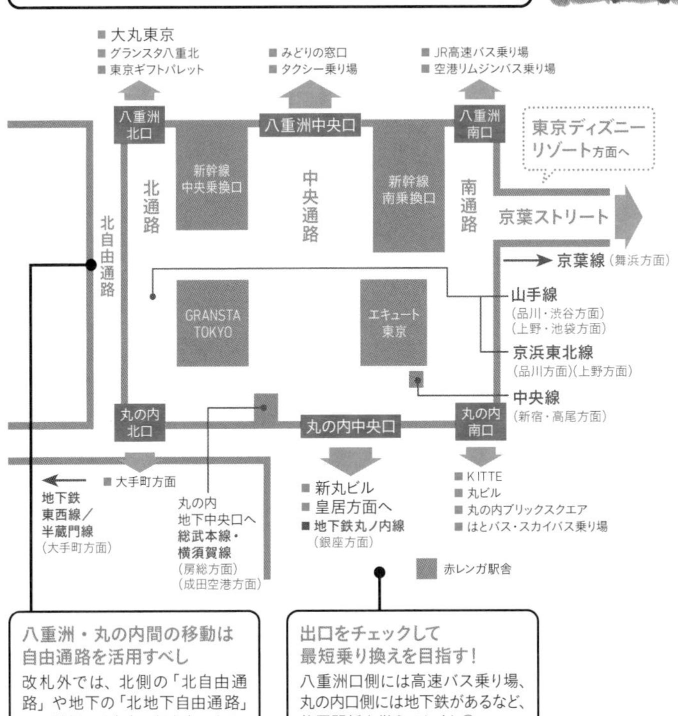

八重洲・丸の内間の移動は自由通路を活用すべし

改札外では、北側の「北自由通路」や地下の「北地下自由通路」で反対側へも自由に行き来できる。

出口をチェックして最短乗り換えを目指す！

八重洲口側には高速バス乗り場、丸の内口側には地下鉄があるなど、位置関係を覚えておくと◎。

迷子になってしまった！

八重洲案内タッチディスプレイ

複雑な東京駅構内や改札外の商業施設の情報を、タッチパネルで確認できる

スーツケースを預けたい

クロークサービス

グランスタと丸の内北口付近にあり、1個につき600円で預かってくれる

東京駅丸の内駅舎内の美術館・東京ステーションギャラリーでは展覧会を開催。味のあるレンガ造りの駅舎も見逃せない。

さまざまな交通機関を駆使して快適＆スムーズに東京観光！

都内の移動で一番利用するのは鉄道だろう。いくつもの路線が網の目のように張りめぐらされている。主要な観光地を網羅する観光バスや、風が気持ちいい観光クルーズもおすすめ！

鉄道

都心の主要観光地はJR山手線と地下鉄の組み合わせでそのほとんどを網羅できる。地方で発行されている交通系のICカードが東京でも使えるので便利だ。また、ぜひ活用したいのがお得な切符の数々。目的地のリストを作って、最も適したお得切符を手に入れよう。

JRと地下鉄を組み合わせて

都心で便利なJRは山手線と中央線。地下鉄は東京メトロと都営地下鉄の2社あり、路線も複雑に入り組んでいる。WEBやアプリの路線案内を利用して効率的に移動しよう。

都営地下鉄 ●4路線あり ●初乗り180円 ※ICカードの場合178円

大江戸線は環状部と放射部からなる6の字型。ほかの3路線はそれぞれ他社線との相互直通運転あり。

浅草線

三田線

新宿線

大江戸線

東京メトロ ●9路線あり ●初乗り180円 ※ICカードの場合178円

銀座線と丸ノ内線以外は他社線との相互直通運転を行っている。都営地下鉄との乗り継ぎには割引がある。

銀座線

丸ノ内線

日比谷線

東西線 千代田線

有楽町線 半蔵門線 南北線 副都心線

お得切符を活用しよう

東京メトロが乗り放題
東京メトロ24時間券

東京メトロ全線が使用開始から24時間乗り降り自由。利用率が高いのでお得感あり。

たくさん回るならこれ
東京フリーきっぷ

地下鉄・JR線（都区内に限る）・都営バスなどが1日乗り降り自由。

上手に活用！
都営バス一日乗車券

23区内の都営バス（江東01系統を除く）が1日乗り放題。普通運賃だと210円なのでお得！

地下鉄を網羅
東京メトロ・都営地下鉄共通一日乗車券

東京メトロ・都営地下鉄の全線が始発から終電まで1日何度でも乗り降り自由。

※デザインは変更になる場合あり。

鉄道の注意点

✓**乗り継ぎの注意点**
切符で改札外乗り換えをする場合は乗り継ぎ専用改札を使う。そうしないと切符が改札で回収されてしまうことも。

✓**直通でも行き先に注意**
異なる路線が同一線路を走る直通運転。路線の切り替わる主要駅から行き先がふた手に分かれることもある。

✓**地元のICカードは持参**
交通系ICカードは「ICOCA」、「manaca」など地方の鉄道が発行している10種が東京でも利用可能。

✓**乗り換え時、出口を確認**
特に地下鉄は多数の出口が存在。全てが乗り換える電車のホームにつながっているとは限らないので注意。

一日乗車券利用で特典が！「CHIKA TOKU」とは？

東京メトロ、都営交通沿線の230以上のスポットで特典が受けられる。上記の4つの乗車券のほか、20種以上が対象に。美術館などの入館料割引やデザート一品サービスなど特典内容も充実。詳細は公式HPで！

☎03-3816-5700
（都営交通お客様センター）

☎0570-200-222
（東京メトロお客様センター）

タクシー

鉄道が各地を網羅しているといっても、やはり柔軟さではタクシーが一番。鉄道やバスとうまく組み合わせて利用したい。大きな荷物がある場合にも何かと重宝するはずだ。近年はタクシーを呼ぶ便利なアプリも出てきているのでぜひ活用してみよう。

タクシー料金の目安

東京から
➡皇居 740円
➡築地 980円
➡上野 1460円
➡新宿 3140円
➡池袋 3300円
➡舞浜 5220円

東京のタクシー運賃表

	初乗り	加算
距離制	1.096kmまで500円	255mごとに100円
時間距離併用	時速10km以下の走行時間について95秒までごとに100円	
時間制	1時間まで5360円	30分までごとに2450円
迎車回送	業者ごとに定額料金を設定	
時間指定予約料金	業者ごとに定額料金を設定	
深夜割増料金	22時から5時まで2割増し	

おすすめのアプリ

GO
スマホからタクシーを呼べて支払いまでできるアプリ。GPS機能で全国約10万台の中から手配してくれる。

観光バス

主要な人気観光スポットをまとめて訪れる観光バスはとても便利。目的に合わせ、多彩なルートから選ぶことができるのが魅力だ。ガイド付きで、思わず「へぇ」と言ってしまうような東京に関する豆知識も披露してくれる。

■はとバス

03-3761-1100（予約センター）

主要乗り場●東京駅丸の内南口、新宿駅東口・西口、上野駅浅草口、池袋駅東口、銀座キャピタルホテル茜前ほか

人気コース

TOKYOパノラマドライブ

2階建てオープンバスで巡るコース。東京のダイナミックな街並みを楽しめる。

料 2000～2200円

運行日：毎日　**所要**：約1時間

■スカイバス東京

03-3215-0008

人気コース

お台場夜景コース

皇居、東京タワーを経由しレインボーブリッジの夜景を眺める。

料 2400円

運行日：土・日曜・祝日（不定休）

所要：約2時間（季節により異なる。アクアシティお台場にて60分自由休憩あり）

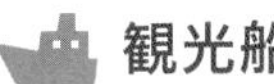

観光船

観光と移動を併せて楽しむことのできる観光船は、意外に知られていない穴場的なアクティビティ＆交通手段。隅田川を浅草からお台場まで移動でき、風が気持ちいい船で隅田川からの景色をゆったりと楽しむことができる。船内では軽食や飲み物も売られている。

■水上バス

隅田川をめぐり
スカイツリーを一望！

浅草と日の出桟橋を結ぶ。13の橋と共に、下町やスカイツリーを同時に眺められる遊覧船。所要時間は約40分。

URL www.suijobus.co.jp
（東京都観光汽船株式会社）

ルート

浅草 ➡ 浜離宮 ➡ 日の出桟橋、浅草 ➡ お台場海浜公園、日の出桟橋 ➡ お台場海浜公園ほか

料 日の出桟橋→浅草　大人860円ほか

■観光船

宇宙船のような
未来型水上バス

漫画家松本零士氏がデザインを手掛けた観光船ホタルナ。屋上に遊歩甲板があり、船の外に出て景観が楽しめる。

URL www.suijobus.co.jp
（東京都観光汽船株式会社）

ルート

浅草 ➡ 日の出桟橋 ➡ お台場海浜公園

料 浅草→日の出　大人1200円、浅草→台場　大人1720円

コミュニティバス

各自治体が公共の交通手段を補うバスを運営している。いずれも無料～100円と低価格で利用できるので意外に重宝する。パンダバスやハチ公バスなど、小さいながらもかわいらしいペイントが施されているのが特徴。

■丸の内シャトル

東京の中心を結ぶ無料巡回バス

03-6903-3334(日の丸自動車興業)
10:00～20:00、15分間隔で運行

ルート

新丸ビル ➡ 大手町タワー ➡ 日経ビル ➡ 日比谷 ➡ 新国際ビル ➡ 三菱ビル

■ハチ公バス

渋谷区内の恵比寿・代官山ルートなどを巡回

■めぐりん

浅草や上野など
台東区内を循環する

■ちぃばす

六本木～麻布エリアの
行き来に便利

使えるアプリ豊富！スマホで楽々情報収集

乗換案内のアプリや観光情報が詰まった役立つアプリは、旅行前にあらかじめダウンロードしておこう。

JR東日本アプリ

JRだけでなく私鉄の運行状況や駅の案内図、施設情報を閲覧できる。

東京ハンディガイド

都内の観光情報をエリアごとに紹介している。街歩きに便利な機能も満載だ。

東京クルーズは初日の出クルーズや花火大会クルーズなど、イベントに合わせて特別なクルーズを催している。詳しくは公式HPを参照。

INDEX

SHOPPING

STAY

STAFF

編集制作
酒井彩子　岡村一葉　野口ひとみ

取材・執筆
千葉泰江　中林貴美子　本多美也子　水梨由佳

撮影
高野楓菜（朝日新聞出版 写真映像部）
加藤史人　久保田敦　上樂博之
野口祐一　深澤慎平　松永光希　依田裕章

写真協力
関係諸施設　朝日新聞社

本文デザイン
今井千恵子、大田幸奈（Róndine）
菅谷真理子（マルサンカク）

表紙デザイン　菅谷真理子（マルサンカク）

表紙イラスト　大川久志　深川優

地図・本文イラスト　竹本綾乃

地図制作　s-map

組版・印刷　大日本印刷株式会社

企画・編集
清永愛、永井優希、白方美樹
（朝日新聞出版）

ハレ旅（たび）　東京（とうきょう）

2023年 9 月30日　改訂3版第1刷発行
2024年 1 月20日　改訂3版第2刷発行

編　著　朝日新聞出版

発行者　片桐圭子

発行所　朝日新聞出版
〒104-8011　東京都中央区築地5-3-2
（お問い合わせ）infojitsuyo@asahi.com

印刷所　大日本印刷株式会社

©2023 Asahi Shimbun Publications Inc.
Published in Japan by Asahi Shimbun Publications Inc.
ISBN 978-4-02-334750-2

定価はカバーに表示してあります。
落丁・乱丁の場合は弊社業務部（電話03-5540-7800）へご連絡ください。
送料弊社負担にてお取り替えいたします。

本書および本書の付属物を無断で複写、複製（コピー）、引用することは著作権法上の例外を除き禁じられています。また代行業者等の第三者に依頼してスキャンやデジタル化することは、たとえ個人や家庭内の利用であっても一切認められておりません。

購入者限定 FREE

＼スマホやPCで！／

ハレ旅 東京 電子版が無料！

① 「honto電子書籍リーダー」アプリをインストール

Android版 Playストア
iPhone/iPad版 AppStoreで
honto を検索

PCでの利用の場合はこちらから
https://honto.jp/ebook/dlinfo

右のQRコードからもアクセスできます

② 無料会員登録

インストールしたアプリのログイン画面から新規会員登録を行う

③ ブラウザからクーポンコード入力画面にアクセス

ブラウザを立ち上げ、下のURLを入力。電子書籍引き換えコード入力画面からクーポンコードを入力し、My本棚に登録

クーポンコード入力画面URL
https://honto.jp/sky

クーポンコード asa5788586359459
※2025年12月31日まで有効

右のQRコードからもクーポンコード入力画面にアクセスできます

④ アプリから電子書籍をダウンロード＆閲覧

①でインストールしたアプリの「ライブラリ」画面から目的の本をタップして電子書籍をダウンロードし、閲覧してください
※ダウンロードの際には、各通信会社の通信料がかかります。ファイルサイズが大きいため、Wi-Fi環境でのダウンロードを推奨します。
※一部、電子版に掲載されていないコンテンツがあります。

ご不明な点、お問い合わせ先はこちら
honto お客様センター
✉shp@honto.jp
☎0120-29-1815
IP電話からは☎03-6386-1622
※お問い合わせに正確にお答えするため、通話を録音させていただいております。予めご了承ください。